Droit des sociétés et procédures collectives

Droit privé et sciences criminelles

Collection dirigée par Yves Strickler

Créée fin 2011 par Yves Strickler et le Centre d'études et de recherches en droit privé (devenu le Centre d'études et de recherches en droit des procédures en 2013) de la Faculté de Droit et Science politique de Nice, la présente collection a pour vocation principale de publier des ouvrages en liaison avec le thème retenu pour dénomination de la collection. Cette dernière rassemble des recherches originales, tirées notamment de travaux de recherche, de manifestations scientifiques ainsi que d'ouvrages collectifs sur les interrogations actuelles que rencontre la science juridique, spécialement dans le domaine du droit privé et des sciences criminelles.

Dernières parutions

Procédure civile et nouvelles technologies, par Delphine de Lorgeril, 2017, 161 pp.

***Mélanges en l'honneur du Doyen Roger Bernardini,* Parcours pénal**, 2017, 313 pp.

Victor Hugo et les magistrats, par Marcel Foulon, 2016, 198 pp.

Variations juridiques et sociologiques - Regards experts sur les grandes mutations du droit (dir. Marc Dalloz), 2016, 141 pp.

De la mobilisation du fait à la réalisation du droit (dir. Maxime Lei et Loïc Yboud), 2016, 225 pp.

Les enjeux patrimoniaux de la séparation - Questions récurrentes (dir. Laetitia Antonini-Cochin), 2016, 112 pp.

Les aspects procéduraux du dessaisissement, par Benjamin Ferrari, 2016, 192 pp.

Le droit et les sentiments (dir. Laurie Bolleri-Schenique et Delphine Lanzara), 2015, 219 pp.

L'erreur judiciaire : Apprendre à douter pour lutter contre les erreurs judiciaires (dir. Xavier Pin), 2015, 119 pp.

Fonctionnaires et droit pénal. Des justiciables comme les autres ? (dir. Marc Dalloz et Christine Courtin), 2015, 226 pp.

L'expertise non judiciaire à l'aune des droits fondamentaux, par Thibault Goujon-Bethan, 2015, 196 pp.

Un art, un droit, une question – Triptyque juridico-artistique (dir. Diane Boustani, Dalida Chabri, Marion Combe, Sarah Farhi, Marie-Cécile Lasserre), 2014, 210 pp.

Sous la direction de
Laurence Caroline HENRY

Droit des sociétés et procédures collectives

L'Harmattan

5-7, rue de l'École-Polytechnique, 75005 Paris
http://www.editions-harmattan.fr
ISBN : 978-2-343-13842-8
EAN : 9782343138428

Responsable scientifique

Laurence Caroline HENRY

Auteurs (ordre alphabétique)

Hélène BOURBOULOUX

Giovanna DEBERNARDI

Benjamin FERRARI

Christine GAILHBAUD

Laurence Caroline HENRY

Anne-Sophie LUCIANO

Thierry METEYE

Marie-Hélène MONSERIE-BON

Philippe PETEL

Marianne ROLAIN

Philippe ROUSSEL GALLE

Margherita SALVADORI

Vincent THOMAS

Sommaire

(les interventions sont à jour du 8 avril 2016)

L'organisation patrimoniale face aux procédures collectives

Giovanna DEBERNARDI
Docteur en droit, membre du C.E.R.D.P
A.T.E.R. à l'Université de Nice

« *Entreprendre sans risquer de tout perdre* ». Un tel adage est certes le rêve de tout entrepreneur : se lancer dans une activité d'entreprise sans prendre aucun risque. Toutefois, pendant longtemps, la réalité a été bien différente de ce mythe, la théorie d'Aubry et Rau imposant à l'entrepreneur l'unicité du patrimoine[1]. En effet, ce principe impose que lorsqu'une personne contracte des dettes, celles-ci vont devoir être payées avec l'ensemble de ses biens. Cette corrélation de l'actif et du passif permet ainsi d'éviter que le débiteur puisse se soustraire à ses engagements par le recours à des artifices juridiques, en assurant de cette manière une plus grande protection aux créanciers. Cette théorie devient alors, pour reprendre les termes employés par Yves Lequette, « *un allié des créanciers*[2] » et plus généralement des procédures collectives. Le raisonnement ne pourrait en effet être plus logique : plus le débiteur a de biens, plus les chances des créanciers d'être payés collectivement sont majeures, plus à son tour le débiteur peut nouvellement obtenir de crédit. Les impératifs économiques sont ainsi satisfaits et les fondements du droit des entreprises en difficulté respectés.

Or une telle optique, qui certes est séduisante, n'est pas la seule possible. Considérer le patrimoine comme une entité totalement et uniquement vouée à la satisfaction des créanciers serait en effet un peu trop sévère, en condamnant la vie personnelle ou familiale de tout individu à rester sans défense, entièrement exposée aux aléas, hélas nombreux, de la vie professionnelle[3]. Cette pluralité d'exigences met donc en lumière l'inévitable existence d'un contraste, ou serait-il mieux dire d'une guerre : dans le premier camp le droit civil, en particulier le droit de la famille, visant la prévision de mesures capables de permettre à l'entrepreneur de protéger le patrimoine personnel et, notamment dans le système italien, les biens familiaux ; dans le camp ennemi le droit des entreprises en difficulté,

[1] C. AUBRY - C. RAU, *Cours de Droit civil français : d'après la méthode de Zachariae*, 5ème éd., t. IX, pp. 333-382, 1917.
[2] *Prolégomènes*, in *Revue Lamy de droit civil*, n° 77, décembre 2010, p. 64.
[3] Le premier à mettre en évidence les aspects critiques de cette théorie a été F. GENY, *Méthodes d'interprétation et sources en droit privé positif, Essai critique,* LGDJ, 2ème éd., 1919, n° 67, p. 141 et s.

prônant la sauvegarde des intérêts des créanciers par l'emprise sur l'ensemble du patrimoine du débiteur.

Néanmoins, face à ce conflit, les législateurs italien et français ne sont pas restés insensibles et ont dès lors proposé un « accord d'armistice » cherchant à satisfaire les requêtes avancées par les deux camps adverses. Cet accord c'est l'organisation patrimoniale.

C'est ainsi que, depuis une trentaine d'années, la France et l'Italie ont progressivement introduit une série d'exceptions au principe de l'unicité du patrimoine par le biais d'instruments permettant de séparer le patrimoine personnel de celui professionnel. L'entrepreneur serait-il finalement sauvegardé contre tout risque provenant d'une crise d'entreprise ? Qu'en partie. En effet, si d'une part des moyens sont certes présents et garantis dans les deux systèmes juridiques(I), d'autre part l'on constate que leurs effets ne garantissent que partiellement contre tout risque de saisissabilité en cas de crise (II).

I. Une organisation patrimoniale garantie

Le but premier de tout entrepreneur individuel est de préserver, du moins en partie, le patrimoine personnel face aux risques d'entreprises. Pour parvenir à cet objectif, son ordre juridique d'appartenance lui offre une série de moyens de conservation patrimoniale, certains agissant *ex lege* (A), d'autres de manière volontaire (B). Cette répartition est bien présente en droit français, qui a progressivement rompu avec la théorie de l'unicité du patrimoine en introduisant, à côté des biens considérés insaisissables par la loi, une série de mesures permettant à un professionnel personne physique de créer un patrimoine distinct. Une telle démarche n'a en revanche pas été suivie en droit italien, où les moyens à disposition du chef d'entreprise semblent relever plus de la pratique que de la théorie législative.

A. UNE PROTECTION D'ORIGINE LÉGALE

« *Quiconque s'est obligé personnellement, est tenu de remplir son engagement sur tous ses biens mobiliers et immobiliers, présents et à venir* ». C'est ainsi que statue l'article 2284 du Code civil, en posant le principe général de saisissabilité de tous les biens du débiteur. De la même manière, en Italie, l'article 2740, alinéa 1er, Code civil italien, dispose que le débiteur engage, par ses dettes, tous ses biens présents et futurs. Cette règle comporte donc que les créanciers bénéficient, en principe, d'un droit de gage général leur permettant de saisir tous les biens faisant partie du patrimoine du débiteur. Or, une telle prévision ne saurait être sans limites. En effet, il existe certains biens ou intérêts ne pouvant pas faire l'objet de saisies, sous peine de conduire le débiteur à une inacceptable situation de besoin et d'indigence. La règle de la saisissabilité rencontre alors des exceptions pouvant être qualifiées de nécessaires et trouvant leur fondement dans la loi.

1) Les insaisissabilités légales en droit français

Les insaisissabilités prévues par la loi française sont nombreuses et disparates. Si l'article L.112 -2 du Code des procédures civiles d'exécution constitue la règle de principe (« ne peuvent être saisis : 1° Les biens que la loi déclare insaisissables »), de nombreux autres cas ont été prévus par le législateur pour les motifs les plus divers : considérations humanitaires de la situation du débiteur, intérêt du commerce, crédit de l'État. Nous nous intéresserons ici aux seules premières, c'est-à-dire les insaisissabilités édictées dans l'intérêt du débiteur-entrepreneur, motivées essentiellement par un souci d'humanité.

Cette exigence est manifeste pour les biens mobiliers corporels que la loi du 9 juillet 1991 considère insaisissables lorsqu'ils sont « *nécessaires à la vie et au travail du saisi et de sa famille* » (L., art. 14-4°) et dont le décret du 31 juillet 1992 en prévoit une énumération. La *ratio* d'une telle prévision est évidente : en effet, ces biens sont considérés indispensables à la subsistance du saisi et de sa famille et constituent ainsi une forme de minimum vital garanti qui est indispensable pour faire face aux besoins de la vie quotidienne. Pour ces raisons, aucun créancier ne peut agir en saisie sur ces biens, sauf pour obtenir paiement de leur prix de vente, de fabrication ou des sommes prêtées pour les acheter, fabriquer ou réparer (L., art. 14-4° ; D., art. 41). Néanmoins, une dérogation est prévue dans certaines hypothèses, à savoir celles où ces biens se trouvent dans un lieu autre que celui où le saisi demeure ou travaille habituellement, s'ils sont de valeur, s'ils perdent leur nécessité en raison de leur quantité ou encore s'ils constituent des éléments corporels d'un fonds de commerce. Ainsi, dans les situations précitées, l'insaisissabilité de ces biens n'étant plus considérée justifiée, ces derniers pourront former l'objet d'actions de la part des créanciers. Or, cette dernière prévision est soumise à une limite, représentée par les "*objets indispensables aux personnes handicapées ou destinées aux soins des personnes malades*" (L., art. 14-5°). S'agissant de biens qui touchent directement à la santé de l'individu, ils sont dès lors insaisissables de manière absolue et ne peuvent par conséquence être jamais saisis, même pas pour le paiement de leur prix de vente, de leur fabrication ou de leur réparation (D., art. 42).

Les justifications humanitaires ne concernent cependant pas les seuls biens vitaux ; *a contrario*, elles peuvent conduire à déclarer insaisissables également certaines créances considérées comme des moyens de subsistance pour le saisi et pour sa famille. Cette règle trouve son fondement légal général dans la prévision dictée à l'article L. 112-2, 3°, Code des procédures civiles d'exécution, aux termes duquel ne peuvent être saisies « *les provisions, sommes et pensions à caractère alimentaire* ». Il en est ainsi par exemple de l'insaisissabilité, bien que dans des proportions variables, d'une fraction des rémunérations du travail (Code du travail, art. L-3251-2), ou des allocations chômages, ou encore des prestations versées par les caisses de la sécurité sociale ou par les caisses d'allocations familiales.

2. Les insaisissabilités légales en droit italien

À l'instar du système juridique français, le droit italien énonce une série d'hypothèses légales d'insaisissabilité justifiées par des motifs humanitaires. L'entrepreneur failli (ou en général frappé par une procédure collectives) ne pourra donc pas être privé de certains biens, ces derniers étant considérés par la loi comme « un minimum vital garanti » indispensable pour faire face aux nécessités quotidiennes de l'intéressé et de sa famille.

Ainsi, en vertu de l'article 46 de la Loi sur les faillites de 1942, la saisie collective suivant la déclaration de faillite de l'entrepreneur ne peut pas produire ses effets sur les biens et les droits « *de nature strictement personnelle* » (l'habitation familiale est inclue dans cette catégorie), ni sur les pensions ou sommes à caractère alimentaire ni encore sur une fraction de la rémunération du failli nécessaire pour la subsistance de ce dernier et de sa famille. Ne peuvent également être inclus dans la procédure de faillite, selon la même disposition, les biens ne pouvant pas faire l'objet de saisi en vertu de l'article 514 du Code des procédures civiles (par exemple les vêtements, l'alliance, les lits, la table à manger, les draps, etc…).

Ces dispositions démontrent alors le caractère exceptionnel de l'insaisissabilité, admise dans les seules hypothèses strictement encadrées par la loi. Or, cette dernière n'est pas la seule source de dérogations possible, la volonté du débiteur pouvant contribuer à introduire d'exceptions ultérieures.

B. UNE ORGANISATION PATRIMONIALE VOLONTAIRE

La règle ne pourrait être plus claire : les biens du débiteur étant affectés par la loi au gage général de ses créanciers, sa volonté est en principe impuissante à en prévoir l'insaisissabilité.

Pourtant, l'analyse des systèmes juridiques français et italiens prouve que la théorie d'Aubry et Rau rencontre une série d'exceptions ultérieures. La protection du patrimoine personnel n'apparaît donc plus comme le seul fruit des considérations humanitaires du législateur, mais devient également le produit de la volonté du débiteur. Deux catégories d'insaisissabilités sont dès lors envisageables : celles d'origine légale d'une part, celles d'origine volontaire d'autre part. L'entrepreneur se retrouve ainsi confronté à une série de mesures : quelles sont-elles ? Quelles choisir ? Il convient d'en faire le point tant pour le droit français que pour le droit italien.

1) Les insaisissabilités volontaires en droit français

La théorie de l'unicité du patrimoine est un « dogme[4] » de la culture juridique française. La fameuse trilogie forgée par Aubry et Rau peut bien en résumer la portée : tout patrimoine suppose à sa tête une personne ; toute personne a nécessairement un patrimoine ; toute personne n'a qu'un patrimoine. Traditionnellement cœur de la doctrine classique, ce principe est pourtant entré en crise. Dans un souci de « libérer » l'entrepreneur des contraintes imposées par l'unité patrimoniale, la notion de patrimoine d'affectation s'est en effet progressivement imposée pour devenir partie intégrante du système juridique français.

Suivons l'ordre chronologique : d'abord l'entreprise unipersonnelle à responsabilité limitée (EURL)[5], introduite par la loi n°85-697 du 11 juillet 1985 et permettant la constitution d'une S.A.R.L. avec associé unique (C. com., L. 223-1). La société étant à responsabilité limitée, les créanciers sociaux ne peuvent exercer leur droit de gage que sur le patrimoine social et non sur celui de l'associé et, à l'inverse, les créanciers personnels de l'associé ne peuvent pas saisir les biens de la société. Ces derniers n'ont donc aucun droit sur le patrimoine social, sauf en cas de fraude de l'associé ou de simulation. La notion de patrimoine d'affectation n'est donc pas encore apparue, mais l'intention du législateur semble dès à présent évidente : permettre, par le détour de la technique de la personnalité morale, la séparation des patrimoines d'une même personne.

Cet objectif a par la suite été poursuivi de manière plus forte. Ainsi, l'article 47 de la loi *Madelin* n° 94-126 du 11 février 1994, modifiant l'article 22-1 de la loi n° 91-650 du 9 juillet 1991 portant réforme des procédures civiles d'exécution, a reconnu à l'entrepreneur individuel la possibilité d'exiger que l'exécution des créances soit poursuivie en priorité sur les biens nés de son entreprise.

---

[4] Y. LEQUETTE, *Prolégomènes*, op. cit., p. 63.
[5] J.-C. HALLOUIN, *La loi n° 85-697 du 11 juil. 1985 et « l'entreprise unipersonnelle à responsabilité limitée » : Act. législ.*, in *D.*, 1986, p. 73, n° 10 et s. ; J.J. DAIGRE, *La société unipersonnelle à responsabilité limitée,* in *Revue internationale de droit comparé*, 1990, vol. 42, n°2, pp. 665-676.

Dans la même direction se situent la loi n° 2003-721 du 1er août 2003 pour l'initiative économique[6], suivie par la loi n° 2008-776 de modernisation de l'économie (LME), qui ont institué la déclaration notariée d'insaisissabilité en vertu de laquelle « *une personne physique immatriculée à un registre de publicité légale à caractère professionnel ou exerçant une activité professionnelle agricole ou indépendante peut déclarer insaisissable ses droits sur l'immeuble où est fixée sa résidence principale* » (C. com., art. L. 526-1, al. 1)[7]. Néanmoins, il conviendra ici de noter que cette prévision a fait l'objet d'une importante rénovation en 2015, la Loi *Macron* (art. 206, L. n°2015-990, 6 août 2015) ayant rendu l'insaisissabilité de la résidence principale de droit et non plus soumise à une déclaration volontaire[8]. Il en découle alors deux typologies d'instruments : d'une part la déclaration d'insaisissabilité légale, ayant pour objet les droits immobiliers sur le bien où est fixée la résidence principale du professionnel personne physique, droits qui sont désormais insaisissables par les créanciers professionnels postérieurs à l'entrée en vigueur de la loi de 2015 ; d'autre part la déclaration notariée d'insaisissabilité, pouvant porter sur « *tout bien foncier, bâti ou non bâti* » que le déclarant n'a pas affecté à son usage professionnel et qui reste utilisable selon les modalités établies par la loi (C. com., art. 526-1, al. 2).

Suivant la même approche, l'introduction de la fiducie par la Loi 2007-211 du 19 février 2007 a marqué une étape cruciale dans l'atteinte au principe de l'unité du patrimoine[9]. Ainsi, en vertu de l'article 2011 du Code civil, la fiducie est « *l'opération par laquelle un ou plusieurs constituants transfèrent des biens, des droits ou des sûretés, ou un ensemble de biens, de droits ou de sûretés, présents ou futurs, à un ou plusieurs fiduciaires qui, les tenant séparés de leur patrimoine propre, agissent dans un but déterminé au profit d'un ou plusieurs bénéficiaires* ». Dès lors le fiduciaire, qui ne peut pas être en même temps le constituant de la fiducie, doit agir dans un objectif prédéterminé en faveur du bénéficiaire, auquel les biens seront en futur transférés (art. 2016, Code civil). Il en découle alors la création d'un

---

[6] M-H. MONSERIE-BON, A. RAYNOUARD, C. GINESTET, L. GROSCLAUDE, L. BOUCHET ET S. JAMBORT, *Commentaire de la loi pour l'initiative économique du 1er août 2003,* in *RJ com.*, 2003, pp. 339 et s.

[7] P-M. LE CORRE, *Protection de l'entrepreneur individuale et déclaration d'insaisissabilité,* in *AJDI*, 2004, n°3, pp. 179-188.

[8] P. ROUSSEL GALLE, *Brèves observations sur la loi "Macron" et le droit des entreprises en difficulté,* in *Rev. sociétés,* 2015, pp. 541 et s.

[9] F. ROUSSEL, M-C. LARCHER, O. HOAREAU ET A. DOBIGNY, *De la fiducie à l'entreprise individuelle à responsabilité limitée (EIRL)*, in *JCP N*, 2008, n°37, pp. 1282 et s.

véritable patrimoine d'affectation, auquel sont transférés les biens nécessaires pour la réalisation des buts préfixés.

Dans une optique de protection du patrimoine cette mesure peut donc s'avérer un outil particulièrement efficace, notamment sous la forme de la fiducie-gestion, utilisable par deux différents moyens. Ainsi, dans une première hypothèse l'entrepreneur pourrait isoler dans le patrimoine fiduciaire un certain nombre de biens qu'il souhaite protéger des actions des créanciers professionnels. En conséquent son actif professionnel reste dans son patrimoine propre, tandis que les biens affectés à la fiducie sont gérés par le fiduciaire et protégés dans un patrimoine séparé. Dans une hypothèse alternative en revanche, l'entrepreneur pourrait agir de manière inverse et constituer un patrimoine fiduciaire composé par les seuls biens professionnels. Les biens non professionnels sont alors insaisissables par les créanciers professionnels, ces derniers étant devenus les créanciers de la fiducie.

Il conviendra enfin d'ajouter que dans les deux cas une convention d'usage et de jouissance est conclue avec le fiduciaire, afin de permettre à l'entrepreneur constituant de continuer à gérer les biens formant l'objet du patrimoine affecté[10].

Or, ce n'est qu'avec la Loi *Novelli* n°2010-658 du 15 juin 2010 que la notion de patrimoine d'affectation est officiellement introduite dans le système[11]. Celle-ci est en effet manifeste dans les mots des initiateurs du texte, pour qui il s'agit, avec l'EIRL, de « *faire le choix du patrimoine d'affectation, afin de permettre de limiter le risque pesant sur le patrimoine personnel et familial de celui qui entreprend, sans lui imposer les formalités de constitution et de gestion d'une société, fusse-t-elle unipersonnelle*[12] ». L'objectif de cette mesure est donc simple : entreprendre une séparation patrimoniale, en distinguant d'une part le patrimoine personnel, d'autre part le patrimoine professionnel qui ne répondra que des dettes professionnelles. Ainsi, le patrimoine non affecté, protégé des créanciers professionnels de l'entrepreneur, se compose, par défaut, de l'ensemble des biens, droits et

---

[10] Il est également intéressant de noter que si l'actif à transférer dans le patrimoine fiduciaire relève d'une communauté conjugale, outre la nécessité d'obtenir au préalable l'accord de l'époux de l'entrepreneur, puisque la mise en fiducie fait perdre la propriété au constituant (art. 1424, Code civil), le contrat fiduciaire doit à peine de nullité être établi par acte notarié (art. 2012, Code civil).

[11] F. VAUVILLE, *Commentaire de la loi du 15 juin 2010, relative à l'entrepreneur individuel à responsabilité limitée*, in *Defrénois*, septembre 2010, n°15, pp. 1649 et s. ; B. SAINTOURENS, *L'entrepreneur individuelle à responsabilité limitée. Commentaire de la loi n°2010-658 du 15 juin 2010*, in *Rev. sociétés*, 2010, pp. 351 et s.

[12] Rapp. Sénat n° 362, mars 2010, p. 21.

obligations qui ne dépendent pas des patrimoines affectés. Quant à ces derniers, leur consistance est déterminée par la loi à l'article 526-6 du Code du commerce qui, après avoir précisé que « *Tout entrepreneur individuel peut affecter à son activité professionnelle un patrimoine séparé de son patrimoine personnel, sans création d'une personne morale* » (alinéa 1), précise que « *ce patrimoine est composé de l'ensemble des biens, droits, obligations ou sûretés dont l'entrepreneur individuel est titulaire, nécessaires à l'exercice de son activité professionnelle. Il peut comprendre également les biens, droits, obligations ou sûretés dont l'entrepreneur individuel est titulaire, utilisés pour l'exercice de son activité professionnelle et qu'il décide d'y affecter. Un même bien, droit, obligation ou sûreté ne peut entrer dans la composition que d'un seul patrimoine affecté* » (alinéa 2).

Le patrimoine affecté se compose ainsi de deux catégories de biens : d'une part les biens qualifiables de « nécessaires » pour l'exercice de l'activité professionnelle (par exemple les fonds de commerce) ; d'autre part les biens simplement utiles et considérés donc comme « mixtes » personnels et professionnels (tel le cas de la voiture personnelle utilisée également pour les besoins de sa propre activité). En outre, l'éventuelle indivision ou régime matrimonial de communauté ne constitue pas un obstacle à l'affectation du bien dans le patrimoine professionnel. Néanmoins, l'entrepreneur individuel devra au préalable s'enquérir de l'accord exprès de ses co-indivisaires ou de son conjoint et justifier leur avoir fourni au préalable une information sur les droits des créanciers professionnels (C. com., art. L. 526-11).

Toutefois c'est surtout dans le cadre d'une procédure collective que le recours à l'EIRL peut démontrer ses avantages[13] . En effet, en vertu des articles L.680-1 et suivants, Code de commerce, en cas de procédure collective ouverte au sein d'une activité professionnelle, celle-ci n'affectera que le patrimoine destiné à cette activité. Ainsi, seuls les actifs du patrimoine frappé par la procédure sont figés (C. com., art. L. 680-6) et seuls les créanciers ayant pour gage le patrimoine affecté par la procédure collective seront soumis aux offres de celle-ci. En revanche les créanciers antérieurs, à l'encontre desquels la déclaration d'affectation est en principe inopposable et qui ont donc pour gage l'entier patrimoine du débiteur, demeureront libres de saisir les biens non affectés. Néanmoins, s'ils souhaitent être payés sur les biens affectés, ils devront se soumettre aux règles de la procédure. De plus, contrairement à l'entrepreneur individuel à responsabilité illimitée qui ne peut supporter qu'une seule procédure collective à la fois, l'entrepreneur individuel à responsabilité limitée pourrait subir simultanément autant de

---

[13] Sur ce thème v. *ex multis* M.-H. MONSERIE BON, *L'entrepreneur individuel à responsabilité limitée et le droit des entreprises en difficulté*, in *Bull. Joly Sociétés*, mars 2011, pp. 270 et s.

procédures collectives qu'il a de patrimoines dédiés à une activité professionnelle. C'est en ce sens que dispose l'article L.680-1, Code de commerce, aux termes duquel les dispositions en matière de droit des entreprises en difficultés, quand elles s'appliquent aux activités professionnelles exercées par un entrepreneur individuel à responsabilité limitée, « *elles le sont patrimoine par patrimoine* ». La faillite de l'entrepreneur est ainsi limitée, puisque seuls les patrimoines frappés par la crise feront l'objet de la procédure.

2) Les insaisissabilités volontaires en droit italien

Contrairement à l'évolution connue dans le système juridique français, le droit italien maintient une certaine rigidité à l'égard des formes volontaires d'insaisissabilité du patrimoine de l'entrepreneur. Pour autant, certaines mesures sont mises à disposition de ce dernier, soit par le biais du droit positif, soit par la voie prétorienne.

Prenons d'abord le cas du « *trust* » ou de la fiducie[14]. À l'inverse du droit français, le système italien n'a pas accueilli cette institution d'origine anglo-saxonne, bien qu'il ait ratifié la Convention de La Haye du 1er juillet 1985 sur la loi applicable au trust et à sa reconnaissance[15]. La situation qui en résulte peut donc être ainsi résumée : en droit italien le trust n'est pas admis par la loi, bien qu'une partie de la doctrine soit favorable à son institution ; cependant, l'Italie ayant ratifié la Convention de La Haye, si le trust est constitué dans l'ordre juridique italien en vertu d'une loi étrangère prévoyant cet instrument, celui-ci, en principe, produira ses effets dans cet État en vertu de l'article 11 du texte conventionnel. Il en est ainsi, par exemple, de certains trusts admis par la jurisprudence et dits « *liquidatori* » (liquidateurs), constitués dans un but de conserver le patrimoine professionnel de l'entrepreneur en vue d'en permettre sa transmission, en cas de procédure collective, aux créanciers de l'entreprise[16].

---

[14] V. *ex pluribus* M. LUPOI, *Trusts,* Milan, Giuffré, 2001.

[15] Sur la Convention en général, v. J.P. BERAUDO, *La Convention de La Haye du 1er juillet relative à la loi applicable su trust et à sa reconnaissance*, in *Trav. Com. fr. dr. int. priv.* 1985-1986, pp. 21 et s. Quant aux effets de la Convention sur le droit italien, v. L.FUMAGALLI, *La Convenzione dell'Aja sul "trust" è il diritto internazionale privato italiano*, in *Dir. comm. int.*, 1993, pp. 533 et s. ; F.POCAR, *La libertà di scelta della legge regolatrice del trust*, in I.BENEVENTI (sous la direction de), *I trusts in Italia oggi*, Milan, 1996, pp. 4 et s. ; S.M. CARBONE, *Autonomia privata, scelta di legge regolatrice del trust e riconoscimento dei suoi effetti nella Convenzione dell'Aja del 1985*, in *Riv. it. dir. int. priv. proc.*, 1999, pp. 773 et s.

[16] Par exemple Trib. Cremona, 8 octobre 2013 ; Trib. Reggio Emilia, 14 mars 2011.

Une mesure similaire à l'EURL est en outre la « *società unipersonale* », permettant à l'entrepreneur de constituer une société soit sous la forme d'une S.A.R.L. (art. 2463, Code civil), soit sous la forme d'une S.A. (art. 2328, Code civil), composée par un seul associé et bénéficiant de la responsabilité limitée au seul patrimoine sociétal. Dès lors, les créanciers de celle-ci ne pourront se satisfaire que sur son patrimoine, sans pouvoir entamer le patrimoine personnel de l'entrepreneur.

Un troisième instrument est également offert aux sociétés de capitaux. Ces dernières en effet, afin de financer certaines activités, peuvent constituer des patrimoines destinés « *a uno specifico affare* », c'est-à-dire à une affaire déterminée (art. 2447-bis, Code civil). Cette solution comporte une double conséquence : d'une part les biens de l'entreprise transférés ne peuvent servir que pour la réalisation de l'affaire préfixée ; d'autre part, s'agissant d'un véritable patrimoine d'affectation, les créanciers de la société ne pourront se satisfaire que sur les biens de celle-ci, à l'exclusion de ceux affectés au « *specifico affare* ». Deux catégories de créanciers sont donc présentes : les créanciers « généraux » d'un côté, les créanciers de l'affaire de l'autre. Les premiers n'auront comme gage que les biens de la société, alors que les deuxièmes ne pourront se satisfaire que sur les biens affectés à la réalisation de l'affaire.

Vient enfin le « *fondo patrimoniale* » (fond patrimonial), institué en 1975 dans le cadre de la loi portant réforme du droit de la famille et régi par les articles 167 et suivant du Code civil italien[17]. Comme l'indique son nom même, cet instrument permet la constitution d'un véritable patrimoine séparé et affecté à un but bien précis : celui de « *faire face aux besoins de la famille* » (art. 167, Code civil). Il en résulte donc un patrimoine d'affectation, crée par volonté des conjoints ou par un tiers, et à l'intérieur duquel sont transférés les biens meubles, immeubles ou créances de propriété ou dans la jouissance des conjoints, dans un souci de protection des intérêts familiaux. Ses effets sont dès lors évidents : certains biens ayant été scindés du patrimoine personnel pour être affectés au fond patrimonial, ces derniers ne pourront faire l'objet de saisie que par les créanciers du fond même (article 170, Code civil). C'est pourquoi, bien que le législateur ait préféré utilisé l'expression de « fond patrimonial » pour présenter cet instrument, la doctrine l'a finalement qualifié de « patrimoine séparé » ou « destiné à un but particulier ».

---

[17] M.L. CENNI, *Il fondo patrimoniale*, P. Zatti (sous la direction de), *Trattato di Diritto di Famiglia*, III, Milan, 2ème éd., 2012, pp. 679 et s. ; M. IEVA, *Le convenzioni matrimoniali*, ibidem, pp. 55 et s. ; P. DELL'ANNA, Patrimoni destinati e fondo patrimoniale, Turin, 2009 ; P.G. DEMARCHI ALBENGO, *Fondo patrimoniale*, Milan, 2005.

Or, compte tenu des conséquences pratiques d'une telle mesure, deux interrogatifs se sont posés : d'un côté, définir l'étendue de la notion « besoins de la famille » ; de l'autre, déterminer sa possible application en faveur de l'entrepreneur. Quant à la première question, la doctrine majoritaire l'a définie comme l'ensemble des nécessités, matérielles et spirituelles, liées au bien-être et au maintien de la famille et déterminées en fonction des conditions sociales et économiques des conjoints. Si donc la dette a été contractée pour répondre à l'un de ces besoins, les créanciers du fond pourront se satisfaire sur les biens affectés ; *a contrario*, ces biens seront insaisissables.

La solution est en revanche moins simple en matière d'applicabilité de cet instrument à l'entrepreneur : à cet égard la loi est lacuneuse, se limitant à indiquer la constitution par les conjoints ou par un tiers. Pourrait-on alors en déduire que le conjoint entrepreneur, ou le tiers entrepreneur, puisse créer un patrimoine séparé en vertu de l'article 167, Code civil ? La réponse semblerait être négative pour deux motifs : d'abord l'article 167 ne mentionne pas, parmi les biens pouvant faire partie du fond patrimonial, l'« *azienda* » (fonds de commerce), définie par le droit italien comme l'ensemble des biens utilisés par l'entrepreneur pour l'exercice de l'entreprise. Ainsi, suivant cette approche, tout bien servant à l'entrepreneur pour son activité d'entreprise ne pourrait pas être destiné à un fond patrimonial en raison de son caractère non nécessaire aux besoins de la famille. De plus, l'unicité du patrimoine étant consacrée à l'article 2740, Code civil, admettre la possibilité pour l'entrepreneur de séparer son patrimoine personnel sans qu'une t¸elle prévision soit expressément dictée par la loi signifierait mettre en péril la position des créanciers de l'entreprise lorsque celle-ci se présente sous la forme d'une société à responsabilité illimitée. La décision finale doit donc être donc remise au juge sur la base d'une vérification au fond : si les biens affectés sont effectivement destinés à garantir les besoins familiaux, l'on pourrait reconnaître l'admissibilité du fond patrimonial même si constitué par l'un des deux conjoints entrepreneurs ; à l'inverse, s'il apparaît que les intentions de ce dernier sont purement (ou en majorité) frauduleuses, les créanciers pourront sans doute intervenir sur le patrimoine séparé[18].

Ces considérations démontrent donc que les moyens de protection remis à la volonté du débiteur-entrepreneur, qu'ils soient italiens ou français, ne constituent qu'en partie une garantie complète et réellement efficace en vue de protéger le patrimoine personnel face à l'entreprise en crise. La bataille ne semblerait dès lors consacrer un véritable vainqueur : aux dérogations

---

[18] Pour une analyse générale de ces questions, v. I. CALVOSA, *Fondo patrimoniale e fallimento*, Milan, 2003, pp. 47 et s.

introduites en faveur de l'entrepreneur, s'opposent les limites imposées par la sauvegarde de l'intérêt des créanciers.

II. Une protection du patrimoine limitée

Constituer un patrimoine d'affectation (ou recourir à des mécanismes similaires) n'entraîne pas toujours une protection totale contre une possible action des créanciers sur les biens affectés. Ces limites peuvent être soit de nature légale, soit de nature jurisprudentielle.

A. LES LIMITATIONS LÉGALES

Si la loi admet la possibilité de constituer des patrimoines d'affectation en vue de sauvegarder, en cas de crise de l'entreprise, une partie du patrimoine personnel, ces mesures doivent néanmoins être tempérées en considération des intérêts des créanciers. Pour ce faire, des limites sont alors directement prévues par le législateur.

Ainsi, retournons au cas précédemment décrit du fond patrimonial italien. En matière, l'article 170 du Code civil apporte une limitation indirecte à l'efficacité d'une telle mesure. En effet, celui-ci dispose que les biens constituant le fond sont insaisissables pour les « *dettes contractées pour des motifs non liés aux besoins de la famille et dont cette extranéité était connue par les créanciers* ». Cette prévision implique alors l'existence de trois différentes typologies de créanciers : ceux qualifiables comme « familiaux » ; ceux non familiaux mais ignorant la destination de la dette aux besoins de la famille ; ceux non familiaux et conscient de l'extranéité de la dette aux besoins de la famille. Ainsi, seule cette dernière catégorie se voit exclure toute possibilité d'action sur les biens affectés, alors que les deux autres peuvent légitimement faire valoir leurs droits de gage sur le fond patrimonial.

Prenons ensuite l'instrument de l'EIRL. Nous avons vu que cette mesure a pour effet de circonscrire le droit de gage général des créanciers professionnels du chef d'entreprise, ces derniers ne pouvant se satisfaire que sur les biens affectés. Il est alors possible de distinguer clairement deux patrimoines différents : l'un privé et ne pouvant faire l'objet de saisies que par les créanciers personnels ; l'autre professionnel et dont l'actif ne peut être attaqué que par les créanciers de l'entreprise. Pourtant, l'efficacité d'un tel moyen doit faire face à des obstacles.

En premier lieu, la déclaration d'affectation n'est pas opposable aux créanciers professionnels dont les droits sont nés antérieurement au dépôt, à moins que l'entrepreneur le mentionne dans la déclaration et qu'il les informe individuellement (art. L. 526-12, C. com.). Ceux-ci peuvent alors former opposition dans le délai d'un mois et, à défaut d'obtenir le remboursement de leur créance ou la constitution de garanties suffisantes, la déclaration d'affectation leur sera inopposable. De plus, la division du patrimoine disparaît en cas de fraude ou de manquement grave aux règles d'affectation du patrimoine. La première pourrait résulter par exemple d'un transfert systématique et excessif des revenus professionnels dans le patrimoine privé, en entraînant ainsi le déclin de l'entreprise. Les manquements graves, en revanche, concernent essentiellement l'absence d'affectation d'éléments nécessaires à l'exploitation au détriment des créanciers professionnels. Enfin, la protection patrimoniale garantie par l'EIRL peut être partiellement remise en cause, dans le cadre d'une crise d'entreprise, sur le fondement de la responsabilité pour insuffisance d'actif après liquidation judiciaire (art. L. 651-2, C. com.). Dans cette hypothèse, la somme mise à la charge du débiteur ayant commis une faute de gestion s'impute alors « sur son patrimoine non affecté » et, si les dettes ne sont pas acquittées, la faillite personnelle de l'entrepreneur peut être prononcée. À cet égard, cependant, deux éléments conviennent d'être notés. D'abord les patrimoines affectés autres que celui paralysé par la faillite sont à l'abri de cette dette de responsabilité, celle-ci n'agissant que sur le patrimoine non séparé. Cela comporte alors que si le chef d'entreprise affecte l'essentiel de ses actifs au sein de ses divers patrimoines d'affectation, en ne laissant dans le patrimoine non affecté que quelques biens de faible valeur, cette sanction pourrait finir, sous réserve naturellement de l'absence de fraude de l'entrepreneur, par demeurer sans effet.

Cette même situation peut en revanche être plus délicate dans le cadre d'une EURL. Si en effet, par ses actions, l'associé unique a contraint la société au dépôt de bilan, il peut être tenu responsable de l'insuffisance d'actif pour faute de gestion (art. L. 651-2, C. com.). Dans ce cas, la dette de responsabilité sera alors imputée sur son patrimoine personnel et si les dettes globales ne sont pas acquittées, la faillite personnelle du dirigeant peut être prononcée. Dès lors, compte tenu que dans cette situation il n'y a pas de patrimoines affectés, il en découlera la confusion du patrimoine personnel de l'entrepreneur au patrimoine de l'entreprise.

Cependant c'est surtout dans le cadre du patrimoine fiduciaire que l'efficacité d'une telle mesure, notamment dans une situation de crise de l'entreprise, peut s'avérer limitée. Ainsi, dans le cas où l'entrepreneur était l'unique bénéficiaire de la fiducie, d'une part le transfert fiduciaire est soumis aux nullités de la période suspecte, c'est-à-dire qu'il est nul dès qu'il est stipulé à partir de la cessation des paiements (art. L. 632-1, 10°, C. com.). D'autre part, lorsque le constituant est l'unique bénéficiaire de la fiducie, la liquidation judiciaire entraîne la résiliation de plein droit du contrat de fiducie et le retour dans son patrimoine des droits, biens ou sûretés présents dans le patrimoine fiduciaire (art. L. 641-12-1, C. com.). En outre, en dehors de l'ouverture des procédures collectives, la loi dispose que toute diminution frauduleuse d'actifs de la part du constituant, telle de réduire fortement le montant des biens faisant partie du patrimoine fiduciaire, demeurerait inefficace à l'égard de ses créanciers (art. 2025, al. 1er, Code civil). Enfin, le décès de l'entrepreneur emporte obligatoirement extinction de la fiducie-gestion (art. 2029, Code civil), ce qui implique que la protection ne puisse donc pas être transmise aux héritiers.

B. LES LIMITATIONS JURISPRUDENTIELLES

La loi n'est pas la seule source d'obstacles limitant l'efficacité d'une mesure dérogeant le principe de l'unité du patrimoine. Les apports de la jurisprudence font en effet leur part, en venant ainsi compenser les lacunes laissées par le législateur.

Un certain nombre de difficultés se posent d'abord en matière de déclaration d'insaisissabilité, en particulier à l'égard de son efficacité face à l'ouverture de procédures collectives. Les questions se présentent notamment lorsque des créanciers antérieurs ou personnels, auxquels la déclaration est en principe inopposable, coexistent avec les créanciers postérieurs. L'on pourrait alors se demander si, en cas de liquidation judiciaire de l'entreprise, le liquidateur, qui a qualité pour agir dans l'intérêt collectif des créanciers, pourrait-il, au nom des seuls créanciers antérieurs ou personnels, procéder à la réalisation des biens protégés par la déclaration. En matière, tant la jurisprudence comme la doctrine ont pour longtemps été partagées.

Ainsi, certains avaient considéré que si le liquidateur obtenait du juge le droit de saisir les biens protégés, en agissant dans l'intérêt de l'ensemble des créanciers, il aurait sans doute préféré de régler d'abord les créanciers antérieurs ou personnels avec le produit de la vente des biens insaisissables, pour permettre ainsi aux créanciers postérieurs de pouvoir se satisfaire sur les biens compris dans la procédure sans le concours des autres. Cette solution n'a toutefois pas été retenue par les juges de la Cour de Cassation qui, se prononçant a plusieurs reprises sur la question, ont statué que « *le débiteur peut opposer la déclaration d'insaisissabilité qu'il a effectuée avant qu'il ne soit mis en liquidation judiciaire*[19] », en vertu de la combinaison des

---

[19] Com. 28 juin 2011, n°10-15.482, in *Bull. civ. IV*, n°53 ; in *D.*, 2011, p. 1751, obs. A. LIENHARD ; *ibid.* 2012, p. 1509, obs. A. LEBORGNE ; *ibid.*, p. 2196, obs. F.-X. LUCAS et P.-M. LE CORRE ; in *Rev. sociétés*, 2011, p. 526, obs. P. ROUSSEL GALLE ; in *JCP E*, 2011, p. 1551, note de F. PEROCHON ; L.ANTONINI-COCHIN, *Le retour en grâce de la déclaration d'insaisissabilité*, in *Gaz. Pal.*, 8 octobre 2011, n°281, pp. 11 et s. Plus récemment ce principe a été réaffirmé dans Com. 24 mars

articles L. 641-9 et L. 526-1, Code du commerce. Il en découle alors que si la déclaration notariée est effectuée avant le jugement d'ouverture, celle-ci résiste à la procédure collective. De plus, compte tenu de la centralité du principe de l'intérêt collectif des créanciers, le liquidateur ne peut demander l'inopposabilité de la déclaration d'insaisissabilité dans l'intérêt des seuls créanciers postérieurs à la déclaration, même pour cause de fraude paulienne, dès lors qu'il existe des créanciers antérieurs ou personnels participant à la procédure[20].

Néanmoins, quelques limites méritent d'être rappelées. D'abord, l'on soulignera que la déclaration est en tout état de cause affectée par une nullité obligatoire *ex lege* si rendue pendant la période suspecte et, similairement, par une nullité de caractère facultatif si effectuée dans les six mois précédents la cessation des paiements (art. L. 632-1, n. 12, Code du commerce)[21]. Qui plus est, contrairement à la position suivie par la jurisprudence passée, dans l'hypothèse d'une déclaration notariée d'insaisissabilité irrégulière le liquidateur judiciaire peut désormais agir pour faire valoir son inopposabilité. À cet égard, en effet, dans un revirement daté du 15 novembre 2016, la chambre commerciale de la Cour de cassation a estimé que « *la déclaration d'insaisissabilité n'étant opposable à la liquidation judiciaire que si elle a fait l'objet d'une publicité régulière, le liquidateur, qui a qualité pour agir au nom et dans l'intérêt collectif des créanciers, est recevable à en contester la régularité à l'appui d'une demande tendant à reconstituer le gage commun des créanciers* »[22].

L'efficacité du « *fondo patrimoniale* » face aux procédures collectives a également posé un certain nombre d'interrogatifs aux juridictions italiennes. En effet, l'on a vu que cette mesure ne peut être utilisée que pour la réalisation de besoins familiaux et que, selon le courant majoritaire, l'entrepreneur, en principe, ne peut pas recourir à cet instrument pour séparer son patrimoine personnel de celui professionnel. Or, compte tenu du caractère lacuneux de l'article 167 du Code civil italien, dans la pratique de

---

2015, n°14-10.175, in *D.*, 2015, p. 799, obs. A. LIENHARD ; in *Actu. Proc. coll.*, avril 2015, n°8, comm. 119, obs. V. LEGRAND ; L.C. HENRY, *Déclaration d'insaisissabilité, la Cour de Cassation persiste et signe!,* in *Rev. sociétés*, 2015, p. 404.

[20] Com., 23 avr. 2013, n° 12-16.035, in *Bull. civ.*, IV, n° 68 ; in *D.*, 2013, p. 2363, obs. F.-X.LUCAS et P.-M.LE CORRE ; in *Rev. sociétés*, 2013, p. 377, obs. P.ROUSSEL GALLE ; in *JCP E*, 2013, p. 1380, note de PH.PÉTEL ; in *JCP N*, 2013, p. 1228, note de CH. LEBEL ; *JCP N*, 2014. 1132, obs. G. GARÇON ; in *LPA*, 11 juin 2013, note de V.LEGRAND ; in *Rev. proc. coll.*, 2013, n° 113, obs. FL. REILLE ; *Defrénois* 2013, p. 784, note de F.VAUVILLÉ ; in *Bull. Joly E*, 2013, p. 217, note de L. CAMENSULI-FEUILLARD.

[21] Article modifié par l'Ordonnance n°2014-326 du 12 mars 2014, article 56.

[22] Com., 15 novembre 2016, n° 14-26287.

nombreux chefs d'entreprise ont profité de cette technique pour sauvegarder une partie du patrimoine personnel en vue d'une possible crise de l'activité.

Toutefois, face à cette tendance, la réponse des juges s'est orientée dans la direction opposée ; ainsi la jurisprudence majoritaire, par le biais d'une stricte interprétation de la notion de « *besoins de la famille* »[23], a admis deux typologies d'actions à l'encontre du fond patrimonial crée par l'entrepreneur. D'abord l'action révocatoire ou paulienne dite « ordinaire », régie par l'article 2901, du Code civil et activable comme instrument à caractère général ; ensuite, l'action révocatoire qualifiée de « *fallimentare* » (relative à une procédure de faillite) et prévue par l'article 64 de la loi italienne sur les faillites[24]. En effet, cette dernière disposition prévoit la nullité de tout acte à titre gratuit accompli par l'entrepreneur dans les deux années antérieures à la déclaration de faillite. Or, étant donné que le fond patrimonial est considéré, par la majorité de la doctrine italienne, comme un acte à titre gratuit, les tribunaux se sont alors fondés sur cette prévision pour légitimer l'exercice, par les créanciers de la procédure, de la révocatoire « *fallimentare* » à l'encontre du chef d'entreprise ayant constitué un fond patrimonial[25].

Quelques considérations s'imposent enfin quant à l'efficacité d'un trust constitué en Italie dans le cadre d'une entreprise en crise. À cet égard, la Cour de Cassation italienne s'est récemment prononcée en matière de validité d'un trust liquidateur, en considérant son acte constitutif nul si celui-ci a été conclu lorsque l'état d'insolvabilité de l'entreprise avait déjà été déclaré[26]. Pour les juges de la Haute juridiction, cette nullité découlerait de l'article 15, lettre e), de la Convention de La Haye de 1985 qui, tout en prônant la reconnaissance d'un trust constitué en vertu d'une loi étrangère, ne fait pas obstacle à l'application des dispositions de la loi du for régissant certaines matières telles que la protection des créanciers[27]. Ainsi, dans ces hypothèses, c'est la loi du for qui devra s'appliquer et, compte tenu de l'absence dans le droit italien de l'institution du trust, celui-ci est par conséquence déclaré nul car contraire aux intérêts des créanciers de la procédure.

---

[23] Cass. civ., 31 mai 2006, n. 12998 ; en doctrine, v. A. BARTALENA, *Il fondo patrimoniale*, in *Riv. Dir. Comm.*,2002, pp. 31 et s.

[24] Décret Royal du 16 mars 1942, n°267.

[25] V. *ex multis* Cass. civ., 22 janvier 2010, n. 1112.

[26] Cass. civ., 9 mai 2014, n° 10105, in *Riv. Dir. Banc.*, 2014, 5, pp. 2 et s., note de A. GALLARATI.

[27] Cet article dispose en effet, à son alinéa 1er, que "La Convention ne fait pas obstacle à l'application des dispositions de la loi désignée par les règles de conflit du for lorsqu'il ne peut être dérogé à ces dispositions par une manifestation de volonté, notamment dans les matières suivantes [...] e) la protection des créanciers en cas d'insolvabilité ».

Or, bien que la majorité des juges du fond soient favorable à cette approche[28], il convient de noter que cette solution n'est pas suivie par la totalité de la jurisprudence. Ainsi, certains arrêts ont montré une (timide) ouverture en faveur du trust liquidateur, lorsque le transfert des biens de l'entreprise est effectué dans le seul but de conserver le patrimoine professionnel, en attente de parvenir à la conclusion de l'accord avec les créanciers[29]. Cette opinion a d'ailleurs été partagée par une partie de la doctrine[30], pour qui le trust liquidateur ne devrait pas être considéré nul sur la seule base de son moment de constitution, mais devrait être évalué en fonction de l'objectif recherché par l'entrepreneur constituant. Ainsi, suivant cette thèse, la nullité d'un trust devrait être déclarée dans une seule hypothèse, celle où le transfert des biens au fiduciaire a été effectué en fraude des créanciers.

Cette brève analyse des moyens d'organisation patrimoniale de l'entrepreneur, prévus dans les systèmes juridiques français et italiens, démontre donc qu'aucune de ces mesures ne peut être considérée comme une garantie parfaite face aux procédures collectives. D'un point de vue pratique la solution idéale serait peut-être celle de ne disposer d'aucun bien, en faisant détenir la totalité du patrimoine (ou du moins les actifs de plus grande valeur) au conjoint non professionnel. Toutefois, même dans cette hypothèse, certains risques pourraient toujours demeurer, notamment si les transferts patrimoniaux ont été effectués dans une période peu antérieure à la survenance de la crise de l'entreprise. Cela oblige alors l'entrepreneur d'organiser son patrimoine dès le début de son activité, en choisissant les instruments qui plus conviennent à sa situation tant professionnelle que personnelle. À cet égard, s'il est vrai que les mesures de séparation du patrimoine sont prévues tant par la France comme par l'Italie, il est néanmoins possible de constater que face à la tendance du système français d'abandonner les formes sociétales d'organisation patrimoniale pour privilégier les instruments du droit commun visant l'entrepreneur-individu (l'EIRL en est un clair exemple), une telle évolution n'est pas observable dans l'ordre juridique italien. Ici, en effet, les mécanismes offerts par le droit

---

[28] v. par exemple, Trib. Milan, 16 juin 2009, in *Riv. dir. priv.*, 2010, p. 127, note de L.E. FIORANI ; Trib. Milan, 29 octobre 2010, in *Trusts e att. fid.*, 2011, p. 146 ; Trib. Bolzano, 8 avril 2013, in *Trusts e att. fid.*, 2014, p. 49.

[29] Trib. Cremona, 8 octobre 2013, in www.dirittobancario.it ; la même solution avait déjà été envisagée par Trib. Reggio Emilia, 14 mai 2007.

[30] V. *ex multis* V. ROPPO, *Profili strutturali e funzionali dei contratti di "salvataggio" (o di ristrutturazione dei debiti d'impresa)*, in *Riv. dir. priv.*, 2007, pp. 284 et s. ; F. MACARIO, *Insolvenza, crisi d'impresa e autonomia contrattuale. Appunti per una ricostruzione sistematica delle tutele.*, in *Riv. soc.*, 2008, pp. 102 et s.

privé visent plus l'individu dans sa dimension familiale que l'individu en tant que chef d'entreprise, ce qui est particulièrement évident dans l'utilisation pratique du fond patrimonial. Or, la réforme du droit des entreprises en difficulté, dont le projet de loi vient d'être finalement voté par le Parlement italien après presque de deux ans de discussions[31], pourrait être l'occasion pour invertir cette tendance. La position de l'entrepreneur semblerait en effet faire l'objet d'une plus grande considération par le législateur italien, depuis toujours très protecteur à l'égard des intérêts collectifs des créanciers.

Serait-il alors le signal d'une prochaine signature d'un traité de paix ? Probablement pas encore, le conflit droit civil-droit des entreprises en difficulté ayant été simplement « suspendu » par la prévision d'exceptions à la théorie d'Aubry et Rau. Toutefois les entrepreneurs peuvent rester optimistes, car quel que soit le sort final de la guerre, une concession en leur faveur est sûrement conquise : l'organisation patrimoniale.

---

[31] Il s'agit du projet de loi "*Disegno di Legge recante delega al Governo per la riforma organica delle discipline della crisi di impresa e dell'insolvenza*", présenté par le Gouvernement en date 10 février 2016 et approuvé par la Chambre des Députés en date 1er février 2017 et par le Sénat en 11 octobre 2017.

Dessaisissement et droit des sociétés

Benjamin FERRARI
Doctorant au C.E.R.D.P.

Notion de dessaisissement. Le dessaisissement du débiteur est une notion célèbre du droit des entreprises en difficulté. La mesure est l'effet principal de la liquidation judiciaire[32]. Pourtant, il semble plus facile de dire ce que n'est pas le dessaisissement que ce qu'il est réellement[33] ! Si le dessaisissement devait être associé à un personnage de fiction, il serait à n'en pas douter la femme de « Colombo », « l'arlésienne » des procédures collectives. Nous savons qu'il existe et les effets qu'il produit sans savoir à quoi correspond réellement la mesure[34].

Ce constat est particulièrement gênant. Les mots ont un impact direct sur les idées et *« il ne faut pas que la confusion du langage entraîne l'incertitude du droit »*[35]. Malheureusement, si la mesure est aussi célèbre, c'est aussi en grande partie du aux incertitudes grevant la matière. Alors, posons-nous la question : qu'est-ce que le dessaisissement ?

Dans le langage courant, le dessaisissement est défini comme le fait de priver une personne de ce qu'elle possède[36]. Au sens juridique du terme, le dessaisissement est la résultante de l'effet de saisie collective du patrimoine du débiteur par ses créanciers[37]. Le débiteur est privé de l'exercice de ses droits sur les biens qu'il a en sa possession[38]. La mesure constitue une règle d'ordre public et est opposable à tous, même au tiers de bonne foi. Le but est

---

[32] G. BOUCHER, « Le dessaisissement et l'exécution » *in Mesures d'exécution et procédures collectives*, « Collection Procédures », éd. Bruylant 2012, p. 165, n° 1.
[33] J. PERCEROU, *Des faillites et banqueroutes et liquidations judiciaires,* 2e éd., Librairie Arthur Rousseau, Paris, 1935, n°24, t. I.
[34] Par exemple, les interrogations demeurent nombreuses quant à la nature juridique de la mesure.
[35] R. HOUIN, « Les incapacités », RTD. civ. 1947. 383, p. 405.
[36] S. LE NORMAND, « Le dessaisissement du débiteur en liquidation judiciaire à l'épreuve des évolutions récentes », JCP E 2012, 1337, n° 1.
[37] F. PEROCHON, *Entreprises en difficulté,* LGDJ, 10e éd., 2014, n° 1153 – C. SAINT-ALARY-HOUIN, *Droit des entreprises en difficulté*, LGDJ (« Domat » Montchrestien), 10e éd., 2016, n° 1236 et s. – P.-M. LE CORRE, *Droit et Pratique des Procédures Collectives*, Dalloz Action, 9e éd., 2017-2018, n° 552.09. D. VOINOT, *Droit économique des entreprises en difficulté*, LGDJ, 2007, n° 501 – P. PETEL, *Procédures collectives*, Dalloz, 8e éd., 2014, n° 155.
[38] C. SAINT-ALARY-HOUIN, « Le dessaisissement du débiteur en liquidation judiciaire », Rev. Proc. Coll. 2003, p. 173, n° 1

d'éviter que le débiteur ne puisse dilapider son patrimoine au détriment du désintéressement de ses créanciers. Le débiteur est donc dessaisi de l'administration et de la disposition de ses biens, mais également des droits et actions ayant une incidence sur son patrimoine. Ces prérogatives sont confiées au liquidateur durant le temps de la procédure.

Toutefois, tous les moyens ne sont pas bons et le débiteur n'est pas totalement paralysé ! Le dessaisissement n'est pas absolu[39] et le débiteur conserve l'exercice de droits qui ne seront pas affectés par le dessaisissement. Il s'agit des droits personnels et des fameux droits propres.

Dessaisissement et droit des sociétés. Indépendamment du droit des sociétés, le dessaisissement est source de nombreux problèmes, car ses contours sont particulièrement imprécis[40]. Dessaisir ou ne pas dessaisir, telle est la question. Comment être certain que telle action relève de la qualité du liquidateur ? Comment être certain qu'une autre action relève d'un droit propre du débiteur ? Les questions sont nombreuses et connues, bien qu'insuffisamment résolues. Or, lorsque ces problématiques rencontrent le droit des sociétés, ces dernières s'accentuent et mettent en exergue les interrogations liées à la mesure.

La mécanique du dessaisissement est, lorsqu'elle rencontre le droit des sociétés, un concentré de qualité, de pouvoir et de patrimoine[41]. D'une part, classiquement, le dessaisissement peut concerner la personne morale, car la société est en liquidation judiciaire. D'autre part, le dessaisissement peut également concerner les organes composant une société. Ces derniers seraient alors en liquidation judiciaire au titre d'une activité parallèle à leur fonction au sein de la personne morale. Nous l'avons dit : un concentré de qualité, de pouvoir et de patrimoine[42].

Plan de l'étude. Deux points de rencontre entre le dessaisissement et le droit des sociétés cohabitent.

D'une part, la question des droits conservés par les organes de la société se posera, car si ces derniers sont dessaisis, il n'est pas question d'étendre le dessaisissement à l'égard de la personne morale. Toutefois, il est impossible

---

[39] F. PEROCHON, *op. cit.*, n°1153.

[40] J. THERON, « Les contours du dessaisissement du débiteur en liquidation judiciaire », Rev. Proc. Coll., janv. 2013, doss. n°3 – M.-H. MONSERIE-BON, « Le dessaisissement et l'avènement des droits propres », RLDA, 2005, supp. 80.

[41] Expression empruntée à F. REILLE note *ss*. Com. 23 sept. 2014, n°12-29262, Rev. Proc. Coll. n°3, mai 2015, comm. 43.

[42] F. REILLE, *art. cit. préc.*

de nier que certaines des décisions prises en qualité de dirigeant ou d'associé vont avoir une incidence patrimoniale. Faudra-t-il pour autant les dessaisir ?

L'exemple le plus courant en la matière est celui d'une personne placée en liquidation judiciaire alors que cette dernière est également associée d'une SCI. S'il n'est pas question d'appréhender le patrimoine de la personne morale, il n'en demeure pas moins que le patrimoine du dessaisi perd, par le biais de l'écran de la société, un actif immobilier[43]. Faudra-t-il dessaisir l'associé de ses prérogatives sur la société ? Dessaisir ou ne pas dessaisir, telle est encore une fois la question.

D'autre part, lorsque la société est elle-même soumise à une procédure de liquidation judiciaire, le dessaisissement jouera d'une manière classique, mais avec des particularités liées à la personnalité morale. La société, même dessaisie, conserve l'exercice de droits et actions non compris dans le périmètre du dessaisissement. Ceci est d'autant plus important et intéressant aujourd'hui que la société n'est plus dissoute par l'effet de l'ouverture d'une liquidation judiciaire[44].

Ainsi, les effets du dessaisissement sur le droit des sociétés seront-ils appréhendés en deux temps. D'une part, le dessaisissement concernera la société (I) et d'autre part, il intéressera les organes de la société (II).

I. La société dessaisie

La fin d'un célèbre contentieux. Comment parler du dessaisissement d'une société sans évoquer l'une des plus grandes problématiques du droit de la faillite : la représentation de la société dessaisie[45]. Avant la loi de sauvegarde, la situation était particulièrement déroutante. Nous faisions courir un délai de recours à l'encontre d'une personne... privée du droit d'agir pour contester l'ouverture de sa procédure[46] ! Le dirigeant social était un véritable mort-vivant juridique, capable de recevoir signification[47], mais incapable d'exercer le recours.

---

[43] M.-H. MONSERIE-BON, « Vivre en procédure collective. Le droit des associés », Rev. Proc. coll. n°1, janv. 2013, doss. 7, n°4.

[44] Ord. n°2014-326 du 12 mars 2014 - art. 100.

[45] Pour un exposé complet du problème : P.-M. LE CORRE, *op. cit.*, n°553.32 ; H. CANTIN, « La représentation d'une société en liquidation judiciaire », Rev. proc. coll. janv. 2008, Et. 4, p. 21.

[46] Com. 16 mars 1999, n°96-19078, Bull. civ. IV, n°66 ; LPA 16 avr. 1999, n°76, p. 9, note P.-M. LE CORRE ; D. 2000, jur. 513, note H. KENFACK ; RTD. com. 2000. 130, obs. C. CHAMPAUD et J. DANET.

[47] Com. 19 juin 2007, n°06-13560, BJE. févr. 2008, p. 129, §32, note O. STAES – Com. 26 mai 2010, n°09-14240, NP, Act. Proc. coll. 2010/2, n°180, note L. FIN-LANGER.

Voilà ce qu'était l'image du dessaisissement à la française. Du fait de l'ouverture d'une procédure de liquidation judiciaire, les dirigeants perdaient leur fonction. Logique, la société était dissoute. Par conséquent, la représentation de la société était impossible et notamment pour l'exercice des droits non compris dans le périmètre du dessaisissement. Tout au plus, ces derniers pouvaient-ils solliciter, à compter de la signification, la désignation d'un mandataire *ad hoc* afin d'exercer le recours dans le confortable délai de… 10 jours[48] ! Était-ce bien sérieux[49] ?

Cette situation n'a pas tardé à attirer les foudres de la Cour européenne des droits de l'Homme [50] et la loi de sauvegarde « rectifia le tir » en maintenant en poste les dirigeants afin que ces derniers puissent exercer les droits propres de la société[51]. Pragmatique, la solution l'était sans aucun doute[52]. Juridiquement appropriée, cela était plus discutable[53].

De surcroît, le véritable problème résidait dans la dissolution de la société au jour du jugement d'ouverture de la liquidation judiciaire. Le législateur de 2014 a enfin créé le lien entre deux mondes qui ne se parlaient pas[54]. L'article 1844-7-7° du Code civil est désormais modifié et la dissolution de

---

[48] Com. 18 janv. 2005, n°02-18070, NP – Com. 16 janv. 2007, n°05-14591, NP.

[49] Cette situation a été sévèrement critiquée par la doctrine, par exemple : F. DERRIDA, P. JULIEN, J.-F. RENUCCI, note *ss.* Com. 30 juin 2004, n°03-12627, Bull. civ. IV, n°136, n°1106 FS-P+B+I ; D. 2004, jur. 2429 : *« Un illogisme flagrant de la solution retenue ».*

[50] CEDH 3e sect., 8 mars 2007, req. n°23241/04, *Arma c/ France*, D. 2007. AJ. 870, note A. LIENHARD ; D. 2008, pan. 571. Obs. F.-X. LUCAS ; RTD. com. 2007. 454, n°9, note J.-L. VALLENS ; JCP E 2007, chron. 2119, p. 22, n°2, obs. Ph. PETEL ; Bull. Joly mai 2007, p. 531, note F.-X. LUCAS ; Dr. sociétés. 2007. 23, n°216, note J.-P. LEGROS ; Rev. sociétés 2007. 607, note P.-M. LE CORRE.

[51] Loi n°2005-845 – art. 190 : *« Lorsque le débiteur est une personne morale, les dirigeants sociaux en fonction lors du prononcé du jugement de liquidation judiciaire le demeurent, sauf disposition contraire des statuts ou décision de l'assemblée générale ».*

[52] P.-M. LE CORRE, *« Premiers regards sur la loi de sauvegarde des entreprises »*, D. 2005, p. 2297, n°16.

[53] V. par ex : H. CANTIN, *art. cit. préc.*, n°27 et s : Par le maintien en poste des dirigeants, les effets de la dissolution sont limités - J. VALLANSAN, « Liquidation judiciaire d'une société et représentation de la personne morale par ses dirigeants », BJS, 2002, p. 1154.

[54] Sous l'impulsion de la doctrine v. notamment P.-M. LE CORRE, *Droit et pratique des procédures collectives,* Dalloz Action, 2010-2011, 5e éd., n°592.41 – F.-X. LUCAS, « Pour en finir avec la peine de mort infligée aux sociétés », BJS. 2008, p. 371.

la société repoussée jusqu'à la clôture de la procédure pour insuffisance d'actif[55].

De nouveaux enjeux. Cette évolution est particulièrement intéressante lorsque l'on observe le dessaisissement de la société. Avec l'absence de dissolution au jour de l'ouverture de la procédure, la société continue de fonctionner pendant la liquidation judiciaire. Cependant, elle doit composer avec le dessaisissement qui l'atteint. Cette nouvelle donne amène à étudier le fonctionnement de la société dessaisie (A). De plus, comme tout débiteur, la société conserve l'exercice de droits qui ne sont pas compris dans le périmètre du dessaisissement. Dès lors, la question se pose des droits conservés par la société dessaisie (B).

A. LE FONCTIONNEMENT DE LA SOCIÉTÉ DESSAISIE

La vie de la société en liquidation judiciaire. La société en liquidation judiciaire n'est plus dissoute par le seul effet du jugement d'ouverture. Ce nouveau constat emporte avec lui plusieurs difficultés. Ainsi, apparaît-il une contradiction entre les objectifs de la liquidation judiciaire et le maintien de la société (1). Cette situation s'avère particulièrement gênante pour le praticien lorsqu'il s'intéresse au fonctionnement concret de l'entité en liquidation. Celui-ci sera confronté à l'épineuse question de la répartition des obligations sociales, comptables et fiscales de la société entre les dirigeants et le liquidateur (2).

1) Une situation contradictoire

Une contradiction apparente. Avec l'absence de dissolution de la société au jour de l'ouverture de la liquidation judiciaire, la survie de la société amène avec elle de nouvelles interrogations. Les dirigeants sont maintenus en poste et sont chargés de faire fonctionner institutionnellement la société. Sur ce point déjà, on ne peut qu'être étonné. Ce n'est pas comme si un liquidateur avait reçu pour mission de vendre l'actif de la structure afin de désintéresser les créanciers[56] !

---

[55] Art. 1844-7-7° c. civ. dans sa rédaction issue de l'ordonnance du 12 mars 2014 : *« La société prend fin : (...) par l'effet d'un jugement ordonnant la clôture de la liquidation judiciaire pour insuffisance d'actif »*. Toutefois, la solution ne règle pas toutes les difficultés, *V.* en ce sens M. MENJUCQ, *« Liquidation judiciaire et dissolution de la société débitrice : un nouveau principe nécessitant des précisions »*, Rev. Proc. Coll. 2014/3, repère n°3 – P.-M. LE CORRE, *Droit et pratique des procédures collectives*, Dalloz Action, 2017-2018, 9e éd., n°553.15.
[56] Sur les missions du liquidateur : P.-M. LE CORRE, *op. cit.*, n°362.21.

Il y a bien là une contradiction entre, d'un côté, l'ouverture de la liquidation judiciaire et de l'autre, le fonctionnement dit « normal » de la personne morale. L'objectif de la liquidation judiciaire n'est pas de maintenir le débiteur. Il faut au contraire apurer son passif dans le but de désintéresser ses créanciers. En effet, la liquidation judiciaire est *« destinée à mettre fin à l'activité de l'entreprise ou à réaliser le patrimoine du débiteur par une cession globale ou séparée de ses droits et de ses biens »*[57]. Le dessaisissement du débiteur en liquidation judiciaire contribue doublement à la réalisation de cet objectif. D'une part, le dessaisissement empêche le débiteur de dilapider son patrimoine au détriment de ses créanciers et d'autre part, tous les droits et actions ayant une incidence patrimoniale sont confiés au liquidateur le temps de la procédure. Les opérations de liquidation ne font donc pas bon ménage avec une quelconque activité sociale[58].

La « direction de l'entreprise »[59]. Deux questions au moins peuvent se poser : Quel état d'esprit adopter pour le dirigeant et ne serait-il pas plus simple pour lui d'abandonner le navire ? Heureusement, le législateur du 12 mars 2014 a conservé la possibilité de faire nommer un mandataire *ad hoc* en cas de *« nécessité »*[60]. Le motif requis est donc large et la demande est ouverte à tout intéressé[61]. Cette *« nécessité »* pourrait se révéler lorsque des associés d'une société en liquidation judiciaire refuseront de nommer un dirigeant social[62]. En outre, la demande de nomination d'un mandataire *ad hoc* est ouverte à tout intéressé, ce qui signifie que le dirigeant lui-même peut la solliciter.

Le rôle de ce mandataire sera en majeure partie d'exercer les droits de la société non compris dans le périmètre du dessaisissement. Ces droits vont notamment permettre de prendre en compte les intérêts de la société dans le respect des droits de la défense et de l'intérêt social[63]. Dès lors, la personne nommée devra, certes, représenter la société, mais le faire, de surcroît, dans

---

[57] Art. L. 640-1, al. 2 C. com.

[58] D. VOINOT, « L'avenir de la société en liquidation judiciaire », Dr. et patr. 2014. 242 - M. MENJUCQ, *art. cit. préc.*

[59] *Adde* L.-C. HENRY et C.-H. CARBONI, « La place du dirigeant : de la liberté de gestion au dessaisissement », Rev. Proc. Coll. 2016/4, doss. 24.

[60] Art. L. 641-9-II c. com. : *« (...) En cas de nécessité, un mandataire peut être désigné en leur lieu et place par ordonnance du président du tribunal sur requête de tout intéressé, du liquidateur ou du ministère public ».*

[61] Art. L. 641-9-II c. com.

[62] Ce qui peut d'ailleurs constituer une cause d'engagement de leur responsabilité ; D. VOINOT, « L'avenir de la société en liquidation judiciaire », Dr. et patr. 2014. 242

[63] H. CANTIN, *art. cit. préc.*, n°29.

le strict intérêt de la personne morale. Partant, *l'intéressé* visé au texte devra, par principe, être une personne *« digne de confiance »*[64]. Ce dernier élément fait écho à une proposition formulée avant la loi de sauvegarde, mais qui n'a jamais été reprise depuis : *« conférer au commissaire au plan ou au liquidateur le devoir, dès leur nomination, de s'assurer que la société dissoute est en mesure de se doter d'un liquidateur amiable dont les intérêts n'entreront pas en conflit avec ceux de la société, par la mise en œuvre des statuts, par la convocation des associés et à défaut en saisissant eux-mêmes le juge »*[65]. L'idée est d'éviter que la personne qui sollicite la nomination d'un mandataire *ad hoc* soit celle qui, par son incompétence ou sa malhonnêteté, a causé l'ouverture de la liquidation judiciaire[66].

Absence de dissolution et dessaisissement. Structurellement, la société reste donc impassible face à la procédure de liquidation judiciaire[67]. Pourtant, les dirigeants ne devront pas entretenir l'espoir d'un avenir meilleur pour la personne morale[68]. Cette dernière est en liquidation judiciaire et aujourd'hui, pas plus qu'hier, si les dirigeants restent en poste ce n'est que pour exercer les droits et actions de la société compris en dehors du périmètre du dessaisissement. Tout au plus, outre ces droits, ces derniers sont tenus de convoquer les assemblées et de remplir les obligations relatives à l'arrêté et à l'approbation des comptes[69].

Pour reprendre les propos du Professeur VOINOT, l'effet du dessaisissement dans ce cas semble conduire à traiter plus sévèrement la personne morale qu'un débiteur-personne physique. Si le débiteur-personne physique peut exercer une activité salariée pendant la procédure et par la même rebondir[70], telle n'est logiquement pas le cas pour une société. Le dirigeant ne saurait engager la société dans une nouvelle activité[71].

---

[64] H. CANTIN, *ibid.*

[65] F. VINCKEL, note *ss.* Com., 2 juin 2004, n°03-11090 ; JCP E 2004, n° 43, 1550, p. 1690, spéc. p. 1693.

[66] H. CANTIN, *art. cit. préc.*, n°29.

[67] D. VOINOT, *art. cit. préc.*

[68] D. VOINOT, *ibid.*

[69] *V. infra* n°10 et s.

[70] Sous réserve de l'emprise de la procédure sur ses rémunérations. V. *infra* n°22. Le droit au rebond est d'autant plus important que le droit européen de l'insolvabilité y accorde une place de choix parmi les objectifs du traitement de la défaillance d'entreprise. *V.* la proposition de directive du 22 novembre 2016 d'harmonisation du droit des entreprises en difficulté en Europe ; P.-M. LE CORRE, « Le droit français des entreprises en difficulté, un modèle en Europe ! », Gaz. Pal. 28 mars 2017, n°53, p. 52, gpl291n0.

[71] D. VOINOT, *ibid.*

Le principe du dessaisissement s'y oppose puisque l'effet de saisie collective des biens de la société jouera, et ce, quelle qu'en soit l'activité.

Au-delà des seules contradictions que suscite l'absence de dissolution de la société au jour du jugement d'ouverture d'une procédure de liquidation judiciaire, des difficultés pourront naître, en pratique, quant au fonctionnement concret de la société. Ces difficultés concernent la répartition des obligations sociales, fiscales et comptables de la personne morale.

2) Les difficultés liées à la répartition des obligations sociales, comptables et fiscales

La répartition des obligations. Après l'ordonnance du 12 mars 2014, le jugement d'ouverture d'une procédure de liquidation judiciaire n'emporte plus la dissolution de la personne morale. La société continue donc de « vivre » pendant la procédure. Néanmoins, le dessaisissement qui atteint la société a une incidence sur la vie de cette dernière. Si le dessaisissement emporte une réduction des pouvoirs du débiteur sur son patrimoine au profit du liquidateur, la mesure va donc atteindre tous les actes patrimoniaux nécessaires au fonctionnement de la personne morale. Parmi ces actes, deux grandes catégories sont particulièrement visées, car essentielles à la vie de la société : les obligations sociales et comptables et les obligations fiscales. Les problématiques liées à l'étendue du dessaisissement en cette matière sont particulièrement vives. Quels actes incombent au liquidateur ? Lesquels restent de la compétence exclusive du débiteur ?

Les obligations incombant aux dirigeants. Les obligations sociales et comptables de la société en liquidation trouvent un écho particulièrement intéressant en matière d'arrêté et d'approbation des comptes.

L'absence de dissolution de la personne morale par l'effet de l'ouverture d'une liquidation judiciaire a conduit les rédacteurs de l'ordonnance du 12 mars 2014 à supprimer la première phrase de l'article L. 641-9-II du Code de commerce qui disposait que : *« lorsque le débiteur est une personne morale, les dirigeants sociaux en fonction lors du prononcé du jugement de liquidation judiciaire le demeurent, sauf disposition contraire des statuts ou décision de l'assemblée générale ».* Depuis 2014, cette mention est devenue inutile puisque, la société n'étant plus dissoute, les dirigeants restent logiquement en fonction. Il s'agit là de la fin du subterfuge créé par la loi de sauvegarde concernant le maintien des dirigeants malgré la dissolution de la société.

Cependant, les rédacteurs de l'ordonnance du 12 mars 2014 avaient conservé l'alinéa 3 de l'article L. 641-3 du Code de commerce. Cet article dispensait d'accomplir les obligations relatives à l'arrêté et à l'approbation des comptes[72]. Toutefois, avec l'absence de dissolution de la société, cette dispense n'avait plus de raison d'être. Suivant une proposition doctrinale[73], l'ordonnance du 26 septembre 2014[74] a logiquement (re)mis à la charge des dirigeants les obligations relatives à l'arrêté et à l'approbation des comptes annuels[75].

Cette nouvelle disposition a le mérite d'être en parfaite adéquation avec l'absence de dissolution de la société. Toutefois, il semblerait que la pratique soit plus réfractaire quant à la mise en œuvre concrète de ces obligations. En effet, la question se pose du financement de ces assemblées. Aussi et surtout, il est permis de douter de leur utilité dans le cadre d'une procédure de liquidation judiciaire[76], puisque la société est vouée à disparaître[77]. Dès lors, il est assez gênant qu'une partie de l'actif du débiteur, aussi infime soit-elle, soit consacrée à la tenue de ces assemblées alors que la finalité de la procédure est le désintéressement des créanciers.

Les obligations sociales et comptables ne font donc pas partie du périmètre du dessaisissement puisque le débiteur n'en est pas déchargé. Une distinction est à effectuer entre gestion et organisation de la société. D'une part, la gestion de la société devrait revenir aux mandataires de justice et

---

[72] L'alinéa 3 de cet article est une innovation de l'ordonnance du 18 décembre 2008 qui visait à combattre une jurisprudence de la chambre criminelle, ainsi que deux avis ministériels qui mettaient à la charge des mandataires de justice les obligations en matière d'arrêté et d'approbation des comptes. Sur l'arrêt de la Cour de cassation : Crim. 21 juin 2000, n°99-85778, Bull. crim, n°241 ; Act. Proc. Coll. 2000/15, comm. 199, obs. J.-P. LEGROS – Sur les avis ministériels : Rép. Min Just., n°4657 : JOAN Q. 6 mai 2008. p. 3852 ; Bull. Joly. Juin 2008, p. 548, obs. F.-X. LUCAS – Rép. Min. Just., n°1841 : JO Sénat Q. 21 août 2008, p. 1694 ; Bull. Joly. Oct. 2005, p. 742.

[73] M. MENJUCQ, *art. cit. préc.*

[74] Ord. n°2014-1088, 26 sept. 2014, art. 8 : *« Lorsque les dirigeants de la personne morale débitrice ne respectent pas leurs obligations en matière d'arrêté et d'approbation des comptes annuels, le liquidateur peut saisir le président du tribunal aux fins de désignation d'un mandataire ad hoc »*

[75] P.-M. LE CORRE, « Premières retouches à la seconde réforme de la loi du 26 juillet 2005 », Gaz. Pal. 7 oct. 2014, n°280, p. 3.

[76] Réflexion issue d'un vif échange avec Maître ROUSSEL, mandataire judiciaire.

[77] Sauf à réserver l'hypothèse exceptionnelle d'une clôture de la liquidation judiciaire pour extinction du passif exigible pendant le maintien provisoire de l'activité. V. en ce sens P.-M. LE CORRE, *op. cit.*, n°553.21.

d'autre part, l'organisation sociétaire incomberait aux mandataires sociaux[78]. Cette analyse permet de justifier l'accomplissement par les dirigeants des obligations d'arrêté et d'approbation des comptes, puisqu'elles relèvent de l'organisation sociétaire. *A contrario*, tel n'est pas le cas des obligations fiscales qui ont trait à la gestion de l'entreprise. Dans tous ces cas, les mêmes problèmes se posent en filigrane : le financement et l'utilité de ces obligations. Le dessaisissement apparaît comme la clef de répartition entre les obligations de nature organisationnelles et celles tenant à la gestion. Les obligations fiscales de la société sont un parfait exemple de l'incidence du dessaisissement sur la vie de la personne morale.

Les obligations incombant au liquidateur. Intuitivement, nous pourrions conclure que la déclaration du résultat fiscal d'une société relève de son organisation et rentrerait donc dans le domaine d'attribution des organes sociaux. Toutefois, il est impossible de nier l'incidence patrimoniale de telles attributions [79]. Or, qui dit incidence patrimoniale, dit jeu du dessaisissement. Si ces obligations sont soumises à la mesure, cela signifie qu'elles incombent au liquidateur [80]. Tel n'est pas le cas des obligations d'arrêté et d'approbation des comptes qui, conformément aux dispositions de l'ordonnance du 26 septembre 2014, doivent être accomplies par les dirigeants[81]. Il n'y a aucune raison que cette règle batte en brèche la solution retenue en matière fiscale. Les obligations incombant aux dirigeants sont uniquement de nature comptables[82]. Ces dernières ne doivent pas être confondues avec les obligations fiscales, quand bien même les premières impliquent nécessairement les secondes. La frontière entre comptabilité et fiscalité n'est pas parfaitement étanche[83]. Ce constat rend particulièrement difficile la répartition des tâches entre le liquidateur et le débiteur dessaisi.

La tenue par le liquidateur des obligations fiscales rencontre une actualité particulière quant au moment de l'accomplissement de la déclaration de cessation d'activité. Si auparavant, la Cour de cassation estimait que cette dernière devait être accomplie à l'ouverture de la procédure, le Conseil

---

[78] J. VALLANSAN, note *ss*. Crim. 21 juin 2000, n° 99-85778, Bull. crim, n° 241, BJS 2000. 279, p. 1121.

[79] C. REGNAUT-MOUTIER, note *ss*. Paris, 3e Ch. Sect. B, 13 déc. 2007, RG n° 06/18680 ; Act. Proc. Coll. 2008/5, n° 86.

[80] Com. 26 janv. 2010, n° 08-12186, Bull. civ. IV, n° 23 ; Act. Proc. Coll. 2010/6, n° 83, note P. SERLOOTEN ; Rev. Sociétés. 2011. 55, note S. JAMBORT ; BJS 2010. p. 563, comm. 116, note A. DE BISSY.

[81] Art. L. 641-3 al. 3 C. com.

[82] F.-X. LUCAS, « Approbation des comptes d'une société en liquidation : une inquiétante réponse ministérielle », BJS 2008, p. 455.

[83] G. DEDEURWAERDER, note *ss*. CE, 8e et 3e *ss-sect.*, 10 avr. 2015, n°371765 ; BJE, 1er juill. 2015, n°4, p. 152.

d'État dans un arrêt du 10 avril 2015 adopte désormais une position différente[84]. La déclaration fiscale de cessation d'activité n'a plus à être accomplie à l'ouverture de la liquidation judiciaire. Celle-ci est reportée une fois les comptes définitifs du liquidateur approuvés. Cette solution est doublement justifiée. D'une part, elle est cohérente avec les dispositions de l'ordonnance du 12 mars 2014 qui ont décalé le moment de dissolution de la société à la clôture de la liquidation pour insuffisance d'actifs[85]. D'autre part, la notion de cessation d'activité est une notion fonctionnelle qui n'a jamais été assimilée à l'ouverture de la liquidation judiciaire[86].

Au-delà de la seule question de l'incidence patrimoniale des différentes déclarations fiscales, l'obligation faîte au liquidateur d'accomplir ces actes juridiques trouvent aussi son fondement lorsque le mécanisme s'effectue en sens inverse. Dans ce cas, la société n'est plus celle qui doit émettre l'acte, mais en est le destinataire. Les règles du dessaisissement imposent de les notifier au liquidateur. L'obligation faîte au liquidateur de procéder aux déclarations fiscales de la société dessaisie a pour corolaire l'obligation pour les tiers de notifier tous les actes de cette nature au liquidateur.

Le liquidateur destinataire des actes fiscaux. Si une procédure de redressement fiscal est notifiée au seul débiteur, cet acte sera irrégulier. En effet, il a été jugé que seul le liquidateur du débiteur dessaisi pouvait être le destinataire de cette notification[87]. Concernant le dessaisissement, la solution se justifie aisément par son incidence patrimoniale.

Toutefois, cette règle est susceptible de rentrer en conflit avec les dispositions de l'article 6§1 CEDH, et plus particulièrement sous l'angle du droit d'accès au juge. La personne soumise à l'imposition a un droit individuel à être informée de la mesure dont elle va faire l'objet. De surcroît, la procédure fiscale menée à l'encontre d'un contribuable doit nécessairement être contradictoire puisqu'à défaut, elle ne satisferait pas aux

---

[84] CE, 8e et 3e *ss-sect.,* 10 avr. 2015, n°371765 ; BJE, 1er juill. 2015, n°4, p. 152, note G. DEDEURWAERDER

[85] Art. 1844-7-7° C. civ.

[86] G. DEDEURWAERDER, *note cit. préc.* Toutefois, entre l'ouverture de la liquidation judiciaire et l'approbation des comptes définitifs du liquidateur, certaines obligations déclaratives demeurent pour le liquidateur. Tel est par exemple le cas de la déclaration annuelle de résultat lorsque la société fait partie d'un groupe.

[87] CE 8e et 3e *ss-sect.* 27 juill. 2005, n° 25-8164 ; Rev. Proc. Coll. 2007/3, p. 154, n° 2, obs. Ph. NEAU-LEDUC et M. HUBERT - CE. Cont. 14 mars 2008, n° 290591 ; D. 2008. AJ. 916, note A. LIENHARD ; JCP E 2008. 1729, note F. DERRIDA ; Gaz. Pal. 10 juin 2008, p. 8, n° 162, note B. LAGARDE - CE 3e et 8e *ss-sect.* 20 oct. 2010, n° 31-6371 ; Rev. Proc. Coll., mai-juin 2011, comm. 96, p. 57, note P. NEAU-LEDUC et M. HUBERT.

exigences européennes [88]. Une conciliation entre les dispositions de l'article 6§1 CEDH et celles du dessaisissement s'impose donc ici. Il conviendrait alors de notifier le redressement fiscal à la fois au liquidateur, pour respecter les règles du dessaisissement, mais également au contribuable, pour respecter les dispositions de l'article 6§1 CEDH[89]. En outre, il résulte de l'article L. 267 LPF que, sous certaines conditions, le dirigeant de la personne morale peut être tenu de l'imposition à titre personnel[90]. Ce dernier élément rend d'autant plus importante l'exigence de double notification des actes.

Malgré les règles applicables en matière de redressement fiscal, la chambre criminelle de la Cour de cassation, a jugé, contre toute attente, que l'avis de vérification fiscale prévu à l'article L. 47 A LPF ne peut être adressé qu'au contribuable peu important que ce dernier soit ou non dans les liens d'une procédure de liquidation judiciaire [91]. Cette solution est extrêmement surprenante dans la mesure où cette même chambre avait jugé que le principe d'un débat oral et contradictoire au cours de la vérification doit bénéficier tant au liquidateur qu'au dirigeant de la société[92]. Si cet acte ne peut être notifié qu'à la personne tenue à l'impôt, il est impossible de comprendre précisément en quoi, le débat oral et contradictoire pourra être « régularisé » par la suite. En effet, ce dernier aura été vicié dès l'entame de la procédure à défaut d'avis notifié au liquidateur.

Aussi, un avis de vérification fiscale a une incidence patrimoniale certaine. La même solution devrait être retenue qu'en matière de redressement fiscal. Dans le doute, il conviendrait donc, pour éviter un quelconque contentieux sur le destinataire des actes, qu'ils soient notifiés à la fois au débiteur, mais également au liquidateur[93].

---

[88] B. LAGARDE, note *ss.* CE. Cont. 14 mars 2008, n° 290591 ; Gaz. Pal. 10 juin 2008, p. 8, n° 162.
[89] P.-M. LE CORRE, *op. cit.*, n° 552.24 - B. LAGARDE, note *ss.* CE. Cont. 14 mars 2008, n° 290591 ; Gaz. Pal. 10 juin 2008, p. 8, n° 162.
[90] P.-M. LE CORRE, *op. cit.*, n° 713.13. Le dirigeant peut être tenu personnellement des impositions de la personne morale en cas, par exemple, de minoration du chiffre d'affaires ou encore de défauts de reversement de TVA facturée. *V.* Com. 12 mai 2015, n°13-27507, Bull. civ. IV, *à paraître ;* BJE 2015. 381, note G. DEDEURWAERDER – Com. 19 janv. 2016, n°14-21432, NP
[91] Crim. 11 mars 2009, n° 08-83684, Bull. crim, n° 55 ; LPA. 31 août 2009, n° 173, p. 11, note J. BRANDEAU.
[92] Crim. 1er mars 2000, n° 98-85818, Bull. crim, n° 99 ; RTD. com. 2000. 730, obs. J.-L. VALLENS.
[93] J. BRANDEAU, note *ss.* Crim. 11 mars 2009, n° 08-83684, Bull. crim, n° 55 ; LPA. 31 août 2009, n° 173, p. 11

Repenser les droits conservés par la société. L'ouverture de la procédure ne sonne donc plus la mort de la société. Cette dernière continue de fonctionner, mais doit composer avec les particularités de la liquidation judiciaire et notamment, avec les règles du dessaisissement. Il est toutefois possible de douter du réel apport de cette nouvelle disposition. D'une part, la nouvelle situation de la personne morale est en contradiction avec l'objectif de la procédure et d'autre part, les nouvelles problématiques quant au fonctionnement de la structure semblent nombreuses. Pour autant, l'absence de dissolution pourrait bien conduire à repenser les contours de la notion de dessaisissement. Avec la survie de la société pendant la liquidation judiciaire, l'ouverture de la procédure a pour corollaire le maintien de l'intérêt social, la société disposant à ce titre d'un intérêt qui lui est propre. Or, cette notion peut conduire à élargir le domaine déjà vaste des droits conservés par la société.

B. LES DROITS DE LA SOCIÉTÉ DESSAISIE

Les droits conservés par la société dessaisie. L'article L. 641-9-I du code de commerce prévoit que les droits et actions du débiteur sur son patrimoine sont exercés par le liquidateur le temps de la procédure. *A contrario*, il faut donc conclure que les droits et actions du débiteur hors du champ patrimonial ne sont pas affectés par le dessaisissement. Ces droits sont appelés les droits exclusivement attachés à la personne ou encore les droits personnels[94]. Ils sont trop subjectifs pour qu'une autre personne que leur titulaire les exerce. Ils ne partagent pas le même domaine que le dessaisissement puisqu'ils sont, par nature, en dehors de la sphère patrimoniale.

Avec ces droits personnels, le débiteur conserve également l'exercice de droits propres. Ces droits comprennent tous les droits du débiteur que ce dernier pourrait faire valoir lorsque ses intérêts ne seraient pas suffisamment pris en compte dans la procédure[95]. Ainsi, la lettre des textes et la jurisprudence peuvent-elles ouvrir au débiteur une action, un recours ou encore le simple droit d'être entendu. Mais si d'apparence la notion de droits propres apparaît être encadrée, il n'en demeure pas moins que le travail important de la jurisprudence en cette matière est venu perturber les contours du dessaisissement.

Aussi bien pour les droits personnels que pour les droits propres, l'absence de critères de répartition entre les pouvoirs du liquidateur et ceux conservés par le débiteur est la principale source de difficulté. Avant

---

[94] P.-M. LE CORRE, *op. cit.*, n°552.31.
[95] P.-M. LE CORRE, *ibid.*

l'ordonnance du 12 mars 2014, la société dessaisie bénéficiait déjà de ces droits avec les difficultés y associées. Toutefois, ces problématiques pourraient désormais être accrues puisque, avec l'absence de dissolution de la société, cette dernière conserve un intérêt social qui lui propre[96]. Or, cet intérêt social a un rôle particulier à jouer sur les contours et les limites du dessaisissement et plus particulièrement, peut-être, en matière de droits propres.

De manière classique, il sera étudié successivement les droits propres de la société (1), puis ses droits personnels (2).

1) Les droits propres de la société

La recherche de critères. Il n'est pas utile de dresser une liste exhaustive des droits propres conservés par la société[97]. À titre d'exemple, la société dessaisie conserve le droit d'interjeter appel ou de former un pourvoi à l'encontre du jugement statuant sur l'ouverture d'une liquidation judiciaire[98], de demander la clôture de la procédure[99] ou encore le droit de défendre seule à une action exercée contre elle par le liquidateur[100]. L'absence de critère de répartition entre ce qui doit être un droit propre et ce qui est du dessaisissement pose problème[101]. Toutefois, l'examen de la jurisprudence permet d'en déterminer au moins deux. Ainsi, il y aurait droit propre à chaque fois que les intérêts du débiteur ne coïncident pas avec ceux des créanciers et lorsque l'action en question serait inhérente à la procédure collective.

---

[96] *V.* En ce sens : D. VOINOT, *art. cit. préc.* et sur l'intérêt social : A. PIROVANO, « La « boussole » de la société ? Intérêt commun, intérêt social, intérêt de l'entreprise », D. 1997. 189 – G. GOFFAUX-CALLEBAUT, « La définition de l'intérêt social, retour sur la notion après les évolutions législatives récentes », RTD. com. 2004. 35, n°29 – J. PAILLUSSEAU, « Les fondements modernes du droit des sociétés », JCP E 1984, I, 14193, sp. n°85 et s. – T. FAVARIO, « L'intérêt social, reflet d'une éthique libérale », Cah. dr. entr. 2013, n°2, doss. 11 – D. PORACCHIA et D. MARTIN, « Regard sur l'intérêt social », Rev. sociétés 2012, p. 75.

[97] Pour un exposé exhaustif de ces droits : P.-M. LE CORRE, *op. cit.* n°552.37.

[98] Com. 16 mars 1999, n°96-19078, Bull. civ. IV, n°66 ; RTD. com. 2000. 130, obs. M.-H. MONSERIE-BON.

[99] Com. 5 mars 2002, n°98-22646, Bull. civ. IV, n°47 ; Dr. & Patr. 2002, n°108, p. 111, obs. M.-H. MONSERIE-BON.

[100] Com. 8 juill. 2003, n°00-12744, Bull. civ. IV, n°123 ; D. 2004. 56, obs. F.-X. LUCAS.

[101] M.-H. MONSERIE-BON, « Le dessaisissement et l'avènement des droits propres », RLDA 2005, supp. 80.

En premier lieu, il y aurait droit propre du débiteur chaque fois que ses intérêts ne convergent pas avec ceux des créanciers. Ce critère est particulièrement intéressant, car il touche au cœur du dessaisissement : la représentation incidente[102] et particulière du débiteur. Certes, le liquidateur représente le débiteur, mais ne poursuit pas l'intérêt de ce dernier[103]. Au contraire, le liquidateur a pour mission de « *représenter les créanciers et de procéder à la liquidation de l'entreprise* »[104]. Donc, si le liquidateur représente le débiteur ce n'est que par l'intermédiaire de l'intérêt collectif des créanciers[105]. Ceci confirme par ailleurs ce qu'est le dessaisissement : une mesure de défiance[106] entrainant une réduction des pouvoirs du débiteur[107], et ce, dans l'intérêt exclusif des créanciers. Dès lors, la représentation du débiteur par le liquidateur a pour seul vecteur l'intérêt collectif. Si cet intérêt cesse, le dessaisissement n'a plus vocation à s'appliquer. Dans ce cas, il y aurait donc droit propre du débiteur. Autrement dit, le droit propre n'existe que pour autant que le rôle de débiteur-sujet de la procédure dépasse celui de débiteur-objet de la représentation de l'intérêt collectif des créanciers.

En second lieu, le droit propre ne pourrait naître qu'en présence d'une action inhérente à la procédure[108]. Ce second critère ajouté au premier permettrait d'expliquer, par exemple, la différence de titularité d'action entre l'action en contestation du passif et celle en recouvrement de créance. La contestation de passif est une action inhérente à la procédure par laquelle le débiteur fait valoir un intérêt propre[109], c'est donc un droit propre. Au

---

[102] J. THERON, « Les contours du dessaisissement du débiteur en liquidation judiciaire », Rev. Proc. Coll. 2013/1, doss. n°3.

[103] Ce qui se rapproche en réalité de la notion de pouvoir développée par E. GAILLARD : E. GAILLARD, *Le pouvoir en droit privé*, Th. Paris, Economica, 1985.

[104] L. 812-1 C. com

[105] Le liquidateur ayant seul qualité pour mettre en œuvre des actions tendant à la défense de l'intérêt collectif. Ces actions sont définies par la Cour de cassation comme des actions qui tendent notamment à la protection du gage commun : Com. 2 juin 2015, n° 13-24714, F-P+B+R+I, *à paraître* ; BJE, 1er sept. 2015, n°5, 112q1, p. 269, note P.-M. LE CORRE ; Gaz. Pal. 22 sept. 2015, n°265, p. 19, 240p4, note J. THERON.

[106] F. PEROCHON, *op. cit.*, n°1153.

[107] P.-M. LE CORRE, *op. cit.*, n°552.09

[108] *V.* en ce sens Ph. PETEL, note *ss.* Com. 18 sept. 2012, n°11-17546, Bull. civ. IV, n°161 ; JCP E 2012, chron. 1757, n°5.

[109] Com. 11 mai 1993, n°91-12232, Bull. civ. IV, n°180 – Com. 15 fevr. 2000, n°97-20749, NP ; Act. Proc. Coll. 2000/7, n°84 – Com. 9 janv. 2001, n°98-11121, NP ; Act. Proc. Coll. 2001/6, n°81, obs. J. VALLANSAN. L'absence de convergence des intérêts qui ressort de ces actions est contestable. En effet, si le débiteur a intérêt à

contraire, l'action en recouvrement de créance est une action qui aurait pu naître en dehors de toute procédure. Elle n'est donc pas considérée par la Cour de cassation comme un droit propre du débiteur[110].

Ainsi, la combinaison de ces deux critères permet-elle de justifier, par exemple, le caractère propre du droit de recours à l'encontre de la décision statuant sur un relevé de forclusion[111] ou encore celle sur la décision de report de la date de cessation des paiements[112].

Une approche probablement renouvelée des droits propres de la société. Pour reprendre les propos du professeur VOINOT : *« L'intérêt social au sens de l'intérêt de l'entreprise n'ayant pas disparu, il ne paraît pas insensé de se demander quelles pourraient être les évolutions à venir pour prendre en compte ce nouveau contexte. Cela pourrait ainsi toucher au dessaisissement du débiteur »*[113].

La situation de la personne morale en liquidation judiciaire après l'ordonnance du 12 mars 2014 pourrait conduire à repenser les contours du dessaisissement. Avec le maintien de la société à l'ouverture de la liquidation judiciaire, l'intérêt social conservé par la personne morale pourrait notamment faire naître une nouvelle catégorie de droits propres[114]. Ainsi, les actions pourtant non inhérentes à la procédure, mais dont les conséquences auraient un impact direct sur l'avenir de la société, pourraient-elles être qualifiées de droits propres. Cela viserait une action qui, bien qu'en dehors du déroulement direct de la procédure, aurait une incidence telle sur l'intérêt social de la société qu'elle serait érigée en droit propre. Par exemple, une action en recouvrement de créance qui permettrait à un débiteur-personne morale d'obtenir une clôture pour extinction du

---

voir diminuer son passif, les créanciers ont toutefois également intérêt à une augmentation de la part des créanciers non contestés. En ce sens, la collectivité des créanciers bénéficie aussi des contestations puisque leur chance d'être désintéressés augmente à proportion de la diminution du passif. Toutefois, l'intérêt collectif est indivisible et il y a bien conflit d'intérêts entre le débiteur et ses créanciers dès lors que la contestation d'une seule créance conduit à porter atteinte à l'intérêt collectif des créanciers.

[110] Com. 18 sept. 2012, n°11-17546, Bull. civ. IV, n°161 ; D. 2012. 2240, note A. LIENHARD.

[111] Com. 25 juin 2002, n°99-12057, NP ; Act. Proc. Coll. 2002/15, n°198.

[112] Com. 1er mars 2005, n°03-19956, Bull. civ. IV, n°40 ; D. 2005. AJ. 953, note A. LIENHARD ; Act. Proc. Coll. 2005/6, note C. REGNAUT-MOUTIER ; Rev. Proc. Coll. 2006/1, p. 49, n°6, obs. C. LEBEL ; Gaz. Pal. 2005/2, p. 12, obs. P.-M. LE CORRE.

[113] D. VOINOT, *art. cit. préc.*

[114] D. VOINOT, *ibid.*

passif exigible. Cette clôture serait synonyme de survie définitive de la société. L'action en recouvrement de créance est une action non inhérente à la procédure collective. Pourtant, dans ce cas, l'intérêt de la société est si important qu'il pourrait justifier l'exception au dessaisissement[115].

Les droits propres ne sont pas les seuls droits conservés par la société en liquidation judiciaire. Si les droits propres et le dessaisissement partagent le même domaine et sont dans la sphère patrimoniale, tel n'est pas le cas des droits personnels. Par nature, les droits personnels sont extrapatrimoniaux. Ils ne partagent donc pas la même sphère que le dessaisissement. Moins célèbres que les droits propres, les droits personnels du débiteur emportent néanmoins avec eux de réels enjeux particulièrement intéressants aussi bien sur le plan théorique que pratique.

2) Les droits personnels de la société

Paradoxe des droits personnels. Le traitement des droits personnels par la jurisprudence est tout à fait paradoxal. Leur exercice par le seul débiteur est autorisé, mais les conséquences patrimoniales de la mise en œuvre de ces droits sont quant à elles soumises au dessaisissement. La société dessaisie conserve, par exemple [116], au titre de ses droits personnels la faculté d'engager une action en diffamation[117], une action en responsabilité fondée sur un préjudice moral[118] ou encore la faculté de contester seule une sanction prononcée par la commission des opérations de bourse[119]. Tous ces droits ont un trait commun : leur exercice est autorisé au seul débiteur, mais les conséquences patrimoniales de leur mise en œuvre sont quant à elles soumises au dessaisissement.

Un vent d'hypocrisie souffle sur les droits personnels. Allez-y débiteurs faîtes valoir vos droits, mais votre succès reviendra aux créanciers !

---

[115] De surcroît, la proposition aurait le mérite de respecter le droit de propriété du débiteur au sens de l'article 1 du protocole additionnel n°1 CEDH, *v.* en ce sens B. SAINTOURENS, « Les droits fondamentaux au regard de la Convention EDH », Rev. Proc. Coll. Janv. 2013/1, doss. 2, n°25.

[116] Pour plus d'illustrations, v. P.-M. LE CORRE, *op. cit.*, n°552.33.

[117] Paris, 1re ch. A, 16 oct. 2000, JCP E 2000, pan. 1789 ; D. 2001, jur. 1167, note J. RAVANAS ; Rev. Proc. Coll., 2008/1, p. 14, obs. C. LEBEL.

[118] Com. 13 févr. 2007, n°05-12471, NP.

[119] Com. 11 juill. 2006, n°05-13047, Bull. civ. IV, n°169 ; D. 2006. AJ. 2036, obs. A. LIENHARD ; Rev. Proc. Coll. 2006/4, p. 358, n°6, obs. C. LEBEL ; Dr. sociétés 2006, n°166, note T. BONNEAU – Paris, 1re ch. sect. H., 8 juin 2004, Act. Proc. Coll. 2004/16, n°202, note C. REGNAUT-MOUTIER.

L'exemple de l'action civile[120]**.** L'exemple le plus parlant réside dans l'action civile. L'article L. 641-9-I alinéa 2 du Code de commerce dispose que le débiteur peut se constituer partie civile. En outre, depuis la loi de sauvegarde, il peut également solliciter une indemnisation[121]. Toutefois, sur le plan indemnitaire, l'exercice de l'action civile est conditionné à celui de l'action publique[122]. À défaut, l'action civile exercée seule par le débiteur dessaisi ne peut prospérer.

Un temps, un auteur a pu estimer que si l'action civile est personnelle, le produit de cette action doit aussi être personnel[123]. Il faut bien reconnaître que ce raisonnement par symétrie est tentant. Il est d'autant plus tentant qu'un rapport établi au nom de la commission des lois du Sénat semble aller en ce sens. Nous pouvons y lire qu'*« il s'agit de favoriser le débiteur victime d'une infraction pénale, en prévoyant, dans cette hypothèse, une exception au dessaisissement »*[124]. Toutefois, le dessaisissement du débiteur est tenace et opère comme un aimant sur son patrimoine. Pour cette raison, fort logiquement, la majorité de la doctrine estime que les sommes issues de l'indemnisation sont soumises au dessaisissement[125].

Cependant, lorsque l'infraction aurait un caractère personnel très marqué, les conséquences pécuniaires de l'action en indemnisation devraient échapper au dessaisissement[126]. Cela peut comprendre, pour un débiteur-personne physique, des préjudices corporels ou certains préjudices moraux. *Quid* d'une personne morale insusceptible, par nature, de faire l'objet d'un préjudice corporel ? Comment distinguer, graduer et classer les préjudices moraux entre eux ? Quand bien même les droits personnels et le dessaisissement ne partagent pas le même domaine, les incertitudes de l'un créent les balbutiements de l'autre.

---

[120] Sur la question : P.-M. LE CORRE, *op. cit.*, n°552.34.

[121] L'article L. 641-9-I alinéa 2 c. com. dans sa rédaction issue de la Loi de sauvegarde a supprimé la réserve selon laquelle le dessaisi devait limiter son action au déclanchement de l'action publique ; P.-M. LE CORRE, *op. cit.*, n°552.34.

[122] Crim., 9 mars 2016, n°14-86631, Bull. crim, n°73 ; Gaz. Pal. 12 avr. 2016, n°14, 262h8, note D. VOINOT.

[123] P.-M. LE CORRE, *Droit et pratique des procédures collectives*, Dalloz Action, 8 éd., 2015-2016, n°552.34.

[124] Rapp. J.-J. HYEST, n°335, p. 374.

[125] C. SOUWEINE, « Action civile et procédures collectives après la loi du 26 juillet 2005 », D. 2006. 501 s., sp. 511, n°41 – J.-M. DELENEUVILLE, « La constitution de partie civile de la victime en liquidation judiciaire », D. 2006. 1233, n°5.

[126] C. SOUWEINE, *art. cit. préc.*, n°41 – L. MARTELLO, « L'action civile dans les procédures collectives », LPA 28 nov. 2008, n°239, p. 15 s., sp. p. 17, n°13.

D'autant plus que si l'action civile est effectivement un droit personnel du débiteur, seul ce dernier pourrait l'exercer. Pourtant, la Cour de cassation reconnaît au liquidateur judiciaire la faculté de se constituer partie civile au nom d'une société en liquidation [127] pour une action à l'encontre des dirigeants de cette dernière[128]. Ceci peut être le cas lorsque, par exemple, le représentant de la personne morale commet un abus de biens sociaux au préjudice de la société. Si la solution est pragmatique, elle octroie au liquidateur l'exercice d'un droit pourtant exclusivement réservé au débiteur. Par hypothèse, étant donné que l'action est dirigée à l'encontre du représentant, la société ne peut plus agir pour faire valoir ses droits. Ainsi, le liquidateur agit-il opportunément pour elle et la représente. Mais peut-il le faire et la représente-t-elle vraiment ? Si le liquidateur doit représenter le débiteur dessaisi, ce n'est que par le biais de l'intérêt collectif des créanciers. Or, l'allocation de dommages et intérêts peut effectivement bénéficier à la collectivité des créanciers. Dans cette mesure, le liquidateur qui défend l'intérêt collectif des créanciers peut agir. Mais cela signifie donc que, de manière générale, un liquidateur pourrait agir en lieu et place d'un débiteur pour toutes actions civiles, dès lors que certaines sommes sont en jeu et si les représentants de la société sont empêchés ou visés par ladite action. En définitive, cela revient à confier l'exercice d'un droit, pourtant qualifié de personnel, à l'organe représentant l'intérêt collectif des créanciers. Opportune, cette solution l'est à n'en pas douter. En revanche, elle contrarie le régime des droits personnels et complexifie le rôle du liquidateur[129]. Pour un auteur, « *si l'on peut douter de l'orthodoxie de ces différentes solutions au regard du principe d'interprétation stricte des textes, l'opportunité d'ouvrir largement la voie de la constitution de partie civile aux organes de la procédure collective semble du moins incontestable* »[130].

---

[127] En dehors des actions attitrées pour des infractions inhérentes au droit des entreprises en difficultés.

[128] Crim. 27 févr. 1978 ; D. 1979, 73, obs. F. DERRIDA, rendu sous l'empire de la loi du 13 juill. 1967, et Com. 29 févr. 2000, n°96-15827, Bull. civ. IV, n°42, D. 2000, 158, obs. A. LIENHARD, et D. 2002, 79, obs. J.-P. SORTAIS ; Bull. Joly 2000, 597, note B. SAINTOURENS ; RTD com. 2001, p. 239, obs. C. MASCALA ; Act. proc. coll. 2000-7, n° 81 ; JCP E 2000, n° 17, p. 682, rendu sous celui de la loi du 25 janv. 1985 ; Crim., 5 déc. 2012, n° 11-85838, Bull. crim. n°271 ; Dr. sociétés, 2013/2, comm. 36, note R. SALOMON ; C. SOWEINE, *art. cit. préc.*, n°42.

[129] Sur la « double-casquette » du liquidateur : P.-M. LE CORRE, *Droit et pratique des procédures collectives*, Dalloz Action, 2017-2018, 9e éd., n°362.21 – J.-L. VALLENS, « Le mandataire judiciaire, *Janus* de la procédure de liquidation judiciaire », RTD Com. 2001, 979 - Com. 23 janv. 2001, n°98-10874 ; D. 2001. AJ. 779, obs. A. LIENHARD.

[130] C. SOUWEINE, *art. cit. préc.*, n°14.

Le dessaisissement des organes de la société. Lorsque le dessaisissement concerne une société, la mesure doit s'adapter aux particularités de la vie sociétale. Cette nécessité d'adaptation est d'autant plus importante depuis l'absence de dissolution de la société à l'ouverture d'une procédure de liquidation judiciaire. Cette nouvelle règle remet en lumière le fonctionnement de la personne morale en liquidation, mais surtout, les droits qu'elle conserve malgré le dessaisissement qui l'atteint.

Le cas de la société dessaisie ne constitue pas le seul point de rencontre entre le dessaisissement et le droit des sociétés. Aussi, la mesure peut également avoir une incidence sur le droit des sociétés lorsque le dessaisissement concerne, non plus la personne morale, mais l'un de ses organes.

II. Les organes de la société dessaisis

Les organes dessaisis. Le débiteur et son patrimoine sont les seuls concernés par la mesure. Dès lors, lorsque les organes de la société font l'objet d'une procédure de liquidation judiciaire pour une activité annexe à leur fonction sociétale, la personne morale ne peut subir les effets du dessaisissement qui par essence ne la concerne pas. Dans ce cas, le dessaisi perd ses prérogatives patrimoniales, mais demeure encore titulaire de droits inhérents au droit des sociétés. La question centrale sera donc de savoir s'il peut continuer à exercer les droits provenant du droit des sociétés et dans l'affirmative, quelle est alors la place du dessaisissement.

In limine, il convient de préciser que le terme d'*« organes »* englobe les principaux acteurs de la société. Ainsi, la présente étude se limitera-t-elle à aborder la situation du dirigeant et celle de l'associé lorsque ces derniers sont dessaisis. Toutefois, nous nous apercevrons rapidement que les problématiques touchant ces deux catégories ne sont pas de même ampleur. Si les questions susceptibles de se poser à l'égard du dirigeant dessaisi semblent s'être relativement estompées en pratique, tel n'est pas le cas de celles touchant à l'associé. Ce constat justifie que l'on consacre de plus amples développements à la seconde situation.

Dirigeant et dessaisissement. Le terme de dirigeant est vaste, car il peut concerner un président, un directeur, un administrateur ou encore un gérant. En somme, *« tous les dirigeants ne se ressemblent pas* (…) »[131]. En règle générale, le dirigeant est lié par un mandat social confié par les associés. Néanmoins, le dirigeant peut également, en plus du mandat, être salarié de la

---

[131] M. COZIAN, A. VIANDIER et F. DEBOISSY, *Droit des sociétés,* LexisNexis, 30e éd., 2017, n°278.

société. Un tel cumul est possible, sous conditions, dans les SA et les SARL, il est libre dans les SAS et soumis à la décision des associés dans les sociétés de personne.

L'intérêt d'analyser la situation du dirigeant réside dans la question de la rémunération du débiteur dessaisi et notamment lorsque le dirigeant est salarié de la société. Par hypothèse, la situation visée en l'espèce est la suivante : une société *in bonis* employant un dirigeant qui est en procédure de liquidation judiciaire. Autant le dire immédiatement, un débiteur même dessaisi peut continuer à exercer ses fonctions de dirigeant[132] et percevoir à ce titre une rémunération[133]. Lorsque le dirigeant est également salarié, toutes actions découlant du contrat de travail sont considérées par la jurisprudence comme des droits personnels. Ces actions sont donc hors du périmètre du dessaisissement, et ce, quand bien même elles tendraient à l'allocation de dommages et intérêts[134]. L'exclusion du dessaisissement s'explique ici par le lien *intuitu personae* qui existe entre la société employeuse et le dirigeant salarié dessaisi. En effet, quelque soit l'action et quelle que soit la qualité de demandeur ou de défendeur du débiteur, la qualité prépondérante est ici celle de « salarié » et non celle de « débiteur ». De surcroît, la limite au dessaisissement peut également se justifier sous l'angle des libertés fondamentales et plus particulièrement, à l'aune de la liberté d'exercer une activité professionnelle[135]. Ainsi, un débiteur dessaisi peut continuer à exercer une activité professionnelle pourvu que cette activité ne puisse faire l'objet d'une procédure collective[136]. Cette

---

[132] Com. 27 nov. 2001, n° 97-22086, Bull. civ. IV, n° 189 ; D. 2002. AJ. 92, note A. LIENHARD ; JCP E 2001, pan. 1980 ; Act. Proc. Coll. 2002/1, n° 12, J. VALLANSAN ; JCP E 2002, chron. 763, p. 805, n° 5, obs. P. PETEL ; Bull. Joly 2002, n° 44, p. 212, note M. SENECHAL - Com. 15 févr. 2005, n° 03-10894, NP - Civ. 3e, 19 déc. 2007, n° 06-18811, Bull. civ. III, n° 226 ; D. 2008. AJ. 159, note. A. LIENHARD ; Gaz. Pal. 2008/2, p. 24, n° 2, obs. D. VOINOT ; BJS. 2008, p. 321, § 69, note D. VOINOT ; Dr. sociétés 2008/4, p. 23, n° 75, note. J.-P. LEGROS.

[133] Sur la question du débiteur-salarié en liquidation judiciaire : P.-M. LE CORRE, *op. cit.*, n°552.21 – J. DEVEZE, « La vie du chef d'entreprise au cours de la procédure », Rev. Proc. Coll. 2003, p. 182 et s. - C. CALOMILI, « Les gains du débiteur devenu salarié en liquidation judiciaire », Gaz. Pal. 8 oct. 2011, n°281, p. 6.

[134] Soc. 13 nov. 2001, n°99-46261, NP ; Act. Proc. Coll. 2002/2, n°26, obs. C. REGNAUT-MOUTIER ; Rev. Proc. Coll. 2003, p. 108, n°10, obs. S. GORRIAS – Soc. 12 juin 2002, n°00-40205, NP ; Act. Proc. Coll. 2002/17, n°227 – Soc. 31 janv. 2012, n°10-21106, NP, BJE mai 2012, comm. 73, p. 154, note P. DAUDET.

[135] D. VOINOT, obs. *ss.* Civ. 3e, 19 déc. 2007, n°06-18811, Bull. civ. III, n°226 ; BJS 2008, p. 321, §69.

[136] Art. L. 641-9-II C. com.

dernière remarque peut tout aussi bien concerner le dirigeant salarié qu'un dirigeant « simplement » lié par un mandat social, à la différence près, qu'il ne bénéficiera pas des règles protectrices inhérentes au contrat de travail.

Toutefois, classiquement en matière de droit personnel, il ne faut pas confondre exercice du droit et ses modalités de mise en œuvre. Pour cette raison, les rémunérations que percevrait un dirigeant en liquidation judiciaire sont soumises au dessaisissement[137]. Cependant, le dessaisissement ne pourra jouer, pour le salaire, qu'à concurrence de sa fraction saisissable[138]. En revanche, il semblerait que le dirigeant sans contrat de travail soit plus sévèrement traité dans la mesure où s'il y a une fraction insaisissable de la rémunération cela ne concerne que le salaire ainsi que ses accessoires. Or, la rémunération d'un gérant issue d'un contrat de mandat ne peut recevoir la qualification de salaire sauf à prouver un lien de subordination tel qu'il requalifierait le mandat en contrat de travail[139].

Cette saisie des rémunérations au profit de la collectivité des créanciers est toutefois à relativiser. En pratique, les liquidateurs n'appréhendent que très rarement les gains des débiteurs dessaisis, sauf en cas de rémunérations excessives. De surcroît, l'article L. 641-11 du Code de commerce prévoit la possibilité pour le juge-commissaire d'octroyer des subsides au débiteur dessaisi si celui-ci ne perçoit pas ou plus de rémunérations[140]. Cependant, la société devra porter une particulière attention à verser la rémunération de son dirigeant à la bonne personne. Étant donné que le dirigeant est en liquidation judiciaire, ce dernier est donc dessaisi. Dès lors, la société devra accomplir le versement entre les seules mains du liquidateur. À défaut, le paiement effectué entre les mains du débiteur ne saurait en principe être libératoire[141].

---

[137] Com. 2 mai 2001, n°97-19536, Bull. civ. IV, n°82.

[138] Art. L. 3252-1 C. Trav. - La Cour de cassation a appliqué ce principe à la lettre en empêchant la clôture pour insuffisance d'actif, dans la mesure où la part saisissable des salaires venait accroitre le gage commun des créanciers et donc l'actif de la procédure. Cette solution a agité la doctrine, le débiteur étant condamné à une liquidation judiciaire à *« perpétuité »* : Com. 5 mars 2002, n°98-22646, Bull. civ. IV, n°47 ; JCP E 2002, 1380, n°6, obs. M. CABRILLAC – F. PEROCHON, *op. cit.*, n°1154 – P.-M. LE CORRE, *op. cit.*, n°552.21.

[139] Soc. 11 mars 1982, Bull. civ. V, n°169 – Soc. 23 mars 1977 ; D. 1977. 307.

[140] Par renvoi à l'art. L. 631-11 C. com.

[141] Com. 5 juill. 2005, n°04-13255 et 04-13266, Bull. civ. IV, n°152 ; D. 2005. AJ. 2146, note A. LIENHARD ; JCP E 2006, chron. 1006, p. 72, n°5, obs. Ph. PETEL ; Gaz. Pal. 2005/3, p. 26, n°2, obs. L.-C. HENRY ; Gaz. Pal. 2005, n°309, p. 28, obs. D. VOINOT.

Que le lecteur ne s'y trompe pas, si les mandataires s'abstiennent de pratiquer des saisies de rémunérations, ce n'est pas seulement pour des raisons humanitaires. En effet, si un liquidateur souhaite appréhender les créances de salaires d'un débiteur dessaisi, le législateur lui impose, comme tout créancier saisissant, d'avoir recours à la procédure de saisie des rémunérations[142]. Le représentant de l'intérêt collectif des créanciers doit se soumettre aux règles des procédures civiles d'exécution et être muni d'un titre exécutoire qui constate une créance liquide et exigible[143]. Pour la Cour de cassation, ni le jugement d'ouverture ni l'état des créances visé par le juge-commissaire ne peuvent valoir titre exécutoire permettant d'engager une procédure de saisie des rémunérations. Dès lors, il apparaît que la seule voie de droit permettant au liquidateur d'appréhender les salaires d'un débiteur lui est en réalité fermée, et ce, malgré l'effet de saisie collective de la procédure[144]. Cette impossibilité pousse un auteur à affirmer qu'*« il ne sert à rien alors de dire que l'effet réel de la procédure collective doit porter sur cet actif puisqu'il n'y a aucun moyen technique qui permette d'y parvenir »*[145].

Associé et dessaisissement. Si la question du dirigeant en liquidation judiciaire ne suscite plus aujourd'hui d'important contentieux, tel n'est pas le cas de la personne dessaisie qui exerce la fonction d'associé au sein d'une société. Comme pour le dirigeant, un débiteur même dessaisi peut, sauf exception, conserver sa qualité d'associé[146]. Toutefois, plus problématique est la question de l'exercice des actions liées à la qualité d'associé (A). L'exercice de ces actions peut avoir une incidence directe sur le patrimoine du dessaisi. Cette difficulté conduit aujourd'hui à la recherche nécessaire de critères de répartition entre les actions comprises dans le périmètre du dessaisissement et celles conservées par l'associé (B).

---

[142] Com. 13 avr. 2010, n° 08-19074, Bull. civ. IV, n°78 ; JCP 2010, 958, n° 7, obs. Ph. PETEL ; JCP E 2010, 1534, obs. C. LEBEL ; Act. proc. coll. 2010, comm 137, L. FIN-LANGER.

[143] Art. R. 3252-1 c. trav.

[144] Civ. 2e, 7 janv. 2016, n°14-24508, NP ; Gaz. Pal. 1er mai 2016, n°3, p. 172, 113h6, note J.-P. SENECHAL, LEDEN. 2016/3, n°42, note J.-P. SENECHAL – Com. 3 nov. 2015, n°14-24508, NP.

[145] J.-P. SENECHAL, note *ss.* Civ. 2e, 7 janv. 2016, n°14-24508, Gaz. Pal. 1er mai 2016, n°3, p. 172, 113h6.

[146] Sauf exceptions liées à certains types de société. V. *infra* n°24.

A. LES ACTIONS LIÉES À LA QUALITÉ D'ASSOCIÉ CONTROVERSÉES

Qualité d'associé conservée et exercice des actions liées à cette qualité. Le dessaisissement peut jouer à deux niveaux lorsqu'un associé est dessaisi. D'une part, il jouera de manière exceptionnelle sur la qualité d'associé (1). D'autre part, la mesure s'avèrera plus problématique à l'égard des actions liées à cette qualité (2).

1) La qualité d'associé conservée

Le droit de rester associé. Dans la majorité des cas, un débiteur même dessaisi conserve le droit de rester associé. Par hypothèse, le débiteur associé est titulaire de parts sociales. Ainsi, les parts sociales font-elles partie de l'actif de la procédure collective et par conséquent, du gage commun des créanciers. Puisque le dessaisissement entraine une réduction des pouvoirs du débiteur au profit du liquidateur qui agit dans l'intérêt des créanciers, il est logique de permettre à cet organe de procéder à la réalisation des parts sociales. Cependant, une telle opération impliquerait une sortie de la société et, selon certains auteurs, pourrait porter atteinte au droit fondamental de rester associé[147]. De surcroît, dans l'hypothèse où le liquidateur envisagerait de réaliser les parts sociales détenues par l'associé, un inconvénient de taille pourrait se présenter. En cas d'agrément, le débiteur garderait son droit de vote et la cession pourrait être bloquée si ce dernier dispose de la majorité[148].

Le cas particulier de certaines sociétés. Les articles L. 221-16 du Code de commerce pour les sociétés en nom collectif et 1860 du Code civil pour les sociétés civiles envisagent l'exclusion de plein droit de l'associé placé en liquidation judiciaire. Ces règles semblent ici parfaitement concilier le dessaisissement et le droit des associés par le mécanisme du remboursement des parts sociales par la société[149]. Selon les termes employés par le Professeur LUCAS, *« l'élimination »*[150] de l'associé dessaisi se fait

---

[147] M.-N. LEGRAND et M. LULY, « Le dessaisissement de l'associé (Droit des procédures collectives ? Droit des sociétés ?) », *in* « Le droit des affaires à confluence de la théorie et de la pratique », Mél. P. LE CANNU, Dalloz-LGDJ, 2014, p. 706.

[148] M.-H. MONSERIE-BON, « Vivre en procédure collective. Les droits des associés », Rev. Proc. Coll. 2013/1, doss. 7, n°19.

[149] M.-N. LEGRAND et M. LULY, *art. cit. préc. :* le liquidateur a qualité pour solliciter un tel remboursement, Com. 13 déc. 2011, n°11-11667, NP ; D. 2012. 148, obs. A. LIENHARD ; Rev. sociétés 2012. 376, note N. MORELLI ; Dr. sociétés, mars 2012, comm. 42, note H. HOVASSE ; Act. Proc. Coll. mars 2012, comm. 92, obs. J.-C. PAGNUCCO.

[150] F.-X. LUCAS, BJS 1999, p. 436 ; BJS 2012, p. 316, n°176.

par le remboursement de ses droits sociaux. La conciliation des intérêts est ici parfaitement maîtrisée puisque d'un côté, aucune atteinte n'est portée au droit de rester associé et de l'autre, les sommes issues du remboursement intègrent le gage commun des créanciers et donc, le périmètre du dessaisissement[151]. La mesure est d'autant plus efficace que les règles du droit des entreprises en difficulté ne peuvent y porter atteinte. En effet, il ressort d'un arrêt de la Cour de cassation du 10 juillet 2007[152] que le principe de la continuation des contrats en cours est inapplicable au contrat de société[153] liant l'associé à la personne morale.

Le droit de retrait, droit personnel ? Le droit de rester associé a pour corollaire le droit de retrait de l'associé. Si pour certains auteurs, ce droit est un droit propre du débiteur[154], il y a là, semble-t-il, une erreur d'appréciation sur les contours du dessaisissement. En effet, dans ce cas, la qualification de droit personnel semble plus opportune. Hors procédure collective, la Cour de cassation, dans un arrêt du 4 décembre 2012, a décidé que le droit de retrait prévu par les statuts d'une société civile, de même que par l'article 1869 du Code civil, est strictement personnel à l'associé[155]. Pour la Cour de cassation, ce droit ne peut faire l'objet d'une action oblique prévue par l'article 1341-1 du Code civil[156]. Cette action ne peut donc être exercée par un créancier en lieu et place d'un associé qui serait aussi son débiteur. Si l'on considère que les droits personnels du débiteur ont le même domaine que la notion de droits *« exclusivement attachés à la personne »* de l'article 1341-1 du Code civil, l'exception au dessaisissement prend tout son sens.

Le dessaisissement du débiteur n'a de raison d'être que pour autant qu'il y ait un intérêt des créanciers. Dans ce cas, il ne peut y avoir d'intérêt collectif des créanciers puisque le mécanisme de l'action oblique est bloqué par la notion de droit strictement attaché à la personne. Le liquidateur qui représente l'intérêt collectif des créanciers ne peut s'accorder plus de droits que les créanciers qu'il représente. Si le liquidateur ne peut agir, il faut donc en déduire que l'action est hors dessaisissement.

---

[151] Toutefois, le mécanisme n'est pas totalement satisfaisant car sujet à détournement, v. en ce sens F.-X. LUCAS, « Les associés et la procédure collective », LPA, 9 janv. 2002, n°7, p. 7, n°44.

[152] Com. 10 juill. 2007, n°06-11680, Bull. civ. IV, n°191 ; D. 2007. p. 2107, obs. A. LIENHARD.

[153] M.-H. MONSERIE-BON, *art. cit. préc.*, n°10.

[154] M.-N. LEGRAND et M. LULY, *art. cit. préc.*, p. 706

[155] Com. 4 déc. 2012, n°11-14592, Bull. civ. IV, n°222.

[156] Anc. Art. 1166 c. civ.

De façon générale, la procédure collective ouverte à l'encontre d'un associé n'aura aucune incidence sur son maintien dans la société et *a fortiori* sur sa qualité d'associé. Ce dernier a le droit de rester associé et son droit de retrait est un droit personnel. En revanche, dans les sociétés à risque illimité, l'ouverture d'une liquidation judiciaire emportera son exclusion de plein droit. Toutefois, cette exclusion n'aura lieu qu'après remboursement du montant de ses droits sociaux. Dès lors, hors sociétés à risque illimité, le dessaisissement n'emporte pas de conséquence sur la qualité même d'associé. Cependant, tel n'est pas le cas des actions liées à la qualité d'associé qui seront tantôt soumises au dessaisissement, tantôt exclues du périmètre de la mesure.

2) La mise en œuvre problématique des actions liées à la qualité d'associé

Le contentieux des droits politiques. La problématique des actions liées à la qualité d'associé a rencontré un terreau particulièrement fertile en matière de droits politiques d'un associé. Ces droits peuvent être définis comme l'ensemble des prérogatives qui permettent à l'associé de participer à la vie sociale[157]. Il ressort de l'article 1844 du Code civil que *« Tout associé a le droit de participer aux décisions collectives ».* Qu'en est-il lorsque l'associé est dessaisi ?

La Cour de cassation dans un arrêt devenu célèbre du 18 octobre 2011 a reconnu à l'associé, au titre d'un droit exclusivement attaché à la personne, le droit de participer aux décisions collectives, et ce, malgré son dessaisissement[158]. Symétriquement, si l'associé dessaisi conserve ses droits politiques au sein de la société, le liquidateur est, quant à lui, privé du droit d'agir[159]. En tout état de cause, l'aspect purement personnel des droits politiques d'un associé peut être critiqué[160]. Par exemple, comment affirmer sans crainte que la décision relative à la distribution de dividendes est une action strictement attachée à la personne ? Cependant, il ne faut pas perdre de vue que le dessaisissement a pour domaine le patrimoine du débiteur et ce

---

[157] M.-H. MONSERIE-BON, *art. cit. préc.*, n°14.

[158] Com. 18 oct. 2011, n°10-19647, Bul. civ. IV, n°163 ; D. 2012, p. 593, note B. DONDERO ; D. 2012, p. 593, note A. LIENHARD ; JCP E 2012, p. 1018, note C. LEBEL – BJE 2012, p. 92, note M.-L. COQUELET ; BJS 1er déc. 2011, n°12, p. 994, note F.-X. LUCAS – S. LE NORMAND, « Le dessaisissement du débiteur en liquidation judiciaire à l'épreuve des évolutions récentes », JCP E 2012, 1337, n°16.

[159] Par exemple, le liquidateur ne peut voter aux assemblées générales ou bien encore solliciter la désignation d'un administrateur provisoire.

[160] F.-X. LUCAS, note *ss.* Com. 18 oct. 2011, n°10-19647, Bull. civ. IV, n°163 ; BJS 1er déc. 2011, n°12, p. 994.

seul patrimoine. En effet, dès l'ouverture d'une procédure collective, le liquidateur se voit conférer les droits et actions du débiteur qui ont une incidence sur son patrimoine parce que ce patrimoine correspond, sauf exception, au gage commun des créanciers.

Lorsque sont en cause les droits politiques du débiteur associé, ces droits correspondent en réalité à un autre patrimoine : la personne morale. Ce patrimoine n'est pas visé par la procédure. Dès lors, le dessaisissement ne peut l'atteindre. Ceci est d'autant plus vrai que le débiteur dessaisi n'a jamais été un incapable[161], en dehors du dessaisissement, ce dernier conserve la titularité et l'exercice de ses droits. Puisque la personne morale n'est pas atteinte par la mesure, il est donc logique que le dessaisi conserve ses droits sur la société. Quand bien même la solution n'apparaît pas totalement opportune, il faut cependant reconnaître que la logique juridique s'y retrouve. Il serait tout à fait contestable d'autoriser le liquidateur à agir sur un autre patrimoine que celui de son débiteur. L'effet réel lui interdit.

Toutefois, les principes du droit des procédures collectives sont quelque peu atteints. En effet, s'il n'y a aucune intervention du dessaisissement sur les décisions collectives, ces dernières auront néanmoins une incidence patrimoniale variant en fonction de la gravité de la décision en question. Si la solution retenue par la Cour de cassation concernant le droit de participer aux décisions collectives peut paraître choquante à certains égards, il ne faut pas oublier que la logique est la même dans le cadre de l'EIRL[162] : seul le patrimoine visé par la procédure est soumis au dessaisissement, le débiteur conserve ainsi ses prérogatives sur le patrimoine *in bonis*[163]. L'associé dessaisi est dans une position similaire. Ce dernier perd ses prérogatives patrimoniales, mais conserve les droits qu'il détient sur le patrimoine d'une personne restée *in bonis :* la société.

L'associé devra toutefois prendre garde aux conséquences de ses actes, car en matière de droit personnel, si l'exercice est autorisé, les conséquences patrimoniales de la mise en œuvre du droit sont quant à elles de nouveau

---

[161] Com. 18 mai 2016, n°14-25997, Bull. civ. IV, *à paraître ;* Act. Proc. Coll. 2016/11, comm. 149, note Th. LE BARS ; DPDE juin 2016, p. 1, note J.-P. REMERY – *contra* analysant la mesure en une incapacité de défiance : C. SAINT-ALARY-HOUIN, *Droit des entreprises en difficulté*, LGDJ (« Domat » Montchrestien), 10e éd., 2016, n°1236 et s. et « Le dessaisissement du débiteur en liquidation judiciaire », Rev. Proc. Coll. 2003, p. 173, n°1. *Spéc.* Sur la notion d'incapacité de défiance : R. HOUIN, « Les incapacités », RTD civ. 1947. 383.

[162] F. PEROCHON, « Les patrimoines de l'EIRL », Rev. Proc. Coll. 2011/1, doss. 13.

[163] M.-N. LEGRAND et M. LULY, *art. cit. préc.*, p. 707.

soumises au dessaisissement. Tel serait par exemple le cas de la décision de répartition des dividendes. Si l'associé perçoit des dividendes, ils seront appréhendés par la procédure. En revanche, si la société décide de ne pas les distribuer, le liquidateur ne pourra agir à la place de l'associé. Droit personnel oblige !

La nécessité d'un critère de répartition. La Cour de cassation semble ne pas avoir fini sa tâche de clarification de la matière. À tâtons, elle façonne peu à peu le régime applicable aux actions liées à la qualité d'associé lorsque celui-ci est dessaisi. Toutes les actions liées à la qualité d'associé ne sont pas hors du périmètre du dessaisissement, d'où la nécessité de trouver un critère de répartition.

B. LA RECHERCHE NÉCESSAIRE D'UN CRITÈRE DE RÉPARTITION

Tentative d'aménagement des solutions. La seule notion *« d'action liée à la qualité d'associé et concernant le patrimoine de la personne morale »* peut s'avérer extrêmement difficile à appréhender[164]. Malgré cette difficulté, il serait possible d'imaginer un critère de répartition entre les actions liées à la qualité d'associé exclues du dessaisissement et celles soumises au dessaisissement [165]. La doctrine a proposé le critère de la *qualité prépondérante* afin de répartir au mieux ces actions dans le respect des règles du dessaisissement (1). Malheureusement, ce critère, bien qu'ayant le mérite d'exister, ne réglera pas toutes les difficultés. En effet, au-delà des seules problématiques liées au dessaisissement, il est également possible de se demander si les difficultés de la matière ne sont pas inhérentes à la confrontation du droit des sociétés et du droit des entreprises en difficulté (2). L'exemple des actions en remboursement de compte courant illustrera notre propos.

1) La notion de qualité prépondérante

Proposition doctrinale. La Cour de cassation dans un arrêt du 23 septembre 2014 a jugé que l'action en paiement du solde d'un compte courant d'associé est une action soumise au dessaisissement [166]. Cette

---

[164] I. PARACHKEVOVA, note *ss.* Com. 23 sept. 2014, n°12-29262, Bull. civ. IV, n°135 ; LEDEN 2 nov. 2014, n°10, p. 2

[165] M.-H. MONSERIE-BON, *art. cit. préc.*, n°22.

[166] Com. 23 sept. 2014, n°12-29262 et n°13-15437, Bull. civ. IV, n°135 ; Act. Proc. Coll. 2014/18, comm. 319, J.-Ch. PAGNUCCO ; JCP E 2014, 1637, obs. Ph. PETEL ; JCP E 2014, 1605, obs. C. LEBEL ; JCP E 2015, 182, note B. DONDERO ; D. 2014, p. 1937, obs. A. LIENHARD ; Dr. Sociétés 2015, comm.

décision est étonnante lorsqu'elle est mise en perspective avec celle du 18 octobre 2011. En effet, le recouvrement d'un compte courant d'associé peut difficilement ne pas être qualifié d'action liée à la qualité d'associé. Pourtant, la solution retenue par la Cour de cassation n'est plus la même. La question qui se pose est donc la suivante : comment donner au dessaisissement un domaine d'intervention précis ?

Florence REILLE a justement proposé le critère de la *qualité prépondérante*[167]. L'action en qualité d'associé d'un débiteur dessaisi serait ainsi rattachée ou non au dessaisissement en fonction de la prépondérance de la qualité au titre de laquelle le débiteur agit[168]. Par exemple, si l'action en recouvrement d'un compte courant par un associé est soumise au dessaisissement, c'est parce que la qualité d'associé serait dans ce cas-là subsidiaire. Le professeur PETEL développe la même idée et parle d'action *« indirectement »* [169] rattachée à la qualité d'associé. La qualité prépondérante mise en avant serait ici celle de créancier et le débiteur agirait dans un intérêt patrimonial qui lui est propre [170]. En revanche, l'action échappera au dessaisissement si elle concerne de manière prépondérante le patrimoine de la personne morale quand bien même l'action aurait ensuite une incidence sur le patrimoine de l'associé dessaisi[171].

Malheureusement, le critère de la prépondérance réglerait toutes les difficultés et de manière certaine si la frontière entre le patrimoine de l'associé et celui de la société était parfaitement étanche. En réalité, il existe véritablement un lien étroit entre les deux patrimoines[172] : les parts sociales ne font-elles pas partie de l'actif de la procédure ? Ceci est d'autant plus vrai lorsque la société en question est une société à responsabilité illimitée, au hasard… une SCI ! Le critère de la prépondérance est donc bâti sur des fondements particulièrement instables que seul le travail du temps et de la jurisprudence pourra solidifier. Dans l'attente, ce critère a au moins le mérite d'exister et suscite l'espoir de clarification de la matière.

35, obs. J.-P. LEGROS ; Rev. sociétés 2015, p. 124, B. SAINTOURENS et p. 754, note L.-C. HENRY ; LEDEN nov. 2014, p. 2, obs. I. PARACHKEVOVA.

[167] F. REILLE, note *ss*. Com. 23 sept. 2014, n°12-29262 et n°13-15437, Bull. civ. IV, n°135 ; Rev. Proc. Coll. 2015/3, comm. 43,

[168] F. REILLE, *art. cit. préc.*

[169] Ph. PETEL, note *ss*. com. 23 sept. 2014, n°12-29262 et n°13-15437, Bull. civ. IV, n°135 JCP E 2014, 1637.

[170] F. REILLE, *art. cit. préc.*

[171] F. REILLE, *art. cit. préc.*

[172] F.-X. LUCAS, note *ss*. Com. 18 oct. 2011, n°10-19647, Bull. civ. IV, n°133 ; BJS 1er déc. 2011, n°12, p. 994.

Indépendamment des considérations liées à la proximité des patrimoines et des interrogations propres au dessaisissement, si un critère de répartition est difficile à cerner dans ce domaine, il faut également se demander si ceci n'est pas la conséquence des incertitudes du régime des actions en remboursement de compte courant d'associé. Ce contentieux particulier est la parfaite illustration des difficultés qui peuvent naître de la rencontre du droit des sociétés et du droit des entreprises en difficulté.

2) Les difficultés particulières de la matière

Énième confrontation entre le droit des sociétés et le droit des entreprises en difficulté. Les seuls contours du dessaisissement sont difficiles à cerner en temps normal et l'enjeu est de trouver pour chaque catégorie d'actes un critère de répartition. Or, ces difficultés sont ici accrues, car en plus des seules problématiques liées à la mesure, le dessaisissement est ici confronté à un régime en permanente évolution : les actions en remboursement de compte courant d'associé[173].

La Cour de cassation dans son arrêt du 23 septembre 2014 justifie le jeu du dessaisissement par l'exercice d'un droit à remboursement d'une créance que détient le dessaisi sur la société. La Cour de cassation revient ici aux sources de ce qu'est l'avance en compte courant d'associé : une variété particulière de prêts[174]. L'action en question était donc une action en remboursement classique dont dispose tout prêteur indépendamment de sa qualité d'associé. Le liquidateur avait qualité pour agir en vertu du dessaisissement, peu importants la qualité d'associé du débiteur dessaisi. Dans le seul cadre du droit des entreprises en difficulté, les règles du dessaisissement sont parfaitement respectées. En l'espèce, le débiteur ne fait valoir rien d'autre qu'un droit de créance. Toutefois, les incohérences apparaissent lorsque l'on analyse les décisions de la Cour de cassation rendues en matière d'action en remboursement de compte courant en dehors du contentieux des procédures collectives.

En procédure collective, la Cour de cassation ramène l'action en remboursement d'un compte courant à l'action d'un créancier *lambda* à l'encontre d'un débiteur indépendamment des considérations liées à la qualité d'associé. Cet arrêt qui passe outre la qualité d'associé contredit une série d'arrêts rendus en la même matière, mais hors procédure collective. Par

---

173 Pour une étude approfondie de la question : F. VINCKEL, « Le droit au remboursement du compte courant d'associé, à l'aune du droit des entreprises en difficulté », Rev. Proc. Coll. 2011/1, ét. 4.

174 *V.* en ce sens J.-Ch. PAGNUCCO, note *ss.* Com. 23 sept 2014, n°12-29262 et n°13-15437, Bull. civ. IV, n°135 ; Act. Proc. Coll. 2014/18, comm. 319.

exemple, la première chambre civile de la Cour de cassation a estimé qu'un conjoint commun en bien était irrecevable à exercer une action en remboursement en compte courant sur le fondement de l'article 1421 du Code civil. Le motif utilisé par la Cour est sans appel : seul un associé a qualité pour exercer cette action[175]. De la même manière, la chambre commerciale a jugé que l'action en remboursement ne peut être exercée par un associé à l'encontre d'un autre associé de la même SCI sur le fondement de l'obligation aux dettes. Cet arrêt est peut-être encore plus intéressant que le premier puisqu'en l'espèce le demandeur se présentait comme un créancier *lambda* qui pouvait bénéficier des mêmes voies d'action que n'importe quel autre créancier de la société. Pour la Cour, l'obligation aux dettes sociales ne peut profiter qu'aux tiers et non aux associés[176].

Ces deux arrêts illustrent l'importance décisive de la qualité d'associé en matière d'action en recouvrement de compte courant. Or, il y a là une contradiction avec l'analyse qu'en tire le droit des entreprises en difficulté[177]. Lorsque l'associé est dessaisi, la Cour de cassation privilégie la qualité de créancier en matière d'action en remboursement de compte courant. Si la Cour soumet cette action au dessaisissement, elle considère en substance qu'il ne s'agit pas d'une action liée à la qualité d'associé. Or, elle s'attache, en dehors des procédures collectives, à créer un régime spécifique aux actions en remboursement de compte courant dont toute la logique tourne autour de la qualité d'associé[178]. Le serpent se mord la queue !

Dans ce contexte, il n'est donc pas étonnant que les praticiens et la doctrine aient du mal à distinguer les actions liées à la qualité d'associé comprises dans le périmètre du dessaisissement de celles qui en sont exclues et ce, d'autant plus lorsque l'action en question est une action en remboursement de compte courant. Aussi, la recherche d'un critère de répartition relève dans ce domaine d'un complexe numéro d'équilibriste.

Le dessaisissement, une affaire de qualité, de pouvoir et patrimoine. En définitive, que le dessaisissement concerne une société ou bien l'un de ses acteurs, les interrogations sont nombreuses et délicates à traiter. Mais une certitude demeure : le dessaisissement confronté au droit des sociétés repose à chaque fois sur la mise en œuvre de critères particuliers de

---

[175] Civ. 1re, 9 févr. 2011, n°09-68659, Bull. civ. I, n°91 ; Dr. sociétés 2011, comm. 64, note M.-L. COQUELET.

[176] Com. 3 mai 2012, n°11-14844, Bull. civ. IV, n°91 ; Dr. sociétés 2012, comm. 119, note H. HOVASSE ; BJS 2012, p. 571, n°301, note J.-F. BARBIERI.

[177] J.-Ch. PAGNUCCO, *art. cit. préc.*

[178] J.-Ch. PAGNUCCO, *art. cit. préc.*

répartition. Le dessaisissement du débiteur est donc bien un concentré de qualité, de pouvoir et de patrimoine[179] !

---

[179] Expression empruntée à F. REILLE note *ss*. Com. 23 sept. 2014, n°12-29262, Bull. civ. IV, n°135 ; Rev. Proc. Coll. n°3, mai 2015, comm. 43.

La remise en cause de l'affectation patrimoniale de l'EIRL

Anne-Sophie LUCIANO
Doctorante au C.E.R.D.P.

Écho révolutionnaire. Dans son discours à l'Assemblée nationale à l'occasion de l'examen du projet de loi sur l'EIRL, le Secrétaire d'État Hervé NOVELLI énonçait, le 17 février 2010, que l'EIRL avait pour but de mettre un terme à un « *scandale français* », « *qui voulait qu'un artisan, ou un commerçant, après un revers de fortune, puisse se retrouver littéralement à la rue, ruiné et sans possibilité de rebondir* »[180]. La doctrine écrira que « *lors du vote de la loi sur l'EIRL, on a senti passer sur le Parlement le souffle des révolutions* »[181]. Cette loi a pu être comparée à la prise de la Bastille, du fait de sa force symbolique, mais aussi de la relativité de ses effets. La création du statut d'EIRL symbolise la recherche d'une meilleure protection de l'entrepreneur individuel[182], mais son résultat est mesuré.

Avant 2010, entrepreneuriat individuel à risques. Avant la loi n° 2010-658 du 15 juin 2010, l'entrepreneur individuel est un chef d'entreprise, commerçant, artisan, agriculteur, professionnel libéral, qui exerce son activité en son nom propre, sans créer de personne morale. Cela lui permet un exercice simplifié[183] de son activité et le bénéfice d'une liberté de gestion. Il encaisse seul les bénéfices, mais réciproquement, il assume aussi tous les risques de son activité.

En pratique, le mouvement de protection de l'entrepreneur individuel a été initié par la création des sociétés à associé unique sous la forme de l'entreprise unipersonnelle à responsabilité limitée (EURL) en 1985[184] et de

---

[180] Discours à l'Assemblée nationale, 17 février 2010, en ligne sur le Site de l'Assemblée Nationale :
http ://www.assemblee-nationale.fr/13/dossiers/entrepreneur_individuel_responsabilite_limitee.asp

[181] Ph. THÉRY, « L'EIRL ou la prise de la Bastille (Observations rétrospectives sur la théorie du patrimoine), *Mélanges en l'honneur du Professeur Philippe MERLE*, Dalloz, 2012, p. 693.

[182] La doctrine écrira que « *la montagne a accouché d'une souris* », G. GOUBEAUX, « Le divorce de l'EIRL », *Mélanges en l'honneur du professeur Philippe MERLE*, Dalloz, 2012, p. 322.

[183] Sans créer de société, l'entrepreneur n'a pas de décision à consigner ni de commissaire aux comptes à nommer.

[184] Loi n° 85-697 du 11 juillet 1985 relative à l'entreprise unipersonnelle à responsabilité limitée et à l'exploitation agricole à responsabilité limitée.

la société par actions simplifiée unipersonnelle (SASU) en 1999 [185]. L'entrepreneur a également pu choisir d'exercer son activité sans créer de personne morale, mais en protégeant sa résidence principale par une déclaration notariée d'insaisissabilité dès 2003[186], puis ses biens meubles bâtis depuis 2008[187]. En 2010[188], le dispositif a été complété par l'entreprise individuelle à responsabilité (EIRL). Enfin, en 2015[189], la loi Macron est venue consacrer un principe d'insaisissabilité légale de la résidence principale[190]. Ces dispositifs manifestent tout l'intérêt porté par le législateur au sort de l'entrepreneur individuel.

Après 2010, responsabilité limitée. Le but du statut d'EIRL, créée par loi n° 2010-658 du 15 juin 2010 complété par le décret n° 2010-1706 du 29 décembre 2010[191], est simple[192] : il doit permettre au chef d'entreprise,

---

185 Loi n° 99-587 du 12 juillet 1999 sur l'innovation et la recherche, JORF n°160 du 13 juillet 1999 p. 10396.

186 Loi n° 2003-721 du 1 août 2003 pour l'initiative économique, Version consolidée au 23 janvier 2016. La déclaration notariée d'insaisissabilité a été prévue pour la première fois par la loi Dutreil du 1er août 2003. Les entrepreneurs individuels pouvaient déclarer insaisissables leur résidence principale vis-à-vis de leurs créanciers professionnels. Les articles L. 526-1 à L. 526-3 du Code de commerce ont été élargis par la loi LME du 4 août 2008 à tous les biens fonciers bâtis ou non bâtis non affectés à l'activité professionnelle.

187 Loi n° 2008-776 du 4 août 2008 de modernisation de l'économie.

188 Loi n° 2010-658 du 15 juin 2010 relative à l'entrepreneur individuel à responsabilité limitée, JORF n°0137 du 16 juin 2010 p. 10984, texte n° 1.

189 Loi n° 2015-990 du 6 août 2015 pour la croissance, l'activité et l'égalité des chances économiques, JORF n°0181 du 7 août 2015 page 13537, texte n° 1.

190 La loi ° 2015-990 du 06 août 2015, dite loi *Macron* ne modifie pas le régime de l'EIRL. Elle en diminue peut-être l'intérêt en instaurant le principe de l'insaisissabilité légale de la résidence principale. Depuis le 8 août 2015, date d'entrée en application de la loi, tous les entrepreneurs personnes physiques bénéficient de l'insaisissabilité légale de leur résidence principale vis-à-vis de leurs créanciers professionnels et peuvent rendre insaisissables leurs autres biens fonciers personnels en effectuant une déclaration notariée d'insaisissabilité. Si le problème de savoir si les créanciers domestiques et professionnels dont les droits sont nés antérieurement à la DNI ou à l'entrée en vigueur de la loi du 06 août 2015 peuvent agir individuellement n'est pas réglé, le principe d'insaisissabilité légale de la résidence principale diminue l'intérêt de l'EIRL.

191 JO 31 décembre 2010.

192 S. PIEDELIEVRE, « L'entreprise individuelle à responsabilité limitée », *Defrénois* 2010, 1417 ; F. TERRE (dir.), « EIRL, Entrepreneur individuel à responsabilité limitée », *Litec*, coll. Droit 360, 2011 ; F. VAUVILLE, « Commentaire de la loi du 15 juin 2010 relative à l'entrepreneur individuel à responsabilité limitée », *Defrénois,* 2010, 1649 ; M.-H. MONSERIE-BON, « Brèves réflexions sur les contrats et l'EIRL », *Bull. Joly Entrep. diff.,* 2011, p. 65 ; E. DUBUISSON, « L'entrepreneur individuel à responsabilité limitée », *Litec,*

« *aventurier des temps modernes* »[193], de bénéficier de la limitation de sa responsabilité[194]. Le régime de l'EIRL est prévu aux articles L. 526-6 et suivants du Code de commerce pour la partie législative et aux articles R. 526-6 et suivants du Code de commerce pour la partie réglementaire. Ce régime bat en brèche la théorie de l'unicité du patrimoine[195], ancrée depuis AUBRY et RAU, qui ont traduit puis complété en France les travaux de ZACHARIAE[196]. Comme la fiducie depuis la loi n° 2007-211 du 19 février 2007[197], l'EIRL permet de limiter le droit de gage général des créanciers défini aux articles 2284 et 2285 du Code civil. Ce droit de gage est donc limité par l'affectation de patrimoine de l'EIRL qui peut affecter des biens à son activité professionnelle, diminuant le gage des créanciers personnels[198] et cantonnant ses créanciers professionnels à venir au patrimoine qu'il a déterminé. Il sépare ses patrimoines, protège sa vie privée d'éventuelles infortunes professionnelles et tant que l'EIRL est honnête, il peut entreprendre en ayant la certitude de ne pas payer ses dettes professionnelles

---

2010 ; F. BARBIERI, « EIRL, un statut opportun pour l'entrepreneur et ses partenaires ? », *Bull. Joly,* 2011, p. 227 ; Ch. LEBEL, « Adoption de l'EIRL et autres mesures relatives à l'entreprise individuelle », *JCP E.,* 2010, act. 362 ; J. PRIEUR, J. VALLANSAN, « La protection du patrimoine privé du chef d'entreprise : le rôle du notaire », *JCP N.,* n° 45-46, 7 Novembre 2014, 1332.

[193] Ph. THÉRY, « L'EIRL ou la prise de la Bastille (Observations rétrospectives sur la théorie du patrimoine), *Mélanges en l'honneur du Professeur Philippe MERLE*, Dalloz, 2012, p. 701.

[194] F. MARMOZ, « L'EIRL : nouvelle technique d'organisation de l'entreprise », *Dalloz,* 2010, p. 1570 ; S. PIEDELIEVRE, « L'entreprise individuelle à responsabilité limitée », *Defrénois* 2010, 1417 ; A.-L. THOMAT-RAYNAUD, « Le patrimoine d'affectation : réflexions sur une notion incertaine », *RLDC*, juin 2010, n° 72, p. 65 ; B. SAINTOURENS, « L'entrepreneur individuel à responsabilité limitée : Commentaire de la loi n° 2010-658 du 15 juin 2010 », *Rev. Sociétés,* 2010, p. 351.

[195] Ou renforce ladite théorie, Aubry et Rau ayant déjà prévu des exceptions au principe d'unicité du patrimoine. Voir A. DENIZOT, « L'étonnant destin de la théorie du patrimoine », *RTD civ*., 2014, p. 547.

[196] D. VIDAL, K. LUCIANO, *Cours de droit général des sociétés*, Gualino, Amphi LMD, 1ère édition, 2015-2016, p. 105, n° 434.

[197] Analyse du phénomène : M.-C. LASSERRE, « La paralysie de la fiducie-sûreté », *LPA*, 11 fév. 2011, pp.6-9 ; K. LUCIANO, « Fiducie-sûreté et plan de cession », *Revue des procédures collectives, civiles et commerciales,* n° 2, mars/avril 2011, Etudes, n° 9, p. 21s. ; S. FARHI, « Le banquier garanti par une fiducie-sûreté en procédure collective », *Actes du colloque Contentieux bancaires et procédures collectives*, Bruylant, octobre 2014 ; S. FARHI, *La fiducie-sûreté et le droit des entreprises en difficulté*, thèse sous la direction du Pr. P.-M. LE CORRE, récompensée par le Prix Jean Bastin 2015.

[198] Une société de crédit à la consommation, un bailleur, un concessionnaire automobile, un commerçant, une école, *etc…*

avec ses biens personnels ou ceux de son conjoint[199], en cas de revers de fortune. L'ordonnance n° 2010-1512 du 9 décembre 2010 et la loi n° 2014-626 du 18 juin 2014[200] précise cet effet en droit des entreprises en difficulté.

Le principe de traitement séparé des patrimoines. Le traitement séparé des patrimoines, « *patrimoine par patrimoine* »[201] est prévu par les articles L. 680-1 à L. 680-4 du Code de commerce. Cette règle implique la possibilité de soumettre l'EIRL à plusieurs procédures collectives concomitantes si celles-ci visent des patrimoines distincts[202]. Un EIRL peut être placé sous liquidation judiciaire pour son activité affectée et poursuivre une activité qui n'engage pas le patrimoine affecté[203]. Les règles classiques composant la discipline collective s'appliquent patrimoine par patrimoine[204] et le dessaisissement s'opèrera sur les biens que le débiteur aura décidé d'affecter. Par ces aspects, l'EIRL consacre un progrès notable dans la protection de l'entrepreneur individuel.

---

199 L. ANTONINI-COCHIN, « Régimes matrimoniaux et entreprises en difficulté », *in Entreprises en difficulté* (dir. Philippe Roussel-Galle), LexisNexis, collection, « Droit 360 », juillet 2012, spéc. pp. 209-229.

200 Textes complétés par le décret n° 2014-736 du 30 juin 2014 (JO 1er juillet) pris pour l'application de l'ordonnance n° 2014-326 du 12 mars 2014 portant réforme de la prévention des difficultés des entreprises et des procédures collectives qui adapte la partie réglementaire du livre VI du code de commerce au statut de l'EIRL. Voir P.-M. LE CORRE, « Les retouches de la réforme du droit des entreprises en difficulté (ordonnance n° 2014-1088 du 26 septembre 2014, complétant l'ordonnance n° 2014-326 du 12 mars 2014, portant réforme de la prévention des difficultés des entreprises et des procédures collectives », *Lexbase hebdo* 16 oct. 2014, n° 587 ; P.-M. LE CORRE, « Le rééquilibrage du rôle des acteurs : l'exemple des modifications intéressant la déclaration, la vérification et l'admission des créances », *Lexbase*, sept. 2014, dossier spécial.

201 Article L. 680-1 du Code de commerce.

202 Articles L. 620-2 alinéa 2, L. 631-2 alinéa 2, L. 640-2 alinéa 2 du Code de commerce.

203 Article L. 641-6, III du Code de commerce. Concrètement, par exemple, le liquidateur ou l'administrateur, autorisé par le juge-commissaire à recevoir le courrier du débiteur, doit remettre à l'EIRL les courriers qui ne concernent pas la procédure, qu'ils soient personnels ou qu'il vise un autre patrimoine *in bonis. (*Article L. 641-15, al 2 du Code de commerce. A.-S. TEXIER, « EIRL et procédure collective », in *Entreprises en difficulté* (dir. Philippe Roussel-Galle), LexisNexis, collection, « Droit 360 », juillet 2012, spéc. p. 38 et s.).

204 Les règles principales composant la discipline collective et visant un traitement égalitaire des créanciers de la procédure sont : l'interdiction des paiements (L. 622-7 ccom), l'interdiction ou de l'interruption des poursuites individuelles (L. 622-21, I ccom), la déclaration de créance au passif (L. 622-24 ccom), l'arrêt du cours des inscriptions de sûretés (L. 622-30 ccom), et la déchéance du terme (L.622-28 ccom).

Une faille, la perméabilité de l'affectation. A première vue, créer un ou plusieurs patrimoines d'affectation, séparés du patrimoine privé, qui reste le gage des créanciers non professionnels, semble très avantageux. En cas de procédure collective, les biens personnels de l'EIRL ne sont pas absorbés. L'EIRL protège ses biens, ceux de son conjoint[205], peut cumuler ce statut avec celui d'auto-entrepreneur [206] et choisir de payer l'impôt sur les sociétés[207] plutôt que l'impôt sur le revenu[208], afin de limiter ses cotisations sociales [209]. La limitation de responsabilité de l'EIRL est comparable à « *celle qui découle de la constitution d'une EURL ou d'une SASU* »[210], l'EIRL devient alors « *pour les très petites entreprises un concurrent sérieux de la société* » [211]. La technique d'affectation du patrimoine interroge pourtant la doctrine[212] et ne fait pas que des thuriféraires[213]. Elle comporte

---

205 Ph. SIMLER, « EIRL et communauté de biens entre époux », *JCP G.*, 2011, 4.

206 Avantage du statut d'auto-entrepreneur : déclaration et paiement simplifié des cotisations, contributions sociales et de l'impôt sur le revenu ; V. LEGRAND, « L'auto-entrepreneur à l'ère EIRL », *Dalloz*, 2010, p. 1898 ; « L'EIRL pourra-t-il prétendre à une procédure de surendettement ? », *Dalloz,* 2010, p. 2385 ; « L'auto-entrepreneur EIRL : un costume taillé sur mesure », *LPA*, 26 avril 2011, p. 9 ; « Entreprise individuelle à responsabilité limitée », Delmas Express, *Dalloz,* 2011.

207 S. JAMBORT, « Les lacunes du régime fiscal de l'EIRL », *Bull. Joly,* 2011, p. 261.

208 « Comme l'EURL, l'EIRL est en principe imposé à l'impôt sur le revenu (IR), mais peut opter, à sa guise pour l'impôt sur les sociétés (IS). Le choix devrait avant tout dépendre du type d'activité menée. Si, par exemple, l'activité est libérale, l'imposition à l'IR de l'EIRL n'est pas indolore, car la définition du patrimoine affecté est identique à celle des biens à usage professionnel retenue pour l'imposition des bénéfices non commerciaux (BNC). Il en va différemment pour une activité imposée aux bénéfices industriels et commerciaux (BIC). L'IS présente toutefois des avantages indéniables. Son taux n'est que de 15 % jusqu'à 38 120 euros et 33,33 % au-delà. Les bénéfices réinvestis dans l'entreprise ne sont pas imposés, ce qui est de nature à renforcer les “fonds propres” de l'EIRL. Les revenus qu'il se verse sont déduits et imposés dans la catégorie des traitements et salaires (CGI, art. 62) ». S. JAMBORT, « Les lacunes du régime fiscal de l'EIRL », *Bull. Joly,* 2011, p. 261.

209 Les cotisations sociales ne sont plus payées sur le bénéfice total, mais sur la rémunération réelle de l'entrepreneur individuel.

210 D. VIDAL, K. LUCIANO, *Cours de droit général des sociétés*, Gualino, Amphi LMD, 1ère édition, 2015-2016, p. 105, n° 435. Voir également : D. VIDAL, « Quelques comparaisons d'intérêt pratique entre EIRL et EURL », *Bull. Joly Sociétés*, 2011, dossier spécial, p. 62 ; P. SERLOOTEN, « Fiscalité de l'EURL à l'EIRL : une réforme à contresens », *LPA* 28 avr. 2011, p. 24.

211 M. COZIAN, A. VIANDIER, F. DEBOISSY, *Droit des sociétés*, Lexisnexis, 28ème édition, 2015, p. 45, n° 88.

212 J.-D. PELLIER, « La nature juridique du patrimoine affecté de l'entrepreneur individuel à responsabilité limitée », *RTD Com.,* 2013, p. 45 ; D. LEGAIS, « Le gage des créanciers dans l'EIRL », *Defrénois,* 2011, p. 560.

une faille, qui réside dans la faible étanchéité des patrimoines. En effet, pour vérifier si la technique d'affectation du patrimoine par l'EIRL constitue réellement une protection efficace de l'entrepreneur, elle doit être passée au crible des cas de remise en cause de l'affectation[214]. Cette analyse révèle que l'étanchéité des patrimoines n'a pas une portée absolue[215], ce qui rend même parfois la protection de l'EIRL illusoire. La création d'une personne morale n'a pas non plus une portée absolue, mais elle présente moins de fragilités et davantage de prévisibilité. Naturellement, la remise en cause de l'affectation a pour but de protéger les tiers à l'activité, afin que la scission de patrimoine ne soit pas un moyen pour l'EIRL d'échapper à ses créanciers et de ne pas payer ses dettes. L'EIRL doit, pour éviter la remise en cause de l'affectation patrimoniale, faire preuve d'une extrême prudence et d'un respect scrupuleux des règles d'affectation. En effet, *« toute l'efficacité du dispositif d'affectation patrimoniale est subordonnée à la rigueur et à la discipline de l'entrepreneur »*[216]. Les garde-fous institués par la loi sont nombreux. Parmi eux, certains sanctionnent un comportement manifestement frauduleux de l'EIRL, mais d'autres, qui sanctionnent le non respect du formalisme, sont plus sévères au regard de la faible expérience des chefs d'entreprise concernés. L'équilibre est délicat, l'EIRL est, d'une part, encouragé par la loi à s'engager dans la vie des affaires avec la protection supposée de

---

213 R. LIBCHABER, « Feu la théorie du patrimoine », *Bull. Joly*, 2010, p. 316 ; M.-B. SALGADO, « L'entrepreneur individuel à responsabilité limitée : illusion des uns, désillusion des autres », *JCP E.*, n° 3, 16 Janvier 2014, p. 1024 ; E. DINH, « L'EIRL, un hybride en droit français », *JCP E.*, 2010, 1979 ; B. DONDERO, « L'EIRL, ou l'entrepreneur fractionné », *JCP G.*, 2010, 679 ; F.-X. LUCAS, « De la fausse bonne idée, à la vraie calamité », *Bull. Joly*, 2010, p. 311 ; « L'EIRL en difficulté », *Gaz. Pal.* 2011, n° 139, p. 33 ; « Les dangers de l'EIRL », *Dr. et patrimoine*, mai 2010, p. 48.

214 N. BORGA, « L'EIRL en difficulté, entre respect et négation de l'affectation », *Bull. Joly Entreprises en difficulté.*, 2011, p. 155 ; P. M. LE CORRE, « Le passif de l'EIRL », *Bull. Joly,* 2011, p. 70 ; C. SAINT-ALARY-HOUIN et MERCIER, « L'application du droit des entreprises en difficulté à l'EIRL », *LPA,* 28 avr. 2011, p. 39 ; G. TEBOUL, « L'ordonnance du 9 décembre 2010 : malheur à l'entrepreneur individuel à responsabilité limitée en difficulté », *LPA,* 17 déc. 2010, p. 7 ; E. LE CORRE-BROLY, « Actions en revendication ou en reprise et EIRL », Bull. Joly Entreprises en difficulté, mars-avr. 2011, n° 1, p. 68.

215 X. DELPECH, *Fonds de commerce*, Delmas, 19ème édition, 2016 ; P.-M. LE CORRE, « Patrimoine et droit des entreprises en difficulté », in *Variations juridiques et politiques. Clés pour la compréhension du monde contemporain* (dir. Y. Strickler), L'Harmattan, coll. « droit privé et sciences criminelles », novembre 2013, pp. 163-174 ; P.-M. LE CORRE, « Volonté individuelle et périmètre des procédures collectives » », in *Volonté et biens, Regards croisés*, L'Harmattan, 2013, pp. 219-230.

216 V. GONCALVES, « Le risque de défaillance économique et les options juridiques proposées à l'entrepreneur individuel, *LPA*, 03 février 2015 n° 24, p. 6.

l'affectation et malgré sa faible expérience des affaires[217], il est, d'autre part, sanctionné s'il ne respecte par strictement le formalisme qui lui est imposé[218]. Plus encore, à l'heure des difficultés et de l'ouverture de la procédure collective, le statut de l'EIRL montre une particulière fragilité. L'EIRL pourrait perdre son affectation à l'heure où il en aurait le plus besoin.

La multiplicité des cas de remise en cause de l'affectation patrimoniale, donnant lieu à la disparition du cloisonnement patrimonial, oblige à s'interroger sur le fait de savoir si le statut juridique proposé à l'EIRL est un "miroir aux alouettes" ou un "bouclier protecteur". L'analyse des éléments ici développés laisse à penser que les moyens permettant de rendre effective la protection de l'EIRL sont trop complexes pour le public entrepreneurial visé. De nombreux verrous protègent les créanciers de l'EIRL d'une mauvaise gestion afin que l'entrepreneur ne puisse pas profiter indûment de la partition patrimoniale. Ces verrous sont autant de clés pour le mandataire qui chercherait à étendre l'effet réel de la procédure collective en faisant disparaître l'affectation patrimoniale. Le bilan de ce statut juridique est mitigé. Pour preuve, le risque de décloisonnement est élevé en période de fonctionnement normal de l'EIRL (I) et il est encore décuplé lorsque l'EIRL est placé sous procédure collective (II).

I. Le risque élevé de décloisonnement lors du fonctionnement normal de l'EIRL

L'EIRL, en tant que chef d'entreprise, est soumis aux obligations de droit commun propres à la vie des affaires, en plus des obligations propres à son statut d'EIRL, ce qui multiplie les occasions de ne pas remplir ses obligations. Les cas de remise en cause de droit commun (A) s'additionnent aux cas de remise en cause propres au statut d'EIRL (B).

A. LES CAS DE REMISE EN CAUSE DE DROIT COMMUN

La fraude. L'EIRL est soumis à des obligations de droit commun, propres à la vie des affaires, qui semblent relever du bon sens. Il ne doit commettre ni fraude, ni manquement grave à ses obligations.

---

[217] L'EIRL est généralement une entreprise de subsistance plus que de croissance. Son chiffre d'affaires n'excèderait pas 75 000 € par an en moyenne.

[218] L. GAUTRON, O. LEFEBURE, « Évolution de la nature de l'activité et de la composition du patrimoine de l'entrepreneur individuel à responsabilité limitée : difficultés pratiques », *RTD com.*, 2015, p. 411 ; P.-M. LE CORRE, « Le passif de l'EIRL », *Bull. Joly Entreprises en difficulté,* mars-avr. 2011, p. 70 s.

La fraude serait constituée dans le cas où l'EIRL procèderait au transfert d'un bien du patrimoine non affecté vers son patrimoine affecté, dans le but de se soustraire à l'exécution d'obligations préalablement contractées. Le créancier lésé pourrait agir sur le fondement de l'article 1167 du Code civil [219] et exercer une action paulienne tendant à faire déclarer l'inopposabilité de l'affectation à son profit. Le créancier devrait prouver que l'affectation est un acte d'appauvrissement volontaire, qui a rendu plus difficile l'action en paiement du créancier. Cette action est très avantageuse pour le créancier lésé puisqu'elle exclut les situations de concours avec les autres créanciers de l'EIRL[220].

L'éventualité d'une fraude à l'affectation a été prévue par le législateur dans les règles propres à l'EIRL, elle est sanctionnée sur le fondement de l'article L. 526-12 du Code commerce, avant-dernier alinéa. Elle est constituée lorsque le débiteur transfère ses biens d'un patrimoine à l'autre dans le but de réduire le gage de ses créanciers. L'entrepreneur se rend également coupable d'une fraude s'il constitue un patrimoine affecté pour soustraire des biens à ses créanciers privés. L'EIRL est alors responsable sur la totalité de son patrimoine. L'exclusivité conférée au créancier qui peut agir sur le fondement de l'action paulienne est plus avantageuse. L'affectation peut également être remise en cause si l'EIRL manque gravement à ses obligations.

Trésor public et organismes sociaux. Premier type de manquement grave à ses obligations, l'entrepreneur individuel à responsabilité limité doit payer ses impôts et ses cotisations sociales. Il voit évidemment son affectation patrimoniale remise en cause lorsqu'il refuse de payer le Trésor public et les organismes sociaux. L'EIRL doit répondre de ses obligations fiscales et sociales, au même titre que les dirigeants de personnes morales[221],

---

[219] Dans l'ordonnance n° 2016-131 du 10 février 2016 portant réforme du droit des contrats, du régime général et de la preuve des obligations, publiée au JORF n°0035 du 11 février 2016, texte n° 26, le texte deviendra l'article 1341-2 « *Le créancier peut aussi agir en son nom personnel pour faire déclarer inopposables à son égard les actes faits par son débiteur en fraude de ses droits, à charge d'établir, s'il s'agit d'un acte à titre onéreux, que le tiers cocontractant avait connaissance de la fraude* ». Il entrera en vigueur à partir du 1er octobre 2016.

[220] Une réserve, si le bien saisi est un bien immobilier, des créanciers hypothécaires sont susceptibles d'entrer en concours avec le créancier agissant.

[221] D. VIDAL, K. LUCIANO, *Cours de droit général des sociétés*, Gualino, 2015, p. 214, n° 962 et s. : les dirigeants de personnes morales sont solidaires des créances fiscales de la société en cas de manquement grave aux obligations fiscales ou de fraude. Le texte sur la responsabilité fiscale rappelle l'article 267 du code général des impôts organisant la même responsabilité pour le gérant d'EURL.

solidairement responsables des dettes fiscales de la société. Le Code de la Sécurité sociale[222] et le Livre des procédures fiscales[223] vont en ce sens.

Saisie des bénéfices de l'année en cours. Deuxième type de manquement grave, c'est le cas de l'insuffisance du patrimoine non affecté. Le droit de gage des créanciers personnels peut alors s'exercer sur les bénéfices réalisés par l'entrepreneur individuel à responsabilité limitée lors du dernier exercice clos. L'article L. 526-12, 9ème et dernier alinéa du Code de commerce offre une protection spécifique aux créanciers personnels de l'EIRL. Les bénéfices visés sont facilement connus puisque l'EIRL est tenu d'établir et de remettre son bilan tous les ans au registre auprès duquel son affectation est enregistrée[224], y figure le bénéfice dégagé lors du dernier exercice clos. Ce cas de remise en cause doit toutefois être relativisé. Une réserve existe si l'EIRL est soumis au régime de la micro-entreprise ou du forfait agricole. Ces derniers sont imposés sur la base de leur chiffre d'affaire ou de leurs recettes, et non de leur résultat. Dans ce cas, le bénéfice réalisé lors du dernier exercice clos sera donc très difficile à établir.

---

[222] Le premier exemple de comportement frauduleux est bien connu, il concerne les organismes de sécurité sociale et le trésor public. En application de l'article L. 133-4-7 du Code de la Sécurité sociale, si l'EIRL, dans l'exercice de son activité professionnelle, a rendu impossible, "*par des manœuvres frauduleuses ou à la suite de l'inobservation grave et répétée de prescriptions de la législation de la sécurité sociale*", le recouvrement des cotisations, contributions sociales, pénalités et majorations afférentes dont il est redevable, le recouvrement de ces sommes peut être recherché sur la totalité de ses biens et droits, dès lors que le Tribunal compétent a constaté la réalité de ces agissements. Le patrimoine d'affectation n'est pas un moyen de s'affranchir du paiement de ses cotisations ou contributions sociales. L'affectation disparaît au profit de la Sécurité sociale, mais subsiste à l'égard des autres créanciers.

[223] Le Trésor public bénéficie de la même faculté. L'article L. 273 B., I, du Livre des Procédures fiscales précise que lorsque l'EIRL a, par des manœuvres frauduleuses ou à la suite de l'inobservation grave et répétée de ses obligations fiscales, rendu impossible le recouvrement des impositions et pénalités dont il est redevable au titre de cette activité, le recouvrement de ces sommes peut être recherché sur le patrimoine non affecté dès lors que les agissements de l'EIRL sont judiciairement constatés. La partition patrimoniale disparaît, que les impositions soient liées au patrimoine personnel ou au patrimoine professionnel. L'article L. 273 B du Livre des Procédures fiscales, II, précise qu'il en est de même pour les impositions et pénalités étrangères à son activité professionnelle. Le paiement des impôts personnels peut être recherché sur le patrimoine professionnel.

[224] Et non plus ses comptes annuels depuis la modification de l'article L. 526-14 du Code de commerce par la loi n° 2014-626 du 18 juin 2014 et R. 526-19 du Code de commerce.

Compte bancaire séparé. Troisième type de manquement grave à ses obligations, l'absence d'ouverture d'un compte bancaire séparé. Il semble logique de conditionner la séparation des patrimoines de l'EIRL au respect de certaines obligations comptables élémentaires. Alors, bien que potentiellement néophyte des affaires, poursuivant une activité de subsistance, l'EIRL ne doit pas moins se soucier de ses obligations juridiques et comptables, s'il veut éviter une remise en cause de son affectation de patrimoine. Le cas le plus classique est l'absence d'ouverture d'un compte bancaire séparé dédié à l'activité professionnelle[225]. L'article L. 526-13, dernier alinéa du Code de commerce impose à l'EIRL l'ouverture, dans un établissement de crédit, d'un ou plusieurs comptes bancaires exclusivement dédiés à l'activité à laquelle le patrimoine est affecté[226]. L'article R. 526-11 du Code de Commerce précise que le ou les comptes bancaires ouverts pour les besoins de l'activité professionnelle doivent contenir dans leur intitulé les mots « *entrepreneur individuel à responsabilité limité* » ou « *EIRL* ». Un compte à rubriques, dans lequel ses différents patrimoines sont distingués, peut suffire.

Une décision de la Cour d'appel de Paris du 28 février 2013[227] précise que, pour être affecté, le compte bancaire dédié à l'exploitation doit être mentionné dans la déclaration d'affectation, quel que soit le solde du compte. A défaut, le compte n'est pas inclus dans le patrimoine d'affectation. Ce compte professionnel, non mentionné à la déclaration, est exclu du gage des créanciers professionnels[228]. Il y a donc une double spécificité à ce stade : le compte bancaire, pour être affecté à l'activité, doit être mentionné dans la déclaration d'affectation et l'efficacité de l'affectation de patrimoine est conditionnée par l'ouverture d'un compte séparé. Le non respect de cette dernière règle donne lieu à la disparition totale de l'affectation patrimoniale. La sanction est identique en cas de non respect des obligations comptables de l'EIRL.

Non respect des obligations comptables. Dernier type de manquement grave à ses obligations, l'article L. 526-13 du Code de commerce dispose

---

[225] R. BONHOMME, « Patrimoine affecté et convention d'unité de compte, quelle compatibilité ? », *Bull. Joly entreprises en difficulté*, 2012, p. 125.

[226] T. Com. Dunkerque, 11 mars 2014, RG n° 2014/001064 : *Gaz. Pal.* 20 janvier 2015, p. 17, note F. REILLE ; P.-M. LE CORRE, *Droit et pratique des procédures collectives*, Dalloz action, 2016, n° 213.53, à paraître.

[227] CA Paris, 28 février 2013, pôle 4, chambre 8, n° 12/03822, jurisdata n°2013-004519 : *Act. Proc. Coll.*, 2013, n° 284, note V. LEGRAND.

[228] Il a été jugé que les créanciers antérieurs à la déclaration d'affectation peuvent saisir le compte bancaire professionnel de l'EIRL, dès lors que le contrat d'ouverture de compte ne figure pas dans la déclaration d'affectation.

que « *l'activité professionnelle à laquelle le patrimoine est affecté fait l'objet d'une comptabilité autonome* » conforme aux obligations comptables des commerçants, régies par les articles L. 123-12 et suivants du Code de commerce[229]. L'article L. 526-14 du Code de commerce simplifie les obligations comptables de l'EIRL depuis la loi 2014-626 du 18 juin 2014[230] : le seul document requis pour informer les tiers de l'évolution des éléments affectés est le bilan et non plus les comptes annuels[231]. L'article L. 626-14, alinéa 2 du Code de commerce prévoit que le président du Tribunal compétent peut enjoindre en référé à l'EIRL de procéder au dépôt des comptes. Cette obligation est d'autant plus importante que le bilan vaut réactualisation de la valeur des biens affectées. A ce titre, il informe les fournisseurs de l'état de santé financière de l'entreprise, dont la responsabilité est limitée aux biens professionnels affectés. Un manquement à l'obligation de tenir une comptabilité autonome revient à ne pas jouer le jeu de l'affectation, ce qui est sanctionné par la perte de celle-ci.

Déjà, à ce stade, on constate que l'EIRL, même honnête, peut perdre le bénéfice de son affectation s'il ne respecte pas ces obligations de bon sens. D'autres obligations, plus précises et fastidieuses, sont encore imposées à l'EIRL.

B. LES CAS DE REMISE EN CAUSE PROPRES AU STATUT D'EIRL

Le formalisme de l'affectation patrimoniale est strict. L'EIRL doit résister à deux tentations. La première, ne pas respecter à la lettre les règles d'affectation de certains biens, que sont les biens immobiliers, les biens meubles d'une valeur supérieure à 30000€ et les biens communs ou indivis. La seconde, ne pas déterminer avec exactitude le périmètre des biens affectés.

---

[229] L'entrepreneur individuel dont la responsabilité n'est pas limitée, non EIRL, n'est pas soumis à cette même obligation de transparence comptable. Les obligations comptables annuelles de l'EIRL sont identiques à celles du gérant d'une EURL.

[230] Entrée en vigueur le 19 juin 2015.

[231] V. LEGRAND, « Loi *artisanat, commerce et TPE :* quelles simplifications pour les EIRL ? », *Bull. Joly Sociétés*, 01 juillet 2014 n° 7-08, p. 432. Micro-entreprises, régime spécifique : Les micro-entreprises, dont le régime est régi par les articles 50-0, 64 et 102 ter du Code général des impôts, déjà exemptées de l'obligation de dépôt de comptes annuels, sont soumises par les articles L.526-13 du Code de commerce à des obligations comptables simplifiées. Cette disposition est intéressante pour les auto-entrepreneurs intéressés par le statut d'EIRL. Ils peuvent se contenter, article R. 526-10-1 du Code de commerce, de tenir un livre de recette et un livre des achats, comme toutes micro-entreprise. Les micro-entreprises doivent également déposer chaque 31 décembre un relevé actualisant la déclaration d'affectation.

Bien immobilier non publiée. L'article L. 526-9 alinéa 1 du Code de commerce prévoit, tout d'abord, que l'affectation d'un bien immobilier[232] ou d'une partie d'un tel bien doit être reçue par acte notarié et doit être publiée au Bureau des hypothèques. Le non-respect de cette publicité peut entraîner l'inopposabilité de l'affectation [233]. Cette protection particulière de l'immeuble vise à respecter les obligations légales de publicité des immeubles et à protéger les créanciers personnels de l'entrepreneur individuel, qui auraient des droits sur l'immeuble.

L'inopposabilité de l'affectation d'un immeuble[234] rend l'affectation inopposable aux créanciers privés de l'EIRL, l'immeuble reste donc dans le patrimoine domestique, tout en figurant aussi dans le patrimoine professionnel. Les créanciers personnels seront donc en concours avec les créanciers professionnels[235]. Les conséquences de cette inopposabilité sont relatives pour l'EIRL, mais importantes pour ses créanciers. Les créanciers professionnels voient leur droit de gage réduit par le concours de créanciers supplémentaires. L'affectation de biens meubles, au dessus d'une certaine valeur, est aussi conditionnée par la réalisation de démarches spécifiques.

Bien meuble d'une valeur supérieure à 30 000 €. L'article L. 526-10 du Code de commerce prévoit, ensuite, que les biens meubles d'une certaine valeur, fixée par décret à 30 000 €, doivent faire l'objet d'une évaluation par un professionnel, de la même façon qu'en droit des sociétés le commissaire aux apports est chargé d'évaluer le montant des biens en nature apportés à la société. Si le bien n'a pas été évalué par un professionnel, ou si la valeur déclarée est différente de celle évaluée, deux sanctions sont prévues.

Dans le premier cas, en l'absence de recours à un professionnel pour l'évaluation du bien, l'EIRL est responsable à l'égard des tiers, sur la totalité de son patrimoine, à hauteur de la différence entre la valeur réelle du bien au moment de l'affectation et la valeur déclarée.

Dans le second cas, si la valeur déclarée est différente, l'entrepreneur est responsable à l'égard des tiers, pendant cinq ans, sur la totalité de son patrimoine affecté comme non affecté, à hauteur de la différence entre la valeur proposée au moment de l'affectation et la valeur déclarée.

---

[232] M. SUQUET-COZIC, « Les biens immobiliers de l'entrepreneur individuel à responsabilité limitée », *BPI FL* 6/2010, n° 4.

[233] Conformément à l'article L. 526-9, alinéa 3, du Code de commerce.

[234] Bien immobilier qui n'a pas été publié, qui a été irrégulièrement publié ou qui n'a pas fait l'objet de l'acte notarié requis par l'article L. 526-9 du code de commerce.

[235] Un bien situé à l'étranger ne peut en effet être inscrit dans le patrimoine affecté, dans l'impossibilité qu'est l'EIRL de le publier en France (M. MENJUCQ, « EIRL et situations transfrontalières », *Rev. proc. coll.*, mars 2011, dossier 28, n° 5).

Cette règle apparemment mécanique et anodine comporte en réalité un risque pour l'EIRL. En effet, chaque année l'entrepreneur doit déposer son bilan comptable au registre de son inscription, conformément à l'article L. 526-14 du Code de commerce. Ce document vaut actualisation de la composition et de la valeur du patrimoine affecté. Si la valeur réactualisée est supérieure à 30 000€, les règles d'évaluation prévues à l'article L. 526-10 du Code de commerce doivent être respectées, sous peine de perdre le bénéfice du cloisonnement des patrimoines, à hauteur de la différence entre la valeur réelle du bien au moment de l'affectation et la valeur déclarée[236]. L'EIRL doit donc être particulièrement vigilant[237].

Il en est de même pour les biens communs ou indivis.

Bien indivis ou commun. L'article L. 526-11 du Code de commerce prévoit, enfin, que l'affectation de biens communs ou indivis est conditionnée par l'information et l'accord exprès du conjoint[238] ou des coïndivisaires[239], qui doivent être justifiés[240]. « *Le non-respect des règles*

---

[236]Art. L. 526-10 Code de commerce : « *tout élément d'actif du patrimoine affecté, autres que des liquidités, d'une valeur déclarée supérieure à un montant fixé par décret fait l'objet d'une évaluation au vu d'un rapport annexé à la déclaration et établi sous sa responsabilité par un commissaire aux comptes, un expert-comptable, une association de gestion et de comptabilité ou un notaire désigné par l'entrepreneur individuel. L'évaluation par un notaire ne peut concerner qu'un bien immobilier* ».

[237] Pour les biens dont la valeur est inférieure à 30 000 €, ils doivent être évalués en fonction de la valeur vénale du bien, ou en l'absence de marché pour ce bien considéré, de leur valeur d'utilité. S'il existe une cotation officielle d'évaluation, l'EIRL devra s'y référer. Si l'EIRL surévaluait ses biens affectés, afin de donner à ses créanciers une apparence trompeuse de solvabilité, il serait tenu responsable à l'égard des tiers sur la totalité de son patrimoine de la différence entre la valeur réelle du bien au moment de l'affectation et la valeur déclarée. Article R. 526-3-1 du Code de commerce.

[238] « *L'affectation d'un bien commun crée une disparité de gages parmi les créanciers de la communauté et requiert l'accord du conjoint sans être soumis à cogestion. Le maintien de l'affectation après partage de la communauté supposera l'attribution des biens affectés à l'époux exploitant et soulève une question d'obligation à la dette* ». J.-M. SENECHAL, « EIRL : affectation d'un bien commun ou indivis », *Bull. Joly. Entreprises en diffi*culté, 1er mars 2011, n° 1, p. 62. La règle diffère pour la constitution d'une société l'aliénation des biens communs étant nulle, en application du régime de la cogestion (articles 1424 et 1427 du Code civil).

[239] « *L'affectation de biens indivis confère aux créanciers personnels de l'EIRL un droit exclusif de poursuite sur le bien indivis et donne un pouvoir exclusif à l'indivisaire exploitant qui semble gérer pour son propre compte et n'oblige pas les autres indivisaires* ». J.-M. SENECHAL, « EIRL : affectation d'un bien commun ou indivis », *Bull. Joly. Entreprises en difficulté*, 1er mars 2011, n° 1, p. 62.

prévues entraine l'inopposabilité de l'affectation ». Le formalisme prévu par cet article vise à protéger le conjoint et le coïndivisaire afin que leurs biens ne soient pas aspirés par la défaillance de l'activité professionnelle, sans leur consentement [241] . Le non respect de ces formalités rend l'affectation également inopposable aux créanciers du conjoint ou du coïndivisaire concerné[242].

Le formalisme de l'information des créanciers antérieurs. Ensuite, la question s'est posée de savoir si la déclaration d'affectation allait pouvoir être opposée aux créanciers antérieurs de l'EIRL. La réponse, contenue dans l'article L. 526-12 du Code de commerce, est affirmative, mais elle conditionne l'opposabilité de l'affectation à l'information des créanciers antérieurs et au droit de ceux-ci de former opposition. Le Conseil constitutionnel s'est vu poser la question de savoir si cette redéfinition des droits des créanciers antérieurs n'était pas contraire au respect de leur droit de propriété protégé par la Constitution. Par décision du 10 janvier 2010[243], les Sages ont considéré que le 2ème alinéa de l'article L. 526-12[244] du Code

---

[240] Art. L. 526- 11 Code de commerce : « *lorsque tout ou partie des biens affectés sont des biens communs ou indivis, l'entrepreneur individuel justifie de l'accord exprès de son conjoint ou de ses coïndivisaires et de leur information préalable sur les droits des créanciers* ».

[241] L'accord exprès des indivisaires pour l'inscription dans sa déclaration d'affectation d'un bien indivis ne vaut pas convention d'indivision. L'article 1873-2, alinéa 2 prescrit que la forme requise pour une convention d'indivision est un écrit comportant la désignation des biens indivis et l'indication des quotes-parts appartenant à chaque indivisaire. Ces conditions de forme sont requises à peine de nullité. Si le bien indivis est le seul bien du patrimoine affecté, la demande de partage formulée par un indivisaire fait courir à l'EIRL le risque que ce bien ne tombe pas dans son lot lors du partage. Le vide de son patrimoine affecté donnerait lieu à l'extinction de l'affectation. L'EIRL qui a affecté un bien indivis ne peut en disposer à sa guise, puisque ce bien ne cesse pas d'être indivis, sauf à le gérer pour le compte de l'indivision en qualité de gérant. Il en fait une « utilisation privative » au sens de l'article 815-9 du code civil, il sera donc débiteur au moment du partage d'une indemnité d'occupation privative.

[242] L.-C. HENRY, « EIRL : quid des biens communs et des biens indivis affectés ? », *Rev. proc. coll.*, mars 2011, n°2.

[243] Cons. Const., 10 janvier 2010, n° 2010-607, JO 16 juin 2010 ; Commentaire de la décision n° 2010-607 DC – 10 juin 2010 Loi relative à l'entrepreneur individuel à responsabilité limitée, Les cahiers du Conseil constitutionnel, Les cahiers, n° 29.

[244] L'article L. 526-12 précise que « *la déclaration d'affectation est opposable aux créanciers dont les droits sont nés antérieurement à son dépôt à la condition que l'entrepreneur individuel à responsabilité limitée le mentionne dans la déclaration d'affectation et en informe les créanciers dans les conditions fixées par voie réglementaire* ».

commerce ne portait pas atteinte aux droits fondamentaux des créanciers[245]. Deux précisions doivent être faites sur ce point. D'une part, c'est au moment de la déclaration d'affectation que cette option doit être choisie[246]. Si la déclaration d'affectation ne mentionne pas initialement son opposabilité aux créanciers antérieurs et leur information, la déclaration d'affectation du patrimoine ne peut pas être modifiée en ce sens par la suite[247]. Une lettre recommandée avec accusé de réception[248] doit être envoyée aux créanciers antérieurs[249], ce qui leurs permet de former opposition dans un délai d'un mois[250]. D'autre part, l'acceptation de l'opposition des créanciers antérieurs remet en cause l'affectation patrimoniale en permettant à un créancier antérieur de demander paiement ou remboursement immédiat de la créance ou constitution de garanties.

Affectation des biens utiles à l'activité sans exception. La seconde tentation, de ne pas déterminer avec exactitude le périmètre des biens affectés à l'activité, peut remettre en cause l'affectation patrimoniale. La déclaration d'affectation doit transcrire fidèlement l'intégralité des biens nécessaires ou utilisés pour l'activité.

---

[245] BURGARD, « EIRL : une validation par le Conseil constitutionnel en attente d'une clarification par le Gouvernement », *LPA,* 16 juillet 2010. (Article L. 526-12, al. 2 à 4 du Code de commerce).

[246] Conformément aux articles R. 526-9 (Avis CCRCS, n° 2013-004 du 30 janvier 2013).

[247] P.-M. LE CORRE, « Questions prioritaires de constitutionnalité et droit des entreprises en difficulté », Lexbase hebdo 4 sept. 2014, n° 581 ; P.-M. LE CORRE, « Le passif de l'EIRL », *Bull. Joly Entreprises en diff*iculté, 2011, p. 70 ; Avis CCRCS, n° 2013-004 du 30 janvier 2013 ; *JCP E.* 2013, act. 293 ; *BRDA* 2013, n° 8, p. 13.

[248] L'article D. 526-9 du Code de commerce précise que cette information « *est effectuée par lettre recommandée avec accusé de réception dans le mois suivant le dépôt de la déclaration d'affectation* ».

[249] L'article D. 526-9 du Code de commerce précise que cette information « *est effectuée par lettre recommandée avec accusé de réception dans le mois suivant le dépôt de la déclaration d'affectation* ».

[250] Les créanciers antérieurs à l'affectation peuvent alors former opposition dans un délai d'un mois prévu à l'article D. 526-10 du Code de commerce. Le 3ème alinéa de l'article L. 526-12 du Code de commerce précise que par la suite, « *une décision de justice rejette l'opposition ou ordonne soit le remboursement des créances, soit la constitution des garanties, si l'entrepreneur individuel en offre et si elles sont jugées suffisantes* ». Enfin, 4ème alinéa de l'article L. 526-12 du Code de commerce, « *à défaut de remboursement des créances ou de constitution des garanties ordonnées, la déclaration est inopposable aux créanciers dont l'opposition a été admise. L'opposition formée par un créancier n'a pas pour effet d'interdire la constitution du patrimoine affecté* ».

Tout d'abord, tous les biens « *nécessaires* »[251] doivent figurer dans la déclaration d'affectation[252], sous peine de nullité de celle-ci. L'EIRL qui omettrait un bien, en limitant volontairement ou non, le gage des créanciers professionnels, risquerait la perte de la protection patrimoniale globale[253]. Cette responsabilité illimitée découle de l'article L. 526-12 du Code de commerce. Par ailleurs, un bien ne peut être affecté qu'à une activité[254].

En pratique, certains entrepreneurs n'ont pas de bien au moment de démarrer leur activité. Une déclaration d'affectation vide n'est pas recevable. Si l'organisme chargé de recevoir le dépôt de la déclaration d'affectation initiale ne vérifie pas les factures, il vérifie la mention de biens affectés. Que se passe-t-il si l'entrepreneur affecte des biens qu'il compte acheter, mais n'a pas encore acheté et finit par ne pas acheter ? Les créanciers professionnels pourraient-ils forcer l'EIRL à procéder à cette acquisition ? La doctrine[255] propose de résoudre le problème sur le terrain du droit des contrats, en plaidant que leur consentement a été vicié par le dol de l'entrepreneur ou en invoquant une erreur sur la personne du cocontractant[256]. Cette solution est préférable à la suppression de la division patrimoniale déduite de l'article L. 526-12 du Code de commerce, d'autant

---

[251] Les biens « *nécessaires* » peuvent être des biens meubles corporels (outils de l'artisan, mobilier, marchandises, installations d'équipement), des meubles incorporels (fonds de commerce, droit de présentation de clientèle, office ministériel, créances contre les clients et contre les fournisseurs, sûretés qui les accompagnent) ou des immeubles (garage, hôtel, cinéma, etc.). Si l'EIRL oublie d'affecter un bien nécessaire, il s'expose à une action en responsabilité sur la totalité de ses biens, intentée par ses créanciers personnels et professionnels pour manquement grave (C. com., art. L. 526-12, al. 7).

[252] E. LE CORRE-BROLY, « Actions en revendication ou en reprise et EIRL », *Bull. Joly Entreprises en difficulté*, mars-avr. 2011, p. 68-69. Dans le cas où l'EIRL est propriétaire d'un bien affecté, il pourrait consentir un acte d'administration sur un bien affecté *(jus utendi)* au bénéfice d'un tiers, ce qui n'exclut pas une situation dans laquelle il pourrait être bailleur (d'un bien non nécessaire) au titre de son patrimoine professionnel et locataire de ce bien au titre de son patrimoine personnel. Le contraire est également possible, à condition qu'un contrat existe entre les deux patrimoines.

[253] O. GAZEAU, S. BLIN, Ch. SARDOT, « L'affectation de l'immeuble professionnel de l'entrepreneur individuel à responsabilité limitée », *AJDI,* 2014, p. 264.

[254] Sauf le cas d'activités connexes, Le comité de coordination du registre du commerce et des sociétés admet qu'un seul et même patrimoine puisse être affecté à l'exercice d'activités connexes, J.-F. QUIEVY, « EIRL », *Répertoire de droit des sociétés*, Dalloz, n° 21.

[255] J.-F. QUIEVY, « EIRL », *Répertoire de droit des sociétés*, Dalloz, n° 58.

[256] Article 1110, al. 2 du Code civil ; « *...sa qualité d'EIRL n'ayant pas l'effet attendu de leur offrir un gage professionnel réel* ». J.-F. QUIEVY, « EIRL », *Répertoire de droit des sociétés*, n° 59.

plus lorsque la malveillance de l'EIRL n'est pas démontrée. L'EIRL doit donc affecter tous les biens qui lui sont « *nécessaires* ».

Action en requalification d'un bien personnel en bien professionnel. Ensuite, les biens mixtes, d'usage à la fois professionnel et personnel[257], « *utilisés* » pour l'activité professionnelle, peuvent être susceptibles d'une action en requalification. L'article L.526-6 du Code de commerce prévoit que le patrimoine affecté de l'entrepreneur individuel est composé de deux types de biens : ceux qui y figurent de façon obligatoire et ceux qui y figurent de façon facultative. Malgré le caractère flou du terme « *nécessaire* », l'entrepreneur ne doit pas apprécier à la baisse les biens qui lui sont effectivement nécessaires dans le but de protéger un maximum d'actifs du gage des créanciers professionnels. Le créancier dont l'action en paiement serait infructueuse pourrait agir en requalification d'un bien personnel en bien professionnel. Il incombera aux tribunaux saisis par des créanciers privés d'y déceler la fraude qui déclencherait la « *responsabilité sur la totalité de ses biens* »[258]. Par ailleurs, un même bien, droit, obligation, sûreté ne peut figurer que dans un seul patrimoine. En cas de pluralité de patrimoines affectés, si un bien est utile à plusieurs activités, l'adage : « *prior tempore potior jure* » s'applique et le bien sera considéré comme affecté dans le patrimoine qui a été constitué en premier lieu. L'EIRL doit également veiller à ne pas dépasser l'objet déclaré de l'entreprise.

Dépassement de l'objet de l'entreprise. La déclaration d'affectation doit ensuite mentionner *« l'objet de l'activité professionnelle à laquelle le patrimoine est affecté»*, comme les statuts d'une société déterminent son objet social. La modification de l'activité est possible, à condition de la mentionner au registre auquel a été effectué le dépôt de la déclaration initiale. Les actes accomplis au-delà de l'objet de l'activité restent valables, mais le bénéfice de l'affectation de patrimoine ne couvrira pas ces activités. S'il contracte une dette dans le cadre d'une activité nouvelle, le droit de gage de ce créancier professionnel ne se limitera pas au patrimoine professionnel de l'entrepreneur individuel, son patrimoine personnel ne sera pas protégé. Pour illustration, si un contrat a été passé au-delà de l'affectation de l'entreprise, les créanciers personnels pourront saisir le bien acquis, dans la mesure où l'acte d'achat n'entre pas dans l'objet de l'affectation, qui limite leurs droits. Les créanciers personnels pourraient agir sur le patrimoine

---

[257] Créances, droits réels et sûretés, biens type véhicule ou machines, fournitures, stocks, outils, locaux d'exploitation, du fonds de commerce, bail commercial. Une obligation qui serait affectée au patrimoine serait une dette, contractée pour les besoins de l'activité professionnelle ou liée à un bien affecté au patrimoine de l'EIRL, qui équivaudrait à une cession de dette.
[258] Article L. 526-12, alinéa 7 du Code de commerce.

professionnel, et les créanciers professionnels pourraient faire valoir une apparence d'insertion du bien acquis dans le patrimoine affecté pour venir en concours avec les créanciers personnels de l'EIRL.

En conclusion de cette première partie, le statut est protecteur à condition que l'EIRL respecte toutes les obligations qui lui sont imposées. Elles sont nombreuses et très formalistes pour quelqu'un qui ne voulait pas créer de personne morale, du fait de la complexité des démarches impliquées. C'est à l'heure des difficultés, que le statut d'EIRL révèle toute sa faiblesse.

II. Le risque décuplé de décloisonnement en procédure collective

Lors d'une procédure collective, le décloisonnement peut être le fait d'une action en réunion de patrimoines (A), d'une action en nullité de la période suspecte (B), ou d'une action en responsabilité de l'EIRL (C).

A. LE DÉCLOISONNEMENT OPÉRÉ PAR LA RÉUNION DE PATRIMOINES

Action en réunion de patrimoines. La disparition totale du cloisonnement patrimonial, sanction la plus sévère, existe en cas de réunion de patrimoine ou responsabilité de l'EIRL sur tous ses biens. La réunion[259] de patrimoines peut être prononcée en sauvegarde[260], en redressement[261] ou en liquidation judiciaire[262]. La procédure implique la réunion du patrimoine visé par la procédure à un ou plusieurs autres patrimoines de l'EIRL, affectés ou non affectés. Cette action, engagée par l'administrateur, le mandataire judiciaire, le ministère public ou le tribunal sur saisine d'office, est « *une action en confusion des patrimoines, qui ne dit pas son nom* »[263]. En cas de réunion, l'effet réel de la procédure du patrimoine affecté contamine l'autre patrimoine, en faisant disparaître l'affectation. Créanciers personnels et professionnels entrent en concours et il n'y a plus qu'une seule et même procédure. Quatre cas de réunion de patrimoines existent, dont trois ont été créés spécifiquement pour l'EIRL.

---

259 Étude très éclairante de cette action par A.-S. TEXIER, « EIRL et droit des entreprises en difficulté », 360°, p. 25 et s., n°62 à 66.

260 L. 621-2 et L. 661-1-3°. Le mécanisme prévu à l'article L. 621-2 qui permet d'étendre une procédure de sauvegarde à une ou plusieurs autres personnes personnes en cas de confusion des patrimoines ou de fictivité a été adapté à l'EIRL, alinéa 3 de l'article L. 621-2 du Code de commerce.

261 Article L. 631-7 du Code de commerce.

262 Article L. 641-1 du Code de commerce.

263 P.-M. LE CORRE, « L'heure de vérité de l'EIRL : le passage sous la toise des entreprises en difficulté », *Dalloz*, 2011, p. 91, II, A.

L'action en réunion partage, d'abord, avec le droit des sociétés un cas de réunion qui est commun aux actions aux fins d'extension et de réunion de patrimoines, c'est le cas de la confusion des patrimoines[264]. L'action en réunion obéira aux mêmes conditions et produira les mêmes effets que l'action en confusion de patrimoines. Elle fera donc référence aux deux critères alternatifs fixés par la Cour de cassation en ce domaine : l'imbrication comptable et l'existence de relations financières anormales. L'imbrication comptable est le fait d'un désordre comptable généralisé, qui empêche d'identifier les patrimoines, généralement en cas d'absence de comptabilité séparée. Les relations financières anormales sont caractérisées en cas de facturations anormales entre patrimoines, soit en cas de versement injustifiés d'un patrimoine à l'autre, soit en cas d'absence de flux alors que les biens sont manifestement utilisés par deux patrimoines[265].

Ensuite, trois cas de réunion de patrimoines propres à l'EIRL sont issus de l'article L. 526-12 du Code de commerce. Ces cas consistent, premièrement, en la « *fraude commise à l'égard d'un créancier titulaire d'un droit de gage général sur le patrimoine visé par la procédure collective* ». Les créanciers[266] visés peuvent être créanciers personnels, professionnels ou "*créancier préexistants opposants*"[267]. La fraude est l'acte par lequel l'EIRL aurait tenté de soustraire un bien au droit de gage d'un créancier qui est était bénéficiaire. C'est la même configuration que la fraude paulienne. Un tel créancier dispose d'ailleurs d'une option procédurale, l'action paulienne lui est toujours plus favorable puisqu'elle exclut le concours des autres créanciers.

Ces cas consistent, deuxièmement, en un « *manquement grave aux règles d'affectation prévues au deuxième alinéa de l'article L. 526-6 du Code de commerce* ». Ces manquements sont de trois ordres : l'affectation d'éléments d'actif ou de passif dont l'EIRL n'est pas titulaire ; l'affectation des mêmes éléments à plusieurs patrimoines affectés ; l'affectation à un patrimoine affecté d'éléments ni nécessaires ni utilisés dans le cadre de l'activité professionnelle à laquelle ce patrimoine est affecté et la non affectation d'éléments nécessaires à cette activité.

---

[264] F. REILLE, *La notion de confusion des patrimoines, cause d'extension des procédures collectives*, Thèse dirigée par le Professeur Ph. PETEL, Litec, 2005.
[265] Le second cas d'extension, la fictivité, n'existe pas en matière de réunion de patrimoines puisqu'il n'y pas de personne morale.
[266] Article 680-4 du Code de commerce.
[267] Expression employée par A. GUESMI, « EIRL versus EURL à l'aune du droit des procédures collectives », *Dalloz*, 2011, p. 104 et s. Ces créanciers ont un droit de gage sur les deux patrimoines.

Ces cas consistent encore, troisièmement, en un « *manquement grave aux obligations, prévues à l'article L. 526-13 ccom, de tenue d'une comptabilité autonome et d'ouverture d'un ou plusieurs comptes bancaires exclusivement dédiés à l'activité à laquelle un patrimoine est affecté* »[268]. La réunion de patrimoines est donc une sanction courante pour l'EIRL qui n'exécute pas ses obligations. Ce qui implique que l'EIRL doit être très vigilant. S'il venait à sortir du sentier fixé par le législateur, par malhonnêteté ou manque de diligence, la protection patrimoniale tomberait, en entraînant des conséquences très sévères pour l'entrepreneur. Une décision du Tribunal de commerce de Dunkerque[269] du 11 mars 2014 offre une illustration de l'action en réunion de patrimoines de l'EIRL et atteste de la difficulté pour un public non familier des affaires, de remplir les obligations comptables qui s'imposent.

Effets de la réunion de patrimoines. La jurisprudence applicable à l'extension de procédure semble applicable à la réunion de patrimoines[270]. Cela implique d'abord que l'ensemble des éléments constituant l'actif et le passif des patrimoines soit traité ensemble[271], au sein d'une procédure unique[272]. Cela implique ensuite que la date de cessation des paiements retenue soit identique[273], mais également que le gage commun des créanciers soit étendu à la totalité de l'actif, notamment en ce qui concerne l'exercice

---

[268] La comptabilité autonome doit être tenue dans les conditions prévues par l'article L. 526-13 du Code de commerce, c'est-à-dire conformément aux dispositions applicables aux commerçants. La dérogation prévue par l'article L. 526-13 alinéa 2 en faveur des personnes soumises au régime fiscal de la micro-entreprise ou bénéficiant du forfait agricole, astreint à des obligations comptables simplifiées, définies par R. 526-10-1 du Code de commerce s'applique.

[269] T. com. Dunkerque, 11 mars 2014, RG n° 2014/001064, Gaz. Pal. 18 janv. 2015, n° 18, p. 17, note Reille. Décision citée par P.-M. LE CORRE, *Droit et pratique des procédures collectives*, Dalloz Action, édition 2016 à paraître, section 213.50.

[270] Les effets de la réunion de patrimoines, calqués sur l'extension de procédure ont été très bien étudiés par A.-S. TEXIER, « EIRL et droit des entreprises en difficulté », *in Entreprises en difficulté* (dir. Philippe Roussel-Galle), LexisNexis, collection, « Droit 360 », juillet 2012, p. 25 et s., n°62 à 66.

[271] Com. 18 janvier 2005, n° 03-17.291.

[272] Com, 12 octobre 1993, n° 89-17.509 ; Com. 7 janvier 2003, n° 99-16.204 ; C. SAINT-ALARY-HOUIN, « L'extension de procédure pour confusion des patrimoines doit aboutir à une solution unique de redressement ou de liquidation », *RTD com.*, 2003, p. 813.

[273] Com., 16 juin 2004, n° 01-17.234 ; P.-M. LE CORRE, F.-X. LUCAS, « Redressement et liquidation judiciaires », *Dalloz*, 2005, p. 292.

des privilèges généraux[274]. Cela consiste enfin à ce que la déclaration de créance soit unique, si elle est faite après l'extension[275].

En pratique, lorsque l'affectation disparaît, les créanciers de l'EIRL en pâtissent également puisque ceux qui avaient un droit de gage sur le patrimoine affecté vont devoir se soumettre à la discipline collective et entrer en concurrence avec les créanciers personnels de l'EIRL[276]. La réunion de patrimoine se rapproche de la responsabilité de l'EIRL sur tous ses biens. Le décloisonnement peut également découler d'une action en nullité de la période suspecte.

B. LE DÉCLOISONNEMENT OPÉRÉ PAR LA NULLITÉ DE LA PÉRIODE SUSPECTE

Nullité de la période suspecte. L'affectation patrimoniale peut être remise en cause par extension des règles classiques de droit des entreprises en difficulté, qui trouvent à s'appliquer. Selon l'article L. 632-1, I, 11°, les actes d'affectation ou de modification de l'affectation, accomplis par le débiteur pendant la période suspecte sont nuls de plein droit s'il en est résulté un appauvrissement du patrimoine visé par la procédure. L'ordonnance du 9 décembre 2010 fait entrer dans le champ des nullités de droit de la période suspecte le fait pour l'EIRL, en cessation des paiements, d'affecter ou de modifier l'affectation d'un bien compris dans le patrimoine en difficulté. « *La modification de l'affectation est perçue comme un acte de disposition entrant clairement dans le champ du dessaisissement à peine de nullité* »[277]. La sanction est la même pour une personne physique qui créerait un patrimoine d'affectation pendant la période suspecte. La modification n'est pas nulle comme suspecte si l'EIRL n'est pas en état de cessation des paiements ou, s'il l'est, mais que l'acte n'a généré aucun appauvrissement. Donc, si le patrimoine personnel de l'EIRL est en état de cessation des paiements, l'affectation d'un immeuble à une activité d'EIRL est nulle de plein droit. De même, la désaffectation d'un bien nécessaire ou utilisé par le patrimoine affecté, après la date de cessation des paiements, sans

---

[274] Com. 5 décembre 1995, n° 93-20.281 ;

[275] Com., 19 février 2002, n° 98-22.011 ; Com., 28 septembre 2004, n° 02-12.552 : absence de rétroactivité de l'extension au jour du jugement initial d'ouverture de la procédure pour apprécier la validité des actes accomplis dans l'intervalle ; A. LIENHARD, « Portée de la déclaration des créances en cas d'extension de la procédure », *Dalloz*, 2002, p. 956.

[276] Voir les développements proposés sur ce point par A. GUESMI, « EIRL versus EURL à l'aune du droit des procédures collectives », *Dalloz*, 2011, p. 104 et s.

[277] M. SENECHAL, « L'EIRL : point de vue d'un mandataire judiciaire », *Bull. Joly entreprises en difficulté*, 1er mars 2011, n° 1, p. 173, A.

contrepartie équivalente, est entachée d'une nullité de plein droit. Pourtant, « *le versement des revenus (professionnels), mentionnés par à l'article L. 526-18* », que l'entrepreneur se verse durant la période suspecte, n'est pas nul, même si le patrimoine affecté en a été appauvri.

Versement de revenus professionnels. La question se pose de savoir si cette autorisation de versement de revenus professionnels dans le patrimoine personnel est un moyen d'échapper aux nullités de la période suspecte. La partition patrimoniale est-elle un moyen de réduire le gage des créanciers ? Le montant des versements n'est pas fixé par la loi, il est apprécié librement par l'EIRL, mais le versement de revenus excessifs au regard des résultats de l'activité pourrait être retenu comme une faute de gestion, caractérisant la responsabilité de l'EIRL en cas de liquidation judiciaire de l'activité pour insuffisance d'actifs. La liberté de détermination des revenus n'est donc qu'apparente.

Paiement pour dette échue. Autre cas de nullité de la période suspecte, issu de l'article L. 632-2 du Code de commerce, un paiement pour dette échue, en cessation des paiements, si les personnes payées ont connaissance de l'état de cessation des paiements. L'EIRL est le premier concerné s'il est bailleur d'un bien immobilier sur son patrimoine personnel et locataire du bien sur le patrimoine affecté.

Interdiction d'appauvrir le patrimoine d'affectation en cours de procédure collective. Le chef d'entreprise dont la responsabilité est limitée ne doit pas pouvoir utiliser la déclaration d'affectation pour passer outre les effets de la discipline collective, conformément à l'esprit du titre VIII du livre VI du Code de commerce qui prévoit des dispositions particulières à l'EIRL[278]. Celui-ci ne peut donc pas appauvrir le patrimoine d'affectation en cours de procédure, ni s'octroyer des revenus disproportionnés ou proposer une offre de reprise pour l'un de ses patrimoines en faillite.

Tout d'abord, l'article L. 680-6 du Code de commerce, interdit à l'EIRL d'appauvrir le patrimoine d'affectation concerné par la procédure collective ou de modifier l'affectation d'un bien compris dans la procédure (du jugement d'ouverture à la clôture). L'assiette de la procédure, composée par le patrimoine affecté, est figée et ne peut pas être diminuée. *A fortiori*, aucun patrimoine affecté, constitué par les éléments compris dans la procédure, ne peut être créé. Un tel acte est nul[279]. Cette disposition complète la règle classique des nullités de droits de la période suspecte.

---

[278] Articles L. 680-1 du Code de commerce à L. 680-7 du Code de commerce.

[279] M. SÉNÉCHAL, « L'EIRL : point de vue d'un mandataire judiciaire », *Bull. Joly Entreprises en difficulté,* mars-avr. 2011, p. 73, n° 4. « *Tout acte passé en violation [de cette prohibition] est annulé à la demande de tout intéressé ou du*

Irrecevabilité de l'offre de reprise. Dans la même logique, l'article L. 642-3 alinéa 1 et 2 du Code de commerce[280] prévoit, enfin, que toute offre de reprise partielle ou totale de l'entreprise, présentée par le débiteur EIRL au titre de l'un quelconque de ses patrimoines, est irrecevable. Ce qui est également applicable aux cessions d'actifs par renvoi figurant à l'article L. 642-20 du Code de commerce. Il existe deux patrimoines séparés, mais il n'est pas question que le mécanisme d'affectation devienne pour l'entrepreneur un moyen de ne pas payer ses dettes ou un « *mécanisme d'affectation des seules dettes de l'activité* »[281]. En période de difficulté, ces règles visent à éviter les "cadeaux entre patrimoines". Le décloisonnement peut enfin être opéré par l'engagement de la responsabilité de l'EIRL.

C. LE DÉCLOISONNEMENT OPÉRÉ PAR L'ENGAGEMENT DE LA RESPONSABILITÉ DE L'EIRL

La responsabilité de l'EIRL sur tous ses biens D'abord, l'EIRL peut être « *responsable sur tous ses biens* » en cas de fraude, de manquement grave à ses obligations, ou de problème d'affectation. L'articulation entre réunion de patrimoines et responsabilité sur l'entier patrimoine prévue par l'article L. 512-12 du Code de commerce est délicate, puisque les faits générateurs des deux actions sont communs : manquements graves aux même obligations et fraude. En effet, en cas de manquement grave aux règles d'affectation à un patrimoine (violation des règles prévues au deuxième alinéa de l'art. L. 526-6), l'EIRL peut être tenu responsable sur tous ses biens. Le défenseur de l'intérêt collectif des créanciers semble dès lors bénéficier d'un « *choix procédural* »[282]. Le choix de l'action en réunion, mieux balisée par la jurisprudence, semble plus sûr.

Action en responsabilité pour insuffisance d'actif en cas de liquidation judiciaire d'un patrimoine affecté Le Code de commerce évoque l'action en responsabilité de l'EIRL en cas de liquidation judiciaire pour insuffisance d'actifs[283]. Cette responsabilité concerne l'EIRL qui a commis une faute de gestion ayant entraîné une insuffisance d'actifs, il devra combler l'insuffisance d'actifs sur tout ou partie de son patrimoine. L'action

---

ministère public dans un délai de trois ans à compter de sa date » (C. com., art. L. 680-6) ; M. MENJUCQ, « L'entreprise individuelle à responsabilité limitée : quelle utilité ? », *Rev. proc. coll.*, mars 2010, repère 2.

[280] L. 631-22 du Code de commerce en redressement judiciaire.

[281] M. SENECHAL, « L'EIRL : point de vue d'un mandataire judiciaire », *Bull. Joly Entreprises en difficulté,* mars-avr. 2011, p. 73, II, C.

[282] P.-M. LE CORRE, « L'heure de vérité de l'EIRL : le passage sous la toise des entreprises en difficulté », *Dalloz*, 2011, p. 91, II, A, 2.

[283] Articles L. 651-1 à L. 651-4 du Code de commerce.

visait originellement des dirigeants de personne morale et a été étendu à l'EIRL[284]. L'entrepreneur ainsi condamné doit payer les dettes du patrimoine affecté avec les actifs du patrimoine non affecté. Trois conditions doivent être réunies pour y procéder : une faute de gestion[285], un préjudice[286] et un lien de causalité sous la forme d'une participation de la faute au préjudice. Les magistrats apprécient largement la faute de gestion, « *il suffit de prouver la contribution de la faute de gestion à la création du préjudice* »[287]. Pour obtenir des informations sur les revenus et le patrimoine non affecté de l'EIRL, le président du Tribunal peut charger le juge-commissaire ou un autre membre de la juridiction de mener une enquête. Il peut également prévoir des mesures conservatoires sur les biens de ce patrimoine[288]. Il semble utile de préciser que l'action en responsabilité pour insuffisance d'actifs n'a plus lieu d'être s'il y a eu réunion de patrimoines affecté et non affecté de l'EIRL. En revanche, est possible un cumul de l'action en réunion et la reprise ou l'engagement de poursuites individuelles, en cas de fraude, s'il y a eu liquidation judiciaire clôturée pour insuffisance d'actifs[289].

Poursuites personnelles. Le Code de commerce évoque les poursuites personnelles, qui recouvrent les cas de faillite personnelle[290] et d'interdiction

---

[284] A. MARTIN-SERF, « EIRL : attention aux actions en responsabilité pour insuffisance d'actif ! », *Rev. proc. coll.* 2011/2. Dossier 31

[285] La faute de gestion peut être caractérisée classiquement par la commission d'infractions pénales, la violation d'une interdiction de gérer, une faillite personnelle, une incompétence en matière de gestion... Le versement de revenus excessif au regard des résultats de l'activité peut être retenue comme une faute de gestion, la liberté de la détermination des revenus prévue par l'article L. 526-18 du Code de commerce n'est qu'apparente. Le paiement de dettes du patrimoine non affecté avec l'actif du patrimoine affecté peut également constituer une faute de gestion.

[286] Le préjudice ne peut pas être supérieur à l'insuffisance d'actifs, qui se calcule par la différence entre le montant du passif antérieur au jugement d'ouverture et le montant des réalisations d'actifs de l'EIRL. La condamnation à payer l'insuffisance d'actifs pourra être totale ou partielle, selon le pouvoir souverain du Tribunal. Le *quantum* de la condamnation peut ne pas être proportionnel à la gravité de la faute. Les sommes recouvrées seront distribuées entre tous les créanciers au marc le franc (L. 651-2 al 3 du Code de commerce). Voir, pour plus de précisions : P.-M. LE CORRE, *Droit des entreprises en difficulté*, Dalloz, Mémento, 7ème édition, p. 206.

[287] P.-M. LE CORRE, *Droit des entreprises en difficulté*, Dalloz, Mémento, 7ème édition, p. 204 et s.

[288] Article L. 651-4, al. 1 et 2 du Code de commerce.

[289] Article L. 643-11, V et VI du Code de commerce. La fraude doit s'apprécier patrimoine par patrimoine.

[290] Article L. 643-11, III et L. 653-6 du Code de commerce. Il existe des cas de faillite personnelle classiques et propres à l'EIRL, qui le rapprochent du dirigeant de personne morale débitrice en cas cas d'abus de biens sociaux. Les cas classiques de

de gérer. Ces « *mesures d'élimination de la vie des affaires de personnes incompétentes ou malhonnêtes* » sont laissées au pouvoir souverain des juges du fond et peuvent être cumulées avec une condamnation en responsabilité pour insuffisance d'actifs ou une sanction pénale. Elles sont également des peines complémentaires de la banqueroute [291] . Si elles ne sont pas pécuniaires, elles peuvent contribuer à l'indemnisation des créanciers dans la mesure où le prononcé d'une telle sanction, dans le cas d'une liquidation judiciaire clôturée pour insuffisance d'actifs, permet les poursuites des créanciers à son encontre[292]. Les débiteurs personnes physiques, condamnés à la faillite personnelle, ne bénéficient plus de la règle de l'interdiction des poursuites individuelles.

Les professionnels exerçant une activité indépendante bénéficient d'un régime spécifique. Ils sont soumis à des ordres professionnels et ne peuvent se voir sanctionnés au titre des poursuites individuelles que par ces ordres[293].

L'interdiction de gérer[294] peut être préférée à la faillite personnelle par le Tribunal car elle est plus limitée. Si elle emporte interdiction de gérer, diriger, administrer, contrôler ou affecter une activité, elle ne constitue pas un cas de reprise des poursuites individuelles après clôture de la liquidation judiciaire pour insuffisance d'actifs. Par effet domino, une faillite personnelle serait très préjudiciable pour l'EIRL qui détiendrait plusieurs

---

faillite personnelle concernent 1) l'exercice d'une activité en violation d'une interdiction de gérer (L. 653-5, 1° ccom) ; 2°) éviter ou retarder l'ouverture d'une procédure par l'emploi de moyens ruineux pour se procurer des fonds ou par l'achat ou la revente en dessous du cours ; 3°) avoir souscrit sans contrepartie des engagements sans intérêt pour la PM ; 4°) avoir payé ou fait payer un créancier après la cessation des paiements, idem dans un cas de nullité de période suspecte si l'élément intentionnel est démontré ; 5°) en s'abstenant de coopérer avec les organes de la procédure ; 6°) cas relatifs à la comptabilité ; 7°) déclaration de créance supposée. Les cas propres à l'EIRL concernent le fait : 1°) d'avoir disposé des biens du patrimoine affecté comme s'ils appartenaient au patrimoine non affecté (L. 653-4-1° C. com) ; 2°) avoir accompli les actes de commerce dans un intérêt personnel sous couvert de travailler pour le patrimoine affecté (L. 653-4-2° ; 3°) avoir utilisé les biens ou le crédit de l'entreprise à des fins personnelles ou pour favoriser une autre personne morale ou entreprise (L. 653-4-3°).

[291] P.-M. LE CORRE, *Droit des entreprises en difficulté*, Dalloz, Mémento, 7ème édition, p. 209. Préciser encore que ces peines peuvent être prononcées en redressement et liquidation judiciaires, mais pas en sauvegarde pour augmenter l'attractivité de cette procédure.

[292] G. BERTHELOT, « EIRL : attention à la reprise des poursuites après clôture pour insuffisance d'actif ! », Rev. proc. coll. 2011/2. Dossier 32.

[293] Article L. 653-3 du Code de commerce. La doctrine évoque une « *quasi-immunité* » (A. GUESMI, « EIRL versus EURL à l'aune du droit des procédures collectives », *Dalloz*, 2011, p. 104 et s.).

[294] Article L. 653-8 du Code de commerce.

patrimoines affectés. Une telle condamnation lui interdirait d'exercer ses autres activités.

La faillite personnelle peut également être prononcée pour défaut d'exécution d'une condamnation à supporter l'insuffisance d'actifs [295]. L'EIRL qui n'exécute pas une condamnation à combler le passif est punie par une faillite personnelle.

Reprise des poursuites individuelles en cas de liquidations successives. Le Code évoque encore la reprise des poursuites individuelles en cas de liquidations judiciaires successives de l'EIRL[296] ou d'une personne morale qu'il a dirigée. Toutes les liquidations judiciaires ouvertes à l'égard de l'EIRL sont prises en compte, indépendamment du patrimoine visé, pour apprécier s'il y a lieu à reprise des poursuites individuelles des créanciers, du fait de l'occurrence d'une seconde clôture pour insuffisance d'actifs, en l'espace de cinq ans. Le délai de moins de cinq ans entre le prononcé de la liquidation judiciaire et la clôture d'une précédente liquidation judiciaire pour insuffisance d'actifs est fondamental.

Banqueroute. Enfin et en quatrième lieu, l'EIRL peut être condamné pour banqueroute[297] sur le fondement de l'article L. 680-2 du Code de commerce, renvoyant implicitement aux dispositions sur la banqueroute des articles L. 654-1 et suivants du même Code. L'EIRL peut être éliminé de la vie des affaires dans les mêmes cas que le droit commun, s'il a cherché à retarder l'ouverture d'une procédure en employant des moyens ruineux ou en revendant ses actifs au dessous du cours du marché, s'il a augmenté son passif, détourné des actifs, tenu une comptabilité fictive ou fait disparaître des documents comptables. L'EIRL peut donc encourir une peine de cinq ans d'emprisonnement et 75 000 € d'amende au même titre que n'importe quel entrepreneur ou dirigeant de personne morale.

En conclusion, les cas de remise en cause, donnant lieu au décloisonnement des patrimoines sont nombreux, aussi bien lors du fonctionnement normal de l'EIRL qu'en cas de procédure collective. Si tout va bien, l'EIRL est protégé, mais s'il manque de diligence, il perd sa protection. On en vient à se demander si le plus grand risque qu'ait pris l'EIRL n'est pas, justement, d'avoir choisi ce statut qui l'oblige à la plus grande rigueur. La délicate opposition entre l'encouragement à s'engager

[295] Article L. 653-6 du Code de commerce.
[296] Article L. 643-11, 3°du Code de commerce.
[297] Article L. 680-2 du Code de commerce.

dans la vie des affaires et la nécessité de protéger les créanciers[298] nourrit la réflexion du bien-fondé de la fin de la théorie de l'unicité patrimoniale. Encadrer « *le droit de ne pas payer des dettes* » [299] est un exercice périlleux[300]. Il est des entrepreneurs habiles pour qui le statut d'EIRL est une option de protection patrimoniale efficace, il en est qui auraient dû préférer la déclaration notariée d'insaisissabilité [301], renforcée par le principe d'insaisissabilité légale de la résidence principale. Les verrous permettant l'existence d'un patrimoine affecté sont autant de clés propres à remettre en cause cette affectation. Entreprendre sans prendre de risque reste une illusion pour l'EIRL, appelé à la plus grande prudence[302].

---

[298] Civ., 2, 26 septembre 2013, n° 12-22.704 ; Adoption du régime à des fins stratégiques pour échapper à certains créanciers personnels. Un entrepreneur s'est déclaré EIRL au moment de déposer son dossier de surendettement. Stratégie déjouée grâce à l'article L. 330-1 du Code de la consommation qui subordonne la recevabilité du dossier de surendettement à la bonne foi du débiteur.

[299] G. RIPERT, « Le droit de ne pas payer ses dettes », *Recueil hebdomadaire,* 1936, CHR., 57.

[300] Pour reprendre les mots du Doyen Ripert, certes « *la fourmi apprendra que la cigale a assez chanté de refrains révolutionnaires pour avoir obtenu le droit de ne pas payer* », mais la cigale doit être être méticuleuse. G. RIPERT, « Le droit de ne pas payer ses dettes », *Recueil hebdomadaire,* 1936, Chr., 57.

[301] L. ANTONINI-COCHIN, « Le retour en grâce de la déclaration d'insaisissabilité », *Gazette du palais*, spécialisée, droit des entreprises en difficulté, 2011, n° 280 à 281, pp. 11-14.

[302] La liste des vérifications obligatoires est longue et doit être renouvelée chaque année : inscription un bien nécessaire à son activité professionnelle dans sa déclaration d'affectation initiale (sans omission), comptabilité autonome, compte bancaire séparé, affectation des biens spécifiques conformément aux obligations du Code de commerce, paiement des impôts et cotisations sociales, absence de versements de revenus excessifs, pas de modification de l'affectation en période de cessation des paiements, pas d'affectation frauduleuse.

Le couple infernal des procédures collectives : SCI et société d'exploitation[303]

Marianne ROLAIN
Docteur en droit, membre du C.E.R.D.P.
ATER à l'Université de Nice Sophia Antipolis
Diplôme supérieur de notariat

Il était une fois…la longue histoire d'une SCI et d'une société d'exploitation…. Ce couple formé par une société civile immobilière (SCI) et une société d'exploitation résulte d'un montage que l'on pourrait presque qualifier de traditionnel tant il est courant en pratique. Il est en effet fréquent que l'immobilier d'entreprise soit détenu par une SCI, laquelle loue l'immeuble à la société d'exploitation. Pour parachever l'opération, le loyer doit correspondre aux échéances de l'emprunt contracté par la SCI. Ce couple SCI-société d'exploitation présente ainsi de charmants atouts en termes de gestion patrimoniale[304]. Le loyer payé par la société d'exploitation constitue comptablement une charge et dans un même temps, il permet de financer l'immobilier de l'entreprise. En outre, une fois l'emprunt remboursé, ces loyers généreront, cette fois-ci, des revenus aux membres de la SCI. Il en sera de même dans l'hypothèse où l'entreprise serait cédée sans les murs. Le repreneur tirera également avantage de ce montage puisque la cession sera allégée de l'immeuble. Mais en contrepartie il devra payer un loyer à la SCI.

Ainsi, en vertu du principe de l'autonomie des personnes morales, un tel schéma aurait pu laisser présager qu'après leur mariage, ces deux sociétés puissent vivre heureuses ... et surtout loin des créanciers insatisfaits de l'une comme de l'autre.

La malédiction du couple SCI-société d'exploitation…l'extension de procédure. Les créanciers sont radicalement opposés à ce montage patrimonial présenté de manière idyllique. En présence d'une SCI détenant l'immeuble, ils craignent que la société d'exploitation n'ait pas suffisamment d'actifs en cas de difficultés. Ils imaginent également que le loyer versé par la société d'exploitation est excessif, et contribue ainsi lentement mais surement à la perte de l'entreprise. Selon eux, d'une manière ou d'une autre, ce couple SCI-société d'exploitation leur subtilise de l'actif.

---

[303] COZIAN s'interrogeait déjà à ce sujet en 1997 : M. COZIAN, Société civile immobilière-société d'exploitation : est-ce vraiment un couple infernal ?, *JCP* E, 1997, 634.

[304] À ce sujet V. J.-Ch. PAGNUCCO, Le couple SCI/société d'exploitation, *Rev. proc. coll.* n°3, mai 2013, dossier 14, spéc. n°s 3 à 8.

Par conséquent, face à ce couple, et dans l'intérêt collectif des créanciers, les praticiens cherchent à étendre à la SCI la procédure collective ouverte contre la société d'exploitation[305]. D'après l'alinéa 2 de l'article L.621-2 du Code de commerce « *à la demande de l'administrateur, du mandataire judiciaire, du débiteur ou du ministère public, la procédure ouverte peut être étendue à une ou plusieurs autres personnes en cas de confusion de leur patrimoine avec celui du débiteur ou de fictivité de la personne morale* ».

Si l'extension permet de régulariser la situation … en quoi est-ce un couple infernal ? À titre de rappel, la loi de sauvegarde des entreprises du 26 juillet 2005[306] a clarifié les extensions de procédure d'une part en supprimant celles qui intervenaient à titre de sanction et qui constituaient donc des procédures autonomes, et d'autre part en consacrant la création prétorienne des extensions sur le fondement de la confusion des patrimoines ou sur celui de la fictivité de la personne morale. Puis, les ordonnances du 18 décembre 2008[307] et du 12 mars 2014[308] ont listé les personnes susceptibles de demander l'extension de procédure. Or, les créanciers, à l'exception du contrôleur, ne figurent pas sur la liste au motif que l'extension vise à défendre l'intérêt collectif des créanciers.

En outre, le principe de la validité du montage SCI-société d'exploitation est clairement posé depuis un arrêt de la chambre commerciale de la Cour de cassation du 26 juin 1994[309].

Enfin, récemment, saisie d'une question prioritaire de constitutionnalité dénonçant l'atteinte au droit de propriété et à la liberté d'entreprendre par le mécanisme de l'extension, la Cour de cassation a refusé de transmettre la question au Conseil constitutionnel[310]. Selon les juges, il ne s'agit pas d' « *une atteinte disproportionnée au regard du but poursuivi qui est de reconstituer le patrimoine de personnes qui ont abusé de la personnalité juridique dont elles jouissent soit en mélangeant leurs biens, soit en ne constituant qu'une apparence de société* ».

---

[305] Puisque par définition l'extension de procédure est un mécanisme qui « consiste à soumettre une personne à une procédure collective déjà ouverte », V. Ph. PÉTEL, *Procédures collectives*, Dalloz, coll. Cours, 8e éd., 2014, p. 46.

[306] L. n°2005-845 du 26 juillet 2005 *de sauvegarde des entreprises*, JO n°173 du 27 juillet 2005, p. 12187.

[307] Ord. n°2008-1345 du 18 décembre 2008, JO n°295 du 19 décembre 2008, p. 19462.

[308] Ord. n°2014-326 du 12 mars 2014 portant réforme de la prévention des difficultés des entreprises et des procédures collectives, JO n°62 du 14 mars 2014, p. 5249.

[309] Com. 28 juin 1994, n°91-22.293 : *RJDA* 1994/11, n°1206.

[310] Com. 8 octobre 2012, n°12-40.058, QPC, pourtant il est reconnu que l'extension est susceptible de conduire à la liquidation d'une société *in bonis*.

La fictivité du duo infernal. D'après l'article L.621-2 du Code de commerce, l'extension de la procédure peut être justifiée par la fictivité de la personne morale, en l'occurrence la SCI. Dans ce cas, la SCI ne serait qu' « une façade en trompe l'œil »[311] destinée à masquer les agissements du maître de l'affaire. Or, l'appréciation de la fictivité est particulièrement délicate puisque, notamment, elle nécessite la preuve de l'absence de l'un des éléments constitutifs de la SCI, notamment l'*affectio societatis*[312]. Effectivement, la fictivité peut être révélée par une confusion des patrimoines[313]. Pour autant il existe des jurisprudences ayant retenu la fictivité des SCI[314], mais elles sont bien moins nombreuses que celles qui retiennent la confusion des patrimoines.

Jusqu'à quel point la confusion des patrimoines peut devenir un enfer…et faire de la SCI et de la société d'exploitation, un couple infernal ? La présente analyse des rapports entre SCI et société d'exploitation dans le cadre des procédures collectives se consacrera plus particulièrement à l'étude de la confusion des patrimoines. D'emblée il y a lieu d'indiquer que le montage entre une SCI et une société d'exploitation, étant reconnu comme valide, n'est pas suffisant pour établir l'existence d'une confusion des patrimoines[315]. De plus, le législateur a énoncé l'hypothèse de confusion des patrimoines sans même définir la notion. Ce n'est donc qu'au fil des jurisprudences qu'il est possible de dégager des critères. La vérification des critères jurisprudentiels impose une appréciation au cas par cas pour établir ou non la confusion des patrimoines. Cela signifie donc que la vérification des critères de la confusion des patrimoines au sein du couple SCI-société d'exploitation est véritablement empirique (I). Certaines situations conduiront inexorablement à l'extension de la procédure collective sur le fondement de la confusion des patrimoines. L'extension de procédure constitue ainsi un risque patrimonial. Pour y faire face, la stratégie

[311] F. PÉROCHON, *Entreprises en difficulté*, L.G.D.J. Lextenso, coll. Manuel, 10e éd., 2014, p. 177, n°328.

[312] Et il semblerait que les notions de fictivité et de confusion des patrimoines se recoupent. C'est d'ailleurs une des raisons pour lesquelles une partie de la doctrine assimilait les deux notions avant la loi de 2005. À ce sujet, V. B. SOINNE, Identité ou diversité des notions de fictivité et de confusion des patrimoines, *LPA* du 6 décembre 1995, n°146, p. 1.

[313] A. JACQUEMONT,, J.-Cl. *Procédures collectives*, fasc. 2165 : sauvegarde, redressement et liquidation judiciaire. – exploitation en commun et confusion des patrimoines, 1er septembre 2015, n°40.

[314] Com. 25 novembre 1997, n°2333 D ; Com. 8 décembre 1998 : *RTD com.* 1999, p. 189 : une SCI qui n'avait été créée que dans le but de faire échapper un immeuble aux poursuites des créanciers

[315] Dans ce sens : Com. 5 avril 2011, n°10-16.705.

du couple SCI-société d'exploitation devra être celle de l'analyse prophylactique de ce risque (II).

I. La vérification empirique des critères de la confusion des patrimoines

L'expression de « confusion des patrimoines » dans le cadre de l'extension de procédure serait apparue en 1908[316]. Depuis lors cette notion n'a cessé d'évoluer à travers de nombreuses jurisprudences, jusqu'à sa consécration par la loi de sauvegarde de 2005. Toutefois, si son existence est consacrée, il n'en est pas de même de ses critères. Dans les rapports entre une société d'exploitation qui serait en procédure collective et une SCI à laquelle la procédure serait étendue, l'absence de critères légaux a donné lieu à une évolution jurisprudentielle qui permet à ce jour de dresser un état des lieux des critères écartés (A), et de déterminer quels sont les critères pertinents (B).

A. LES CRITÈRES ÉCARTÉS

De nombreuses jurisprudences ont refusé d'admettre la confusion des patrimoines entre une SCI et une société d'exploitation. Étant donné qu'il s'agit d'une appréciation *in concreto*, il convient de voir dans quelles situations la confusion a été rejetée par les juges (1), avant d'étudier la proposition doctrinale du critère de l'indéterminabilité de la consistance patrimoniale, qui n'a pas été suivie par la jurisprudence (2).

1) Les situations impliquant le rejet de la confusion des patrimoines

Les jurisprudences qui rejettent la confusion des patrimoines se focalisent sur le loyer versé par la société d'exploitation à la SCI et font preuve de tolérance vis-à-vis de ce montage.

D'une part, concernant **le montant du loyer dû à la SCI**, même en présence d'un loyer excessif, très supérieur à la valeur locative[317], ou d'un loyer supérieur aux échéances de l'emprunt souscrit par la SCI[318], la Cour de cassation considère que ce sont des éléments insuffisants à eux seuls pour constituer la confusion des patrimoines.

---

[316] Cass. Req. 29 juin 1908 : DP 1910, I, p. 223 ; S. 1909, I, p. 87. V. F. REILLE, *La notion de confusion des patrimoines, cause d'extension des procédures collectives*, th. Montpellier I, Préf. Ph. PÉTEL, Litec, 2006, p. 16.

[317] Com. 30 septembre 2008, n°07-16.255.

[318] Com. 5 avril 2011, n°10-16.705.

D'autre part, inversement, en cas de **défaut de paiement du loyer par la société d'exploitation**, la Haute Cour peut également faire preuve de tolérance[319]. Selon elle, le fait de ne pas exiger le paiement du loyer pendant plus de trois ans et d'attendre un an après le commandement de payer resté infructueux pour solliciter la constatation de la clause résolutoire ne révélait pas une confusion des patrimoines[320]. Cette indulgence apparaît toutefois comme limitée puisque si la Cour de cassation refuse l'extension de la procédure collective en cas de défaut de versement du loyer ce n'est qu'à la condition qu'il y ait une contrepartie. Il en a été décidé ainsi, pour le défaut de paiement des loyers, quand il permet la prise en charge par la société d'exploitation locataire de travaux d'aménagement du local loué nécessaire à son exploitation[321]. Pour les juges ce défaut de paiement révèle la poursuite d'un intérêt commun, mais cela est insuffisant pour démontrer une imbrication des éléments d'actif et de passif composant les patrimoines des deux personnes morales. Ce raisonnement est également valable en présence d'un loyer réduit de 50% en contrepartie de travaux effectués par le preneur[322].

Cette évolution a sûrement encouragé une SCI à laquelle la liquidation judiciaire de la SARL allait être étendue à expliquer que le défaut de recouvrement des loyers n'avait pas aggravé le passif de la SARL au préjudice des créanciers[323]. Or, la Cour de cassation a refusé de prendre en compte **l'absence de préjudice** pour apprécier la confusion des patrimoines.

De même, le critère de **l'absence d'autonomie financière de la SCI** a été rejeté par les juges. En effet, la Cour de cassation a estimé que le fait qu'une SCI n'ait pas d'autres revenus que ceux versés par la société d'exploitation ne suffit pas à caractériser la confusion des patrimoines[324]. En revanche, dans l'hypothèse, moins courante, de l'extension à la société d'exploitation de la procédure ouverte à l'encontre de la SCI, la Cour a considéré que le défaut d'encaissement des loyers, qui constituaient l'unique source de revenus de la SCI, établissait l'absence totale d'autonomie

---

[319] *Cf. infra* sur la notion de comportement frauduleux, n°18.

[320] Com. 21 février 2012, n°10-27.907. Il en a été de même pour le défaut de versement de loyer à la SCI pendant trente-quatre mois : Com. 10 mai 2012, nos 11-17.413 et 11-30.370.

[321] Com. 19 février 2013, nos12-11.546 et 12-20-935.

[322] Com. 26 mars 2013, n°12-14.809.

[323] Com. 16 juin 2015, n°14-10.187 (*à paraître au bulletin*) : *D.* 2015, Actu. 1366, A. LIENHARD ; *Rev. sociétés* 2015, p. 545, obs. Ph. ROUSSEL GALLE ; *JCP* E 2015, 1422, n° 1, Ph. PÉTEL ; *Dr. sociétés* 2015, n° 155, J.-P. LEGROS ; *RJDA* 2015, n° 677 ; *Bull. Joly* 2015, p. 458, note E. MOUIAL-BASSILANA ; *Gaz. Pal.* 18-20 oct. 2015, p. 27, F. REILLE.

[324] Com. 16 juin 2004, n°03-10.674.

financière des deux sociétés, ce qui permettait de démontrer la confusion des patrimoines[325].

Pour finir, certaines jurisprudences qui ont été rendues dans le cadre de groupes de sociétés pourraient vraisemblablement être transposées au couple SCI-société d'exploitation. En effet, dans les groupes de sociétés, **l'étroitesse des liens entre deux sociétés** n'est pas reconnue comme étant un critère suffisant à déterminer la confusion des patrimoines. Cela recouvre des hypothèses telles que l'identité de dirigeants, l'identité de siège social ou la complémentarité des objets sociaux[326].

Cette analyse jurisprudentielle indique que les juges laissent une marge de manœuvre au couple SCI-société d'exploitation en rejetant certains critères, mais elle ne permet ni de définir la confusion des patrimoines, ni de déterminer son ou ses critères. Or, c'est ce à quoi la proposition de Florence REILLE s'est attachée, même si elle n'a pas été suivie par la jurisprudence.

2) La proposition doctrinale de l'indéterminabilité de la consistance patrimoniale

Florence REILLE définit la confusion des patrimoines comme un « **mélange inextricable d'éléments patrimoniaux** », ce qui l'amène au critère unique de « **l'indéterminabilité de la consistance patrimoniale** »[327]. Selon elle, « dans cette nouvelle optique, il s'agit d'envisager que la confusion des patrimoines, qu'elle soit établie à partir de défaillances comptables ou de relations financières anormales, n'est véritablement caractérisée que si ces circonstances ont entraîné une *indéterminabilité* de la consistance patrimoniale »[328]. À son sens, ce critère unique redonnerait de la cohérence à la notion de confusion des patrimoines, laquelle a pour vocation de corriger les iniquités résultant d'une application trop rigoureuse du droit, à l'instar des théories telles celles de la fraude, de l'abus de droit ou de l'apparence[329].

---

[325] Com. 14 janvier 2004, n°00-19.418 : *Rev. sociétés* 2004, p. 948, note B. SAINTOURENS ; *AJDI* 2004, p. 581, note P.-M. Le Corre.
[326]Com. 25 mars 1997, n°94-16.535 ; Com. 19 avril 2005, n°05-10.094 : *Bull. civ.* IV, n°92, p. 95.
[327] F. REILLE, th. préc., pp. 517 et s., n^{os}588 et s.
[328]F. REILLE, th. préc., p. 517, n°588.
[329] F. REILLE, th. préc., p. 604, n°680.

Cette proposition doctrinale, bien que séduisante, n'a pas été suivie par la jurisprudence. Peut-être est-ce parce que « si l'un des indices de la confusion des patrimoines tient à l'existence de relations financières anormales, d'une certaine gravité, l'indéterminabilité de la consistance patrimoniale ne peut exister, puisqu'il a fallu déceler ces relations financières anormales, ce qui n'aurait pu être fait en présence d'une indéterminabilité de la consistance patrimoniale »[330]. Cet argument est d'ailleurs particulièrement applicable aux relations entre une SCI et une société d'exploitation. Le loyer est en effet au cœur des difficultés et implique davantage un problème de transfert patrimonial que d'indétermination de la consistance patrimoniale.

Par conséquent, il y a lieu de considérer que la confusion des comptes et les relations financières anormales constituent non pas des indices d'un même critère, mais qu'ils sont eux-mêmes des critères pertinents.

B. LES CRITÈRES PERTINENTS

L'analyse de la jurisprudence montre qu'il existe deux critères distincts et alternatifs. Dans les rapports entre une SCI et une société d'exploitation, le critère principalement utilisé est celui des **relations financières anormales**[331], alors que le critère de **la confusion des comptes** ne l'est qu'à titre secondaire. En effet, réussir à prouver une imbrication des éléments d'actif et de passif entre les comptabilités de la SCI et de la société d'exploitation est assez rare. Il faudrait, par exemple, qu'il n'y ait aucune comptabilité séparée entre les deux sociétés parce que l'une d'entre elles ne produirait aucun document comptable[332]. En revanche une apparence de régularité des documents comptables empêchera toute constatation d'une imbrication des éléments d'actif et de passif[333]. Ainsi, il y a lieu d'étudier plus particulièrement les indices permettant de déterminer une relation financière anormale entre une SCI et une société d'exploitation. La doctrine semble d'accord[334] pour les classer en deux catégories : les indices objectifs d'une part (1) et les indices subjectifs d'autre part (2).

---

[330] P.-M. LE CORRE, *Droit et pratique des procédures collectives*, Dalloz, coll. Dalloz action, 7e éd., 2013-2014.

[331] La notion de relations financières anormales étant une notion plus large que celle de flux financiers, parfois évoquée par certaines jurisprudences.

[332] Com. 16 février 1999, n°96-10.087.

[333] Com. 14 mars 1995, n°92-11.470 : Bull. civ. IV n°82, p. 72.

[334] P.-M. LE CORRE, *op. cit.*, p 306, n°213.23 ; F. REILLE, th. préc., pp. 83 et s., nos88 et s.

1) Les indices objectifs

Un arrêt de la Cour d'appel de Montpellier du 6 octobre 2015 résume particulièrement bien les indices objectifs nécessaires pour constituer des relations financières anormales, puisqu'il explique que « pour caractériser une confusion des patrimoines, ces relations financières anormales doivent être sans contrepartie, répétées, systématiques et destinées à enrichir une personne au détriment de l'autre »[335].

Ainsi, en premier lieu, il est nécessaire de prouver un « **mélange patrimonial** » c'est-à-dire un transfert d'éléments actifs ou passifs d'un patrimoine à l'autre[336]. Ainsi, la preuve d'une simple mise en commun des moyens ne suffit pas, il faut relever « les éléments établissant le mélange matériel des patrimoines »[337].

D'une part, un tel transfert d'éléments actifs pourra être révélé par le fait pour la SCI de s'abstenir durablement de recouvrer des loyers[338], ou encore pour la société d'exploitation d'édifier à ses seuls frais, ou en majorité à ses frais, des constructions sur un immeuble appartenant à la SCI, alors que cette dernière en devient propriétaire sans verser de contrepartie[339].

D'autre part, un transfert d'éléments passifs vise la situation dans laquelle « l'une des personnes confuses en biens prend à sa charge certaines dettes d'une autre envers un tiers »[340]. Il pourrait s'agir de l'hypothèse où la société d'exploitation rembourserait directement les échéances de l'emprunt souscrit par la SCI, ou de celle où la société d'exploitation payerait la facture des travaux réalisés sur l'immeuble appartenant à la SCI, sans justification particulière de ce geste[341].

En second lieu, un « **déséquilibre patrimonial significatif** » [342] se manifeste par une absence de contrepartie, telle qu'une mise à disposition de l'immeuble appartenant à la SCI sans contrepartie, ou sans qu'elle soit suffisante[343]. Ainsi, le déséquilibre provient du fait qu'il y a un transfert en

---

[335] CA Montpellier 6 octobre 2015, n°14/03306, JurisData n°2015-026132.

[336] F. REILLE, th. préc., pp. 84 et s., n^{os}92 et s.

[337] F. REILLE, th. préc., p. 98, n°112.

[338] Com. 8 janvier 2013, n°11-30.640 (sept années consécutives).

[339] Com. 19 novembre 1996, n°94-19.738 ; Com. 7 janvier 2003, n^{os}00-15.316 et 00-16.122 : *Bull. civ.* IV n°2, p. 2 ; Com. 13 septembre 2011, n°10-24.536. En revanche, si la société d'exploitation ne renonce pas à une contrepartie financière en finançant des travaux sur l'immeuble de la SCI, il n'y aura pas de confusion des patrimoines : Com. 14 juin 2014, n°13-16.481.

[340] F. REILLE, th. préc., p. 89, n°99.

[341] Com. 19 décembre 2000, n°97-22.049 ; Com. 26 mai 2010, n°09-66.615.

[342] P.-M. LE CORRE, *op. cit.*, p. 306, n°213-23 ; F. REILLE, th. préc., pp. 110 et s., n^{os}130 et s.

[343] Com. 3 avril 2002, n°99-12.008 ; Com. 19 novembre 2003, n°00-21.027.

sens unique[344]. En outre, il doit être significatif, c'est-à-dire qu'il doit traduire une « volonté systématique »[345] de la part des sociétés d'entretenir des relations financières anormales[346].

À ces indices objectifs s'ajoutent des indices subjectifs.

2) Les indices subjectifs

L'indice subjectif reconnu est celui de **l'anormalité**. Celle-ci se définit comme « une absence de justification du flux patrimonial appauvrissant »[347]. L'anormalité peut d'abord se déduire d'une absence de contrepartie[348], mais il est nécessaire de lui adjoindre d'autres indices plus généraux tels que l'absence de justification juridique, l'« atypisme »[349] des relations entretenues entre les deux sociétés ou l'absence d'intérêt des parties.

Ainsi, par exemple, lorsque le siège de la SARL est situé sur un terrain appartenant à la SCI sans qu'il y ait de titre définissant les conditions juridiques et financières de cette occupation, la relation financière est considérée comme anormale et permet de caractériser la confusion des patrimoines[350].

De même, payer un loyer excessif[351], voire exorbitant[352], est censé révéler l'absence d'intérêt de la société d'exploitation. *A contrario* cela signifie qu'il est possible pour la SCI de ne pas chercher à recouvrer le loyer si elle a un intérêt à ne pas relancer le paiement[353]. Néanmoins tout intérêt ne permet pas de justifier un geste qui paraît désintéressé. Il est nécessaire que l'intérêt soit légitime[354], ce qui rapproche cette notion de celle de l'abus de biens sociaux[355].

---

[344] F. REILLE, th. préc., p. 101, n°107.

[345] Sur cette notion, V. D. TRICOT, La confusion des patrimoines et les procédures collectives, *Rapport Cour de cassation* 1997, pp. 167 et s., spéc. p. 170 ; et Ph. DELMOTTE, Les critères de la confusion des patrimoines dans la jurisprudence de la chambre commerciale de la Cour de cassation, *RJDA* 2006/5, pp. 539 et s.

[346] Com. 11 février 2014, n°13-12.270.

[347] F. REILLE, th. préc., p. 118, n°141. Selon F. REILLE « l'atypisme des relations entretenues par les parties à la confusion constitue un support précieux pour la reconnaissance de l'anormalité par les juges. La plupart du temps elle rend bien compte de la rupture dans l'équilibre des intérêts en présence, et le sacrifice de ceux de l'une d'elles », p. 125, n°149.

[348] A. JACQUEMONT, préc., spéc. n°17.

[349] F. REILLE, th. préc., p. 122, n°147.

[350] Com. 19 novembre 1996, n°94-19.732.

[351] Com. 13 novembre 2002, n°99-16.827.

[352] Com. 14 mars 2000, n°97-21.375 ; Com. 13 janvier 2015, n°13-27.868.

[353] Com. 10 décembre 2002, n°99-18.505 : *Bull. civ.* IV n°193, n°219.

[354] Com. 7 janvier 2003, n°00-13.192 : *Bull. civ.* IV, n°3, p. 4.

[355] F. REILLE, th. préc., p. 128, n°150.

En outre, **le comportement frauduleux** est parfois mis en avant par les juges, même s'il n'est pas reconnu comme étant un indice subjectif de l'existence des relations financières anormales[356]. Notamment, lorsque la Cour de cassation explique que la SCI a servi à détourner les ressources de la SARL, et qu'elle avait pour unique finalité de faire échapper la partie immobilière aux créanciers de la SARL, il semble qu'elle invoque le comportement frauduleux des parties[357]. D'ailleurs, la notion de fraude pourrait peut-être expliquer la divergence d'appréciation entre certaines jurisprudences[358].

Ayant ainsi déterminé quels sont les critères permettant d'étendre la procédure collective de la société d'exploitation à la SCI par confusion des patrimoines, il convient d'analyser de manière prophylactique l'étendue du risque patrimonial de cette extension

II. L'analyse prophylactique du risque de la confusion des patrimoines

En présence du couple SCI-société d'exploitation, le risque de la confusion des patrimoines est palpable dès lors que la SCI n'a pour intérêt que de détenir l'immeuble utilisé par la société d'exploitation. Il est donc possible d'anticiper ce risque en l'évaluant dans le cadre des procédures collectives (A) et en imaginant des moyens afin de prévenir ce risque (B).

A. L'ÉVALUATION DU RISQUE

L'extension de la procédure vient sanctionner les sociétés qui auraient commis un abus de la personnalité juridique. Une telle extension est possible même si la SCI est *in bonis* pour la simple raison qu'elle est peut-être *in bonis* car elle a profité de loyers excessifs ou de travaux financés par la société d'exploitation. La SCI va donc être contrainte de subir de l'unicité de la procédure à l'unicité de la solution (1). Néanmoins, la SCI conserve sa personnalité morale, ce qui implique qu'une confusion ne rime pas avec une fusion (2).

---

[356] Sur « la mauvaise foi dans les rapports patrimoniaux, élément indifférent », V. F. REILLE, pp. 149 et s., n[os]175 et s.

[357] Com. 1er octobre 1997, n°95-14.578.

[358] Com. 15 juin 2011, n°10-23.113 et Com. 10 mai 2012, n°11-709 (à ce sujet V. J.-Ch. PAGNUCCO, préc., spéc. n°14) et Com. 10 mai 2012, n°11-17.413 et Com. 20 janvier 2009, n°07-17.026 (à ce sujet V. A. JACQUEMONT, préc., spéc. n°17).

1) De l'unicité de la procédure à l'unicité de la solution

Ainsi que l'explique la Cour de cassation, « par l'effet de l'extension de la procédure collective de la SARL à la SCI, en raison de la confusion de leurs patrimoines, les deux sociétés s'étaient trouvées réunies en une **procédure collective unique avec patrimoine commun et unicité d'actifs et de passif** »[359].

Cette unicité de la procédure collective implique une identité de loi applicable[360], la compétence du seul tribunal initialement saisi et les créanciers de la société d'exploitation n'auront pas à déclarer à nouveau leurs créances puisqu'il s'agit de la même procédure[361]. Enfin, il y aura une date unique de cessation des paiements[362]. Ce dernier élément signifie que le tribunal peut faire remonter la date de cassation des paiements à plus de dix-huit mois du jugement d'extension de la procédure[363], ce qui accroît la durée de la période suspecte. Ainsi, les actes accomplis par la SCI et qui entrent dans la liste établie par l'article L.632-1 du Code de commerce seront atteints de nullité.

Ainsi, l'ensemble des actifs des deux sociétés est affecté au règlement de l'ensemble des dettes. À cette unité de masse active et passive correspond une **unité de solution**. Cela signifie que le liquidateur ne peut pas distinguer les opérations patrimoine par patrimoine[364], et que la liquidation judiciaire de la société d'exploitation pourra être étendue à la SCI même si cette dernière offre une perspective de redressement.

Par conséquent, si la procédure étendue est finalement une liquidation judiciaire clôturée pour insuffisance d'actif, cela signe l' « arrêt de mort » de la société d'exploitation, mais aussi celui de la SCI[365].

Toutefois, la procédure étendue peut déboucher sur un plan de redressement commun ou une clôture pour extinction du passif, ce qui permet de conserver la vie des sociétés même après la confusion des

---

359 Com. 30 juin 2009, n°08-15.715.

360 Com. 21 septembre 2010, n°09-69.109 : *Bull. civ.* IV, n°141 (jurisprudence qui concerne l'extension d'une liquidation judiciaire du GFA à une EARL).

361 Sur la déclaration de créance des deux sociétés V. P.-M. LE CORRE, Le sort des créances en cas d'extension d'une procédure collective, *D.* 2002, p. 1122.

362 Com. 8 juin 1999, n°97-10.276 (jurisprudence qui concerne un groupe de société). Sauf dans l'hypothèse où la société d'exploitation serait en procédure de sauvegarde (à ce sujet V. N. MORELLI, Propos iconoclastes sur la confusion des patrimoines, à propos de la réforme de l'article L.621-2 du Code de commerce, *Rev. sociétés* 2015, p. 433).

363 CA Bourges 31 août 2004 : *JCP* 2005, IV, 1698.

364 Com. 18 janvier 2005, n°03-17.291.

365 Ph. PÉTEL, La vie après la confusion de patrimoines, *Mélanges* Ph. MERLE, Dalloz, 2013, p. 577, spéc. p. 578.

patrimoines[366]. *A priori*, le plan de redressement devrait être appliqué indifféremment aux deux sociétés, sauf en présence d'une offre de reprise sur certaines entités, ce qui rendrait possible une cession partielle[367]. En revanche, l'extension de la procédure cessera avec le jugement prononçant la résolution du plan[368], ce qui signifie que les procédures subséquentes seront donc propres à chaque société.

Et dans le cas où la SCI aurait réussi à éponger les dettes de la société d'exploitation, la clôture pour extinction du passif nécessite de faire les comptes afin de déterminer le montant de l'indemnité due par la société d'exploitation à la SCI. Le ou les immeubles continuent à appartenir à la SCI, et la société d'exploitation n'a vocation à ne partager ni les bénéfices, ni les pertes[369].

Toutefois, même si la confusion des patrimoines peut avoir des conséquences lourdes, « confusion n'est pas fusion ».

2) Quand « confusion n'est pas fusion »[370]

Effectivement, « confusion n'est pas fusion » puisque la confusion des patrimoines ne fait **pas disparaître la personnalité morale des sociétés**[371].

Cette solution assure une certaine protection aux créanciers de la SCI. D'une part, le jugement d'extension de rétroagit pas au jour du jugement initial d'ouverture[372]. Cela signifie que l'extension ne sera opposable aux créanciers de la SCI à laquelle la procédure est étendue qu'à compter du jugement d'extension. D'autre part, les créanciers titulaires d'une sûreté spéciale sur l'immeuble, telle qu'une hypothèque, conservent leurs sûretés ainsi que son assiette[373].

Toutefois, même ces créanciers bénéficiaires d'une sûreté immobilière spéciale verront cette relative sécurité s'affaiblir face notamment à des créances salariales, qu'elles soient superprivilégiées ou privilégiées. En effet, les privilèges généraux portent sur la masse commune des biens et priment les sûretés immobilières.

Quant aux créanciers titulaires d'une sûreté personnelle, notamment d'un cautionnement, ils ne pourront demander plus que ce à quoi la caution s'est

---

366 Ph. PÉTEL, préc.

367 Ph. PÉTEL, préc., p. 579.

368 Com. 29 avril 2014, n°12-27.058 : *Bull. civ.* IV, n°74.

369 Ph. PÉTEL, préc., p. 583.

370 A. JACQUEMONT, *Droit des entreprises en difficulté*, Lexisnexis, Coll. Manuel, 9e éd., 2015, p. 136, n°204.

371 Com. 30 juin 2009, n°08-15.715.

372 Com. 28 septembre 2004, n°02-12.552 : *Bull. civ.* IV, n°170.

373 À ce sujet V. C. SAINT-ALARY-HOUIN, Les effets de la confusion des patrimoines et de la fictivité des sociétés en redressement judiciaire, *Mélanges* JEANTIN, Dalloz, 1999, p. 453, spéc. p. 463.

obligée. La Cour de cassation a décidé que l'engagement de la caution est limité à la dette initiale en vertu du caractère exprès du cautionnement[374].

Ainsi, les créanciers de la société défaillante profiteront de l'augmentation des actifs induite par la confusion des patrimoines, à la condition que la société à laquelle la procédure est étendue soit *in bonis*, et toujours dans la limite de leur classement vis-à-vis des privilèges généraux.

Par ailleurs, d'après la jurisprudence, le dirigeant de chacune des sociétés ne pourra être tenu qu'au comblement du passif de la société qu'il dirige[375]. En revanche, la situation des associés de la SCI est moins claire puisqu'en tant que débiteurs subsidiaires, ils pourraient éventuellement être tenus de répondre du passif social sur le fondement de la contribution aux pertes[376].

L'extension de la procédure collective au sein du couple SCI-société d'exploitation par la preuve d'une confusion des patrimoines constitue un risque qu'il est nécessaire de connaître, mais qu'il est primordial de prévenir.

B. LA PRÉVENTION DU RISQUE

En présence du couple SCI-société d'exploitation « l'extension n'est pas une issue inévitable » [377], mais à la condition d'être « raisonnable et vigilant »[378]. Pour éviter que ce montage devienne un enfer tant pour les créanciers et pour les débiteurs, que pour les associés et dirigeants de la société à laquelle est étendue la procédure, il semble capital de **respecter l'intérêt social** de chacune des deux sociétés. L'intérêt social d'une SCI ne peut pas être respecté lorsque les loyers ne sont pas encaissés, et il en est de même, à l'inverse, lorsque la société d'exploitation paye soit des loyers excessifs, soit des travaux qui portent sur l'immeuble et sans en obtenir de contrepartie. Or, depuis quelques années les juges vérifient davantage le respect de l'intérêt social, notamment au sujet des garanties concédées par les SCI. Ils n'hésitent pas [379] à annuler une hypothèque [380] ou un cautionnement[381], même consenti à l'unanimité des associés et prévu dans

---

[374] Com. 25 novembre 1997, n°95-15.496 : *Bull. civ.* IV, n°300, p. 258.
[375] V. P.-M. LE CORRE, *op. cit.*, p. 328, n°213.44.
[376] Com. 20 septembre 2011, n°10-24.888 : *Bull. civ.* IV, n°136.
[377] C. CUTAJAR, Le montage société civile immobilière/société d'exploitation à l'épreuve de l'extension jurisprudentielle de la procédure collective, *Bull. Joly Sociétés*, 1999, n°11, p. 1057.
[378] J.-Ch. PAGNUCCO, préc., spéc. n°21.
[379] Cela est plus nuancé pour les sociétés de capitaux : Com. 12 mai 2015, n°13-28.504, qui interprète l'article L.223-18 du Code de commerce à la lumière de l'article 10 de la directive 2009/101/CE du Parlement européen et du Conseil du 16 septembre 2009.
[380] Com. 8 novembre 2011, n°10-24.438.
[381] Civ. 3e, 15 septembre 2015, n°14-21.348

l'objet social[382], car de tels engagements seraient contraires à l'intérêt social. Cette rigueur prétorienne pourrait finir par être appliquée à l'ensemble des actes de la SCI.

Par ailleurs, de la même manière que cela pourrait être conseillé en matière fiscale[383], il est nécessaire de **montrer des signes de l'existence d'une vie sociale[384]**. Cela luttera d'ailleurs efficacement contre le risque d'extension pour cause de fictivité de la SCI. Tout d'abord, il pourrait donc être recommandé de réunir au moins chaque année une assemblée générale et de la consigner sur un procès-verbal. Ensuite, l'objet social pourrait être rédigé de manière à mettre en avant les motivations familiales et non l'utilisation de l'immeuble par la société d'exploitation. De plus, la gérance de la SCI pourrait ne pas être confiée au représentant de la société d'exploitation. Enfin, il serait utile de donner la possibilité à la SCI d'avoir un fonctionnement propre, en lui adjoignant un portefeuille de valeurs mobilières.

En conclusion, à l'avenir le couple SCI-société d'exploitation continuera sans aucun doute à être considéré comme un duo infernal par nature puisque la vérification des critères de la confusion des patrimoines a lieu au cas par cas. Ce qui est également sûr c'est que les intérêts de ce montage séduiront de nouveaux couples. Mais ce qu'il faut retenir c'est que d'un côté les créanciers ne doivent pas considérer l'extension comme une solution miracle, et de l'autre côté le couple ne doit pas oublier le risque d'extension de la procédure collective. Et quoi qu'il en soit, les praticiens auront encore fort à faire avec ce couple SCI-Société d'exploitation.

---

382 Com., 23 sept. 2014, n° 13-17.347 : *Bull. civ.* IV, n°142.

383 Par exemple, notamment pour éviter les doutes de fraude fiscale dans le cadre d'apport-donation.

384 À ce sujet V. J.-Ch. PAGNUCCO, préc., spéc. n^{os}23 et n°24.

La reconstitution des capitaux propres de la société en sauvegarde ou en redressement judiciaire

Vincent THOMAS
Professeur à l'Université de Bourgogne – Franche-Comté
Doyen de la Faculté de Droit et Sciences économique et politique de Dijon
Membre du CREDIMI

1.- Les capitaux ou fonds propres réunissent le capital social, les réserves, les bénéfices et les déficits antérieurs[385]. Ils sont un thermomètre à l'aune duquel se mesure la santé financière de la société[386]. Elevés, ils laissent augurer que les engagements seront honorés en temps et en heure. Leur faiblesse témoigne de pertes récurrentes annonciatrices de difficultés. Les investisseurs, les bailleurs de fonds, les salariés et les clients[387] y sont sensibles. Souvent négligée, leur reconstitution est un préalable nécessaire au sauvetage de la société en difficulté car elle permet d'assainir sa situation comptable et redore son crédit aux yeux de ses partenaires économiques sans lesquels elle ne peut durablement se redresser.

2.- Certaines entreprises, telles que les banques[388] ou les transporteurs routiers[389], sont soumises à des ratios spécifiques de fonds propres en dessous desquels elles ne peuvent poursuivre leur activité. Ces ratios

---

[385] G. Cornu, Vocabulaire juridique, Association H. Capitant, v° *Capital, -aux*. L'art. R. 123-190, C. com. est plus précis. Il inclut dans les capitaux propres le capital, les primes d'émission et primes assimilées, les écarts de réévaluation, le résultat de l'exercice, les subventions d'investissement et les provisions réglementées, ainsi que les réserves en isolant la réserve légale, les réserves statutaires ou contractuelles et les réserves réglementées.

[386] P. Le Cannu et B. Dondero, Droit des sociétés, LGDJ, 6ème éd., 2014, n° 206.- M. Cozian, A. Viandier et Fl. Deboissy, Droit des sociétés, LexisNexis, 28ème éd. 2015, n° 262.- Ph. Merle et A. Fauchon, Droit des sociétés, Dalloz, 2014, 18ème éd., n° 607.

[387] Notamment, les capitaux propres permettent à l'auteur d'un appel d'offre d'apprécier la capacité financière d'une entreprise soumissionnant. V. par ex. www.cre.fr, Documents, Appel d'offre, 18 mai 2015, « Cahier des charges de l'appel d'offres portant sur la réalisation et l'exploitation d'installations de production d'électricité (...) », art. 5.4.

[388] V. Règl. (UE) n ° 575/2013 du Parlement européen et du Conseil, 26 juin 2013 concernant les exigences prudentielles applicables aux établissements de crédit et aux entreprises d'investissement et modifiant le règlement (UE) n° 648/2012.

[389] Arrêté du 3 février 2012 relatif à la capacité financière requise pour les entreprises de transport public routier, art. 4.

s'imposent, qu'elles soient ou non en difficulté.

Le droit commun des sociétés est moins exigeant. Les articles L. 223-42 et L. 225-248 du Code de commerce interdisent seulement aux sociétés à responsabilité limitée et par actions d'avoir des capitaux propres inférieurs à la moitié de leur capital social. Si le cas se présente, les associés doivent y remédier en reconstituant les capitaux propres à leur niveau minimal[390], ou en votant la dissolution anticipée de la société.

3.- Curieusement, alors que l'obligation s'impose à ces sociétés lorsqu'elles sont *in bonis*, le livre II du code de commerce y met fin dès qu'elles sont placées en sauvegarde ou en redressement judiciaire, ou qu'elles bénéficient d'un plan de sauvegarde ou de redressement[391].

Dans le cadre de la sauvegarde, l'article L. 626-3, alinéa 2 du Code de commerce prévoit tout de même que si les capitaux propres sont inférieurs à la moitié du capital social, l'assemblée des associés est appelée à les reconstituer à concurrence du montant proposé par l'administrateur, montant qui ne peut être inférieur à la moitié du capital social.

Lorsque la société est en redressement judiciaire, l'article L. 631-9-1, créé par l'ordonnance du 12 mars 2014[392], renvoie dans un premier temps à l'article L. 626-3, indiquant que la reconstitution des capitaux propres peut se réaliser dans les mêmes conditions qu'au cours de l'élaboration du projet de plan de sauvegarde. Il énonce dans un second temps que si les associés la refusent, l'administrateur a qualité pour demander la désignation d'un mandataire en justice chargé de convoquer l'assemblée compétente et de la voter à la place des associés opposants.

4.- Cette dernière disposition participe d'une offensive à l'encontre des associés[393], dont le législateur pense qu'ils doivent participer plus activement au sauvetage de la société en difficulté. Ainsi l'ordonnance de 2014[394] a-t-elle rendu le montant non libéré du capital social immédiatement exigible dès le jugement d'ouverture de la sauvegarde ou du redressement

[390] Seuls les associés y sont tenus car, selon la Cour de cassation, l'absence de régularisation effective dans le délai légal de la situation des capitaux propres est imputable aux actionnaires et ne constitue pas une faute de gestion : Cass. com., 13 oct. 2015, n° 14-15.755 : Bull. Joly sociétés 2016. 157, note J. Heinich.

[391] C. com., art. L. 223-42, al. 5 et L. 225-248, al. 5.

[392] Ordo. n° 2014-326 du 12 mars 2014.

[393] V. déjà A. Cerati-Gauthier, L'associé dans la loi de sauvegarde des entreprises, Rev. sociétés 2006. 305.

[394] Sur laquelle, concernant les dispositions intéressant les actionnaires, v. M.-F. Dumont-Lefrand, Les plans : quelle place pour les actionnaires ? : Rev. proc. coll. 2014, Dossier 20.

judiciaire[395]. Depuis la loi du 6 août 2015, le tribunal peut désigner un mandataire chargé de convoquer l'assemblée et de voter à la place des associés qui s'y opposent l'augmentation de capital prévue par le projet de plan. Il peut aussi ordonner la cession des titres détenus par ces mêmes associés au profit de ceux qui se sont engagés à exécuter le projet de plan[396]. Ces techniques de dilution imposée du capital et de cession forcée de titres sociaux[397], validées par le Conseil constitutionnel[398], s'inscrivent dans une logique voulant que le patrimoine de l'associé vienne au secours de celui de la société, en étendant le champ de la contribution aux pertes, voire en l'incitant à s'engager au delà de son apport initial.

---

[395] C. com., art. L. 624-20. En cas de résistance, il suffit au mandataire judiciaire de mettre en demeure, par lettre recommandée avec avis de réception, l'associé ou l'actionnaire de verser dans les 30 jours les sommes restant dues (C. com., art. L. 622-40, R. 622-17 et R. 622-18).

[396] C. com., art. L. 631-19-2.- G. Blanc, Le dispositif de la loi Macron relatif aux entreprises de plus de cent cinquante salariés, D. 2015. 2460.- A. Cérati-Gauthier, Loi Macron : Les mécanismes de dilution forcée et de cession forcée ne sont pas contraires à la Constitution, JCP E 2015. 1461.- R. Dammann et F.-X. Lucas, Le nouveau dispositif de dilution ou d'éviction de l'associé qui ne finance pas le plan de redressement, Bull. Joly sociétés 2015. 521, 114c4.- E. Degenhardt, La « hiérarchie du bec » toujours renversée en procédure collective ?, Bull. Joly Entrep. Diff. 2015. 432.- P.-M. Le Corre, La loi Macron et le droit des entreprises en difficulté, Gaz. Pal., 20 octobre 2015 n° 293, p. 7.- I. Parachkevova, L'augmentation de capital forcée dans la loi Macron, Bull. Joly sociétés 2015. 529, 114d3.- Ph. Roussel Galle, Brèves observations sur la cession forcée d'actions d'une entreprise en redressement judiciaire, Rev. Sociétés 2015. 636.- G. Teboul, La dépossession forcée de l'associé majoritaire d'une entreprise en difficulté, LPA 22 octobre 2015, n° 211, p. 5.

[397] Soumises à des conditions drastiques. En effet, l'art. L. 631-19-2 s'applique « Lorsque la cessation d'activité d'une entreprise d'au moins cent cinquante salariés ou constituant, au sens de l'article L. 2331-1 du code du travail, une entreprise dominante d'une ou de plusieurs entreprises dont l'effectif total est d'au moins cent cinquante salariés est de nature à causer un trouble grave à l'économie nationale ou régionale et au bassin d'emploi et si la modification du capital apparaît comme la seule solution sérieuse permettant d'éviter ce trouble et de permettre la poursuite de l'activité, après examen des possibilités de cession totale ou partielle de l'entreprise (...) ».

[398] Cons. const., n° 2015-715 DC, 5 août 2015.- V. A. Cérati-Gauthier, Loi Macron. Les mécanismes de dilution forcée et de cession forcée ne sont pas contraires à la Constitution, JCP E 2015. 1461.

5.- En comparaison, la reconstitution des capitaux propres paraît moins confiscatoire[399] – et sans doute moins inattendue – pour l'associé. Pourtant, le livre VI du code de commerce la soumet à des conditions (I) et à des modalités (II) qui nuisent à son effectivité, alors même qu'il s'agit d'une mesure d'assainissement indispensable à la poursuite de l'activité économique, au maintien de l'emploi et à l'apurement du passif, objectifs premiers des procédures de sauvegarde et de redressement judiciaire[400].

I. Les conditions de la reconstitution des capitaux propres

6.- La reconstitution des capitaux propres de la société en sauvegarde ou en redressement judiciaire souffre de deux maux. Le premier tient au fait qu'elle est une mesure facultative à la disposition de l'administrateur et du juge (A). Le second provient des contours incertains de son domaine (B).

A. UNE MESURE FACULTATIVE

7.- L'obligation pour une société en procédure de sauvegarde ou de redressement judiciaire de reconstituer ses capitaux propres a été discutée. Ne pouvant être fondée sur le droit des sociétés, les articles L. 223-42 et L. 225-248 du code de commerce l'écartant expressément dans leur dernier alinéa[401], c'est sur la portée de l'article L. 626-3, alinéa 2 que les interrogations se sont cristallisées. Le texte dispose que « si, du fait des pertes constatées dans les documents comptables, les capitaux propres sont inférieurs à la moitié du capital social, l'assemblée est d'abord appelée à reconstituer ces capitaux à concurrence du montant proposé par l'administrateur et qui ne peut être inférieur à la moitié du capital social. (...) »

8.- L'utilisation du présent de l'indicatif comporte une part d'ambiguïté foyer d'interprétations divergentes. Certains juges du fond ont lu l'article L. 626-3 comme subordonnant l'adoption du plan de continuation à la reconstitution des capitaux propres[402], tandis que d'autres ont jugé que les fonds propres n'avaient pas besoin d'être reconstitués, précisément parce

---

[399] V. F.-L. Lucas, Commentaire des dispositions de la loi du 5 août 2015 « pour la croissance, l'activité et l'égalité des chances économiques » intéressant le droit des entreprises en difficulté, Bull. Joly Entrep. Diff. 2015, p. 317.
[400] C. com., art. L. 620-1 et L. 631-1.
[401] Cette disposition explique que le juge rejette l'action en dissolution introduite par un tiers (un concurrent, en l'occurrence) à l'encontre de la société bénéficiaire d'un plan de continuation : CA Paris, 4 février 2000 : RD banc. et fin. 2000. 230, note F.-X. Lucas.
[402] T. Com. Nanterre, 8 déc. 1987 : JCP 1988. II. 21019, note A. Viandier.

que le plan avait pour objectif d'y parvenir[403]. La Chambre commerciale a semblé régler la difficulté par deux arrêts rendus à moins d'un an d'intervalle. Le premier a admis un plan de continuation prévoyant l'augmentation du capital social postérieurement à son adoption[404]. Le second a précisé que, si le tribunal ne peut imposer l'adoption des modifications statutaires qui relèvent de la compétence des associés, il peut subordonner le plan à des mesures de restructuration du capital social[405].

9.- La reconstitution des capitaux propres n'est donc pas érigée par l'article L. 626-3 en condition *sine qua non* de l'adoption du plan de continuation – depuis 2005, du plan de sauvegarde. Elle le devient si le projet de plan le prévoit et si le juge l'entérine. Se pose alors la question de la pertinence d'un plan de sauvegarde reposant sur une situation financière non assainie ou ne visant pas, à tout le moins, son assainissement par la reconstitution des fonds propres. C'est ce qui portent certains auteurs à considérer que l'obligation de reconstitution demeure lorsque la société fait l'objet d'une procédure de sauvegarde[406], voire qu'elle devrait être maintenue dans les termes du droit des sociétés par la suppression pure et simple du dernier alinéa des articles L. 223-42 et L. 225-248 du Code de commerce[407].

10.- En cas de redressement judiciaire, l'article L. 631-9-1 est plus coercitif. Si les capitaux propres n'ont pas été reconstitués en application de l'article L. 626-3 (l'assemblée des associés a refusé de voter la reconstitution des fonds propres), l'administrateur peut demander au juge la nomination d'un mandataire *ad hoc* chargé, d'une part, de convoquer une assemblée et, d'autre part, de voter à la place des récalcitrants « sur » la reconstitution du capital.

---

[403] CA Douai, 21 avr. 1988 : RPC 1988. 313, obs. B. Soinne.

[404] Cass. Com., 6 mars 1990, n° 88-11.500 : D. 1990.218, note F. Derrida.

[405] Cass. Com., 15 janvier 1991, n° 89-15822 : Bull. civ. 1991, IV, n° 27.- Dans ce sens également, Cass. Com., 2 juillet 2013, n° 12-18.902 : Bull. Civ. 2013, IV, n° 113 ; Act. proc. coll. 2013, n° 206, obs. J. Vallansan ; Gaz. Pal. 29 sept.-1er oct. 2013, p. 25, obs. Ch. Lebel ; Bull. Joly sociétés 2013. 752, note P. Pailler ; Bull. Joly Entrep. diff. 2013. 356, note M.-H. Monsèrié-Bon ; Dr. sociétés 2014, comm. n° 13, note J.P. Legros ; Rev. proc. coll. 2014, n° 6, obs. P. Cagnoli.

[406] P.-M. Le Corre, Droit et pratique des procédures collectives, Dalloz Action, 2014, n° 511-23.

[407] F.-X. Lucas, L'ordonnance du 12 mars 2014 et le droit des sociétés, Bull. Joly sociétés 2014. 403.

On soulignera les précautions d'usage prises par les auteurs du texte respectueux du principe de non-immixtion du juge dans les affaires sociales. D'abord, le juge n'est pas habilité à prendre la décision à la place des associés, ce qui nécessite la nomination d'un mandataire *ad hoc*[408]. Ensuite, le texte ménage le suspens en indiquant que ledit mandataire vote « sur la », et non « la » reconstitution du capital. De la sorte, il respecte la jurisprudence traditionnelle de la Cour de cassation en vertu de laquelle le juge ne peut déterminer le sens du vote du mandataire *ad hoc* qu'il désigne[409]. Mais ces précautions paraissent vaines car, si les associés opposants se voient confisquer leur droit de vote, c'est précisément pour que la reconstitution des capitaux propres soit décidée contre leur gré.

Est-ce à dire que la reconstitution des fonds propres devient obligatoire avec l'ouverture d'une procédure de redressement judiciaire ? Il ne semble pas qu'elle le soit davantage que dans la sauvegarde puisqu'elle dépend de l'initiative de l'administrateur, qui seul a qualité pour saisir le juge, et de l'appréciation du juge qui seul a l'autorité pour nommer le mandataire *ad hoc*.

11.- Dans le redressement judiciaire, comme dans la sauvegarde, le législateur semble penser qu'il est possible de sauver une entreprise dont les capitaux propres demeurent inférieurs à la moitié du capital social, alors même que cette situation emporte dissolution d'une société à responsabilité limitée ou par actions *in bonis*. La différence de traitement opérée par les livres II et VI du Code de commerce est difficilement compréhensible. Il faut espérer que les administrateurs et les juges, mus par un principe de réalisme, fassent de cette mesure une condition ou une mesure du plan. A défaut, la société risque d'être maintenue dans une sorte d'asphyxie économique, faute de pouvoir accéder au crédit ou à certains marchés soumis à mise en concurrence par exemple.

Au demeurant, les organes de la procédure n'ont peut-être pas toute liberté

---

[408] Rappr., à propos de l'abus de minorité de l'associé qui refuse de voter l'augmentation du capital social pour reconstituer les capitaux propres d'une SARL, la Cour de cassation censurant les juges du fonds pour avoir décidé que leur arrêt valait adoption de la résolution tendant à l'augmentation de capital demandée : Cass. Com., 9 mars 1993, n° 91-14.685 : Bull. Civ. 1993, IV, n° 101 ; Rev. sociétés 1993. 403, note Ph. Merle ; D. 1993. 363, note Y. Guyon ; JCP 1993. II. 22107, note Y. Paclot ; JCP E 1993, II, 448, note A. Viandier ; Bull. Joly 1993. 537, chron. P. Le Cannu.

[409] Cass. Com., 4 février 2014, n° 12-29.348 : Bull. Civ. 2014, IV, n° 31 ; Bull. Joly sociétés 2014. 302, note D. Schmidt ; Rev. sociétés 2014. 426, note B. Saintourens ; Gaz. Pal. 6-8 juill. 2014, p. 14, obs. B. Dondero ; D. 2014. 2441, obs. L. Lamazerolles.- Dans le même sens, Cass. Civ. 3, 16 décembre 2009, n° 09-10.209 : Bull. Civ. 2009, III, n° 287 et Cass. Com., 9 mars 1993, n° 91-14.685, préc.

pour en décider, la reconstitution des capitaux propres pâtissant d'un domaine incertain.

B. UNE MESURE AU DOMAINE INCERTAIN

12.- L'incertitude porte d'abord sur le domaine *ratione personae* de la reconstitution des capitaux propres. Alors que le livre II du Code de commerce le circonscrit à certaines sociétés[410], le livre VI n'opère aucune distinction selon la forme de la société débitrice. La généralité des termes employés par le droit des procédures collectives[411], ainsi que ses dispositions réservées aux sociétés anonymes et aux sociétés en commandite par actions[412] incitent à penser que toutes les sociétés sont concernées par les articles L. 626-3 et L. 631-9-1 du Code de commerce.

13.- Deux arguments pourraient toutefois s'y opposer. Le premier tient à la responsabilité illimitée des sociétés autres que la société à responsabilité limitée et les sociétés par actions. La reconstitution de leurs capitaux propres présente un intérêt moindre en raison de l'obligation aux dettes supportée par les associés. Au demeurant, le but des textes précités ne se cantonne pas à l'apurement du passif. Il s'agit de doter la société débitrice des moyens financiers favorisant la réorganisation de l'entreprise dans la perspective de poursuivre son activité. Parce qu'ils sont des outils de cette réorganisation, les articles L. 626-3 et L. 631-9-1 ont vocation à s'appliquer à toute forme sociale.

14.- Le second argument prend sa source dans le vocabulaire employé par la loi. L'article L. 626-3, à l'instar de l'article L. 631-9-1, vise à plusieurs reprises « l'assemblée » des associés. Or, si l'assemblée existe dans la société à responsabilité limitée[413], dans la société anonyme[414] et dans la société civile[415], la loi ne la mentionne aucunement pour les sociétés en nom collectif et par actions simplifiée. Elle n'existe pas davantage dans les sociétés unipersonnelles. Cette maladresse terminologique ne suffit pourtant pas à exclure ces sociétés du domaine des règles qui gouvernent la reconstitution des capitaux propres dans la mesure où celles-ci peuvent se comprendre comme se référant à l'organe souverain de la société pour

---

[410] SARL et sociétés par actions.
[411] C. com., art. R. 626-1 : « Pour l'application de l'article L. 626-3, les assemblées sont convoquées conformément aux dispositions du livre II (...) ».
[412] C. com., art. R. 626-2 et R. 626-3.
[413] C. com., art. L. 223-1 s., *passim*.
[414] C. com., art. L. 225-96 s.
[415] C. civ., art. 1853.

modifier le capital social, c'est-à-dire la communauté des associés[416] ou, le cas échéant, l'associé unique.

15.- La formulation des textes soulève encore la question de leur domaine matériel. Outre qu'elle peut intervenir lors de la sauvegarde et du redressement de la société débitrice, la reconstitution des capitaux propres semble pouvoir être exigée à l'occasion d'une modification du capital exclusivement. La structure de l'article L. 626-3 le laisse entendre : c'est lorsque le projet de plan de sauvegarde prévoit une modification du capital visée à l'alinéa 1er que l'assemblée des associés est « d'abord »[417] appelée à reconstituer les fonds propres selon l'alinéa 2. Mais si la modification du capital social a pour préalable la reconstitution des capitaux propres, elle en est aussi la condition. Il semble en résulter que la reconstitution des capitaux propres est impossible en l'absence de modification du capital social[418].

16.- Surgit dès lors une nouvelle interrogation. Dans la mesure où la reconstitution des capitaux propres peut s'opérer par une réduction ou une augmentation de capital, la modification du capital envisagée par l'alinéa 1er peut-elle consister en la reconstitution des capitaux propres visée à l'alinéa 2 ? Une réponse positive faciliterait assurément l'assainissement financier de la société, tandis qu'une réponse négative constituerait un obstacle supplémentaire à son sauvetage. Malheureusement, la rédaction de l'article L. 626-3 traite les deux opérations dans deux alinéas différents, et n'envisage la reconstitution des fonds qu'à propos d'une modification plus large du capital. L'ouverture d'une procédure de redressement n'y change rien : l'article L. 631-9-1 donne pouvoir à l'administrateur de voter au lieu et place des associés opposants à condition que le projet de plan prévoie une modification du capital social en faveur d'une ou plusieurs personnes s'engageant à respecter le plan. Ainsi, la modification du capital ne semble pas réductible à la reconstitution des capitaux propres.

17.- Faire de la reconstitution des capitaux propres un préalable à la restructuration du capital social obéit à une logique de consolidation financière. Subordonner la reconstitution des capitaux propres à la modification du capital revient à priver l'entreprise d'une mesure facilitant son sauvetage lorsqu'aucune recapitalisation n'est prévue. Ceci est d'autant plus étonnant que la reconstitution des capitaux propres ne peut surprendre les associés. Obligatoire dans la société à responsabilité limitée et dans les

[416] Même dans la société par actions simplifiée, l'art. L. 227-9, C. com. conditionne les opérations sur capital aux décisions collectives des associés.
[417] C. com., art. L. 626-3, al. 2.
[418] Dans ce sens, F.-X. Lucas, L'ordonnance du 12 mars 2014 et le droit des sociétés, préc.

sociétés par actions, elle est, dans les autres sociétés, une manière de contribuer aux pertes. Or, la contribution aux pertes est une obligation des associés inhérente au contrat de société en vertu de l'article 1832 du Code civil. L'imposer sans autre condition que celle tenant à la nécessité de « remettre à flot » la société débitrice ne heurterait ni le droit des procédures collectives, ni le droit des sociétés, du moins tant que les modalités de reconstitution des capitaux propres n'aboutissent pas à augmenter les engagements des associés.

II. Les modalités de la reconstitution des capitaux propres

18.- Le droit des entreprises en difficulté confère un pouvoir d'initiative important aux organes de la procédure, puisque ce sont eux qui décident s'il y a lieu de procéder à la reconstitution des capitaux propres et à quel moment il convient de le faire. Au demeurant, le principe de non-immixtion du juge dans les affaires de la société est strictement observé par la Cour de cassation qui veille à ce que les modifications du capital rendue applicable par le plan de redressement, et *a fortiori* par le plan de sauvegarde, ne soit pas imposées par le juge : les associés demeurent souverains pour en décider[419]. Il faut donc les convoquer, ce qui soulève des difficultés propres aux procédures collectives (A). Mais la souveraineté des associés promue par le droit des sociétés peine à s'exprimer librement, car les textes leur laissent peu de latitude pour décider de la reconstitution des capitaux propres (B).

A. LA CONVOCATION DES ASSOCIÉS

19.- Dans la sauvegarde, la reconstitution des capitaux propres peut être soit une condition de l'arrêté du plan, soit une mesure du plan. Dans le premier cas, la convocation des associés s'opère selon les modalités prévues pour chaque forme sociale par le droit des sociétés[420]. En clair, elle émane du gérant de la société à responsabilité limitée[421], du conseil d'administration ou

---

[419] Cass. com., 2 juillet 2013, n° 12-18.902 : Act. proc. coll. 2013, n° 206, obs. J. Vallansan ; RJDA 2013, n° 823 ; Gaz. Pal. 29 sept.-1er oct. 2013, p. 25, obs. Ch. Lebel ; Bull. Joly Entrep. diff. 2013. 356, note M.-H. Monsèrié-Bon ; Bull. Joly sociétés 2013. 752, note P. Pailler ; Dr. sociétés 2014, n° 13, note J.-P. Legros ; Rev. proc. coll. 2014, n° 6, obs. P. Cagnoli.

[420] Avec quelques aménagements strictement techniques pour les sociétés anonymes et les sociétés en commandite par actions : ajout, sur la convocation, de la date à laquelle se réunira éventuellement la deuxième assemblée si le quorum n'est pas atteint à la première assemblée (C. com., art. R. 626-2) ; demande d'ajout à l'ordre du jour par les actionnaires à envoyer 15 – au lieu de 25 – jours au moins avant la date de la première assemblée (C. com., art. R. 626-3).

[421] C. com., art. L. 223-27.

du directoire de la société anonyme[422], et de l'organe désigné par les statuts dans les sociétés par actions simplifiées, les sociétés en nom collectif et les sociétés civiles.

20.- Dans l'hypothèse où la reconstitution des capitaux propres est une mesure du plan de sauvegarde, l'article L. 626-16 prévoit que, « en cas de nécessité », le jugement arrêtant le plan donne mandat à l'administrateur de convoquer l'assemblée compétente pour mettre en œuvre les modifications prévues par le plan. Outre que ce texte semble faire doublon avec l'article L. 626-24[423], la condition de la nécessité prête le flanc à l'interprétation : est-elle acquise dès lors que le plan induit la modification des statuts (la reconstitution est nécessaire au plan) ou bien seulement dans des situations exceptionnelles (la situation nécessite de mandater l'administrateur) ? Certains auteurs penchent en faveur de la seconde interprétation. Le mandat est nécessaire par exemple en cas de vacance de l'organe compétent pour convoquer les associés[424]. Cette proposition convainc pour deux raisons : elle est conforme au principe selon lequel le débiteur retrouve la totalité de ses pouvoirs à compter du jugement arrêtant la plan[425] ; on ne voit pas quelle serait l'utilité de mandater l'administrateur dès lors que l'organe social compétent est en mesure de convoquer lui-même les associés. *A contrario*, il devrait y avoir nécessité si l'engagement de reconstituer les capitaux propres avant l'adoption du plan n'a pas été respecté en raison de l'opposition de minoritaires, ou s'il est à craindre que la décision ne sera pas adoptée au cours du plan, faute de majorité qualifiée suffisante par exemple : le mandat se justifierait dans la mesure où il permet, grâce à l'article L. 626-16-1, de faire statuer l'assemblée à la majorité simple.

21.- Lorsque la société est en redressement, l'article L. 631-9-1 renvoie à l'article L. 626-3. Les solutions dégagées ci-dessus s'appliquent donc, à quelques nuances près.

Pendant la période d'observation, il revient à l'organe social compétent de convoquer les associés, sous réserve que le jugement d'ouverture confère à l'administrateur une mission d'assistance. Si l'administrateur assure seul et entièrement l'administration de l'entreprise, il exerce les pouvoirs des

---

422 C. com., art. L. 225-103.

423 Le texte permet au tribunal de charger l'administrateur d'effectuer des actes nécessaires à la mise en œuvre du plan.

424 F.-X. Lucas, La loi de sauvegarde, article par article [1re partie], LPA 8 févr. 2006, p. 82, ss. Art. L. 626-16.

425 Dans ce sens, à propos de l'exercice d'un recours, Cass. Civ. 3ème., 7 juin 2001, n° 97-17.407 : Act. proc. coll. 2001, n° 212, obs. C. Regnaut-Moutier.

dirigeants sociaux : il lui appartient de convoquer[426]. Si les capitaux propres ne sont pas reconstitués, parce que les associés n'ont pas été réunis ou parce qu'ils ont refusé d'y procéder, l'administrateur peut, en application de l'article L. 631-9-1, demander au président du tribunal[427] de désigner un mandataire chargé de les convoquer à nouveau et de voter à la place des récalcitrants[428].

Lorsque la reconstitution des capitaux propres est une mesure du plan de redressement, le jugement arrêtant le plan met fin à la période d'observation, ainsi qu'aux fonctions de l'administrateur. Les dirigeants sociaux retrouvant leurs pouvoirs, la convocation de l'assemblée leur revient.

22.- L'omission de convoquer les associés peut produire des effets à l'égard de celui qui en était chargé, ainsi que sur la procédure collective en cours.

L'organe qui avait compétence pour convoquer les associés engage sa responsabilité pour non-respect de ses obligations légales et conventionnelles. En cas de sauvegarde, il s'agira de l'organe social d'administration puisqu'il demeure en fonction. Pour autant, la loi n'exonère pas l'administrateur judiciaire. Si ce denier reçoit une mission d'assistance, il supporte les obligations légales et conventionnelles du chef d'entreprise. La Cour de cassation en a déduit qu'il engageait sa responsabilité en ayant omis de convoquer l'assemblée générale des actionnaires pour statuer sur les comptes dans les six mois de la clôture des comptes[429], ce qui laisse entendre qu'il verrait sa responsabilité engagée s'il omettait la convocation aux fins de reconstituer le capital.

Il en est également ainsi en cas de redressement, *a fortiori* lorsque l'administrateur assure seul et entièrement l'administration de la société débitrice ou encore lorsqu'il reçoit du juge le mandat de convoquer l'assemblée sur le fondement de l'article L. 631-9-1 du code de commerce. Dans ces cas, l'organe social de direction perd ses attributions, ce qui

---

[426] Cass. crim., 21 juin 2000, n° 99-85.778 : D. 2000. AJ 352, obs. A. Lienhard ; JCP E 2000, n° 46, p. 1815, note A. Couret ; Act. proc. coll. 2000, n° 199, obs. J.-P. Legros ; Bull. Joly 2000. 1121, note J. Vallansan ; RPC 2000. 209, obs. B. Soinne ; Rev. sociétés 2000. 753, note B. Bouloc ; Dr. et patr. janv. 2001. 95, obs. M.-H. Monsèrié-Bon ; D. 2002. Somm. 207, obs. F. Derrida.

[427] Statuant par ordonnance de référé : C. com., art. R. 631-34-6.

[428] Ceux-ci sont identifiés grâce au procès-verbal de l'assemblée ayant refusé la reconstitution des capitaux propres (C. com., art. R. 631-34-5).

[429] Cass. crim. 3 mars 1998, n° 95-85.808 : Bull. Crim.1998, n° 82 ; Rev. proc. coll. 2000. 69, obs. B. Soinne.

le décharge corrélativement de sa responsabilité transférée à l'administrateur [430]. Lorsque le tribunal ne confère qu'une mission d'assistance à l'administrateur, les obligations légales et conventionnelles lient à la fois l'organe social de direction et l'administrateur dont les responsabilités peuvent être engagées ensemble, le premier pour avoir omis de convoquer, le second pour ne pas s'être assuré de la convocation des associés[431].

23.- Par ailleurs, l'absence de convocation des associés empêche toute reconstitution des capitaux propres, ce qui peut avoir une influence sur le sort de la procédure ou du plan en cours d'exécution.

Si la reconstitution des capitaux propres est une condition du plan de sauvegarde, le juge peut refuser d'arrêter le plan. La procédure de sauvegarde prend alors fin. Elle ne peut être convertie ni en redressement judiciaire, ni en liquidation judiciaire, la société n'étant pas en cessation des paiements[432]. Le paradoxe est que, étant *in bonis*, elle tombera de nouveau sous le coup de l'obligation de reconstituer ses capitaux propres si elle emprunte la forme d'une société à responsabilité limitée ou par actions.

Si la reconstitution est une mesure du plan que la société débitrice n'exécute pas dans les délais impartis, elle s'expose à ce que le tribunal prononce la résolution du plan et ouvre une procédure de redressement ou de liquidation judiciaire[433].

Mais cette issue n'est pas celle souhaitée par le législateur. La convocation doit normalement aboutir à la décision de reconstituer les capitaux propres.

B. LA DÉCISION DES ASSOCIÉS

24.- La reconstitution des capitaux propres est une opération essentiellement comptable. Sauf dans l'hypothèse où la société bénéficie d'une remise de dette très conséquente, elle implique de modifier le capital

---

[430] Dans ce sens, Cass. crim. 3 mars 1998, n° 95-85.808, préc.

[431] Dans ce sens, Cass. civ. 3e, 22 oct. 2014, n° 13-25.430 : Bull. Civ. 2014, III, n° 135 (à propos d'un administrateur n'ayant pas vérifié l'efficacité de l'assurance de responsabilité décennale contractée par le débiteur).

[432] Si toutefois les conditions du redressement (cessation des paiements) ou de la liquidation judiciaire (redressement manifestement impossible) sont remplies, le juge peut ouvrir l'une ou l'autre procédure (C. com., art. L. 622-10).

[433] C. com., art. L. 626-27, I.- Par ex., Cass. Com., 15 janvier 1991, n° 89-15.822, préc., Trib. com. Nanterre, 8 déc. 1987, préc.

social de sorte que les capitaux propres s'élèvent au minimum à la moitié de celui-ci. Sur ce minimum, le droit des sociétés et le droit des entreprises en difficulté se rejoignent[434]. Ils s'accordent également sur la reconstitution des capitaux propres par augmentation de capital. Ainsi, il est possible de procéder par de nouveaux apports en nature ou en numéraire, ou bien par l'incorporation dans le capital social de réserves[435], de bénéfices ou de primes d'émission[436].

25.- Les procédures collectives se singularisent sur deux points. D'abord, le dernier alinéa de l'article L. 626-3 du Code commerce, ajouté par l'ordonnance de 2014, permet, en cas d'augmentation du capital social prévue par le projet de plan, la compensation des créances que les associés détiennent sur la société à concurrence de leur montant et dans la limite de la réduction dont elles sont l'objet dans le projet de plan[437]. Cette forme de compensation, qui était déjà autorisée après l'arrêté du plan[438], n'obéit à aucune autre condition, alors qu'elle est subordonnée en droit des sociétés à celles de la compensation légale ou de la compensation judiciaire[439]. Il en résulte que les associés peuvent compenser la dette née de la souscription à l'augmentation de capital avec la créance de compte courant qu'ils détiennent sur la société, alors même que ces dettes ne sont pas connexes[440].

26.- Le second point de divergence concerne la reconstitution des capitaux propres par réduction du capital. Permise en droit commun des sociétés[441], certains auteurs estiment qu'elle serait exclue par le droit des entreprises en

---

[434] Comp. les art. L. 223-42, L. 225-248 et L. 626-3, C. com.
[435] Y compris les réserves légales, quitte à les reconstituer selon les prescriptions légales par la suite (C. com., art. L. 232-10).
[436] C. com., art. L. 225-128.
[437] A. Brunet et A. Ghozi, Société en difficulté : la transformation des créances en participation au capital, Mél. M. Germain, LexisNexis-LGDJ, 2015, p. 165.
[438] C. com., art. L. 262-17.
[439] Cass. com., 19 juillet 2001, n° 98-19.603 : Bull. civ. 2001, n° 148 : dans cette affaire, la Cour de cassation rejette la compensation légale entre la créance détenue sur la société et le solde non libéré du capital, faute pour le conseil d'administration d'avoir procédé à l'appel des fonds ; elle relève aussi l'absence de connexité, la dette de l'associé dérivant du contrat de société, tandis que sa créance était née d'un contrat de mandat.
[440] M.-P. Dumont-Lefrand, Les plans : quelle place pour les actionnaires ? : Rev. proc. coll. 2014, Dossier 20, n° 3.
[441] Dans la limite du capital social minimum de 37 000 € pour la société anonyme. Par le jeu des écritures comptables, la réduction du capital vient s'imputer sur les reports à nouveau déficitaires, ce qui augmente les capitaux propres. V. M. Cozian, A. Viandier et Fl. Deboissy, op. cit., n° 954.

difficulté. Tout au plus admettent-ils, et la jurisprudence avec eux[442], la faculté de recourir au coup d'accordéon par lequel la réduction à néant du capital social précède immédiatement son augmentation au niveau requis[443]. Faite peu après l'adoption de la loi du 25 janvier 1985, cette lecture restrictive – de dispositions peu explicites – était principalement justifiée la nécessité de réinjecter des capitaux frais nécessaires au redressement de l'entreprise[444].

Aujourd'hui, elle s'harmonise difficilement avec la faculté offerte aux associés par la loi de libérer leurs apports par compensation des créances qu'ils possèdent à l'encontre de la société[445]. Dans ce cas, en effet, l'opération est strictement comptable. La société ne bénéficiera d'aucun argent frais susceptible de relancer son activité. Il en est de même avec l'incorporation – non contestée par la doctrine – de réserves ou de primes d'émission.

27.- L'interprétation suivie (à regret) par les premiers commentateurs de la loi de 1985 était aussi influencée par le refus du législateur de l'époque d'adopter des dispositions contraignantes pour les associés[446]. Ainsi avait-il renoncé à donner le pouvoir au tribunal de supprimer le droit préférentiel de souscription à l'occasion de l'augmentation de capital et, dans le cas où les capitaux propres s'élevaient à moins de la moitié du capital social, à obliger la société à réduire son capital en l'absence de reconstitution des fonds propres. L'équilibre entre les forces en présence a évolué, singulièrement avec l'ordonnance de 2014[447] et la réforme de 2015. Les associés sont désormais davantage impliqués dans le sauvetage de l'entreprise en difficulté. Réduire le capital aux fins de reconstituer les capitaux propres ne paraît plus devoir être exclu par principe du panel des mesures susceptibles d'être adoptées. L'intérêt de la société en difficulté empiète désormais sur

442 Cass. com., 25 janvier 2005, n° 02-18.269 : RJDA 2005, n° 573 (coup d'accordéon justifié par « l'intérêt de la société, notamment au regard de sa crédibilité financière pour les fournisseurs, la réussite du plan de redressement par continuation et donc la survie à long terme de la société »).

443 P.-M. Le Corre, op. cit., *idem*.

444 A. Brunet et M. Germain, L'information des actionnaires et du comité d'entreprise dans les sociétés anonymes, Rev. soc. 1985. 1, spéc. n° 73 s.

445 Jusqu'en 1994, la compensation était réservée aux « nouveaux associés ou actionnaires », c'est-à-dire aux créanciers qui acceptaient d'entrer dans le capital de la société en redressement judiciaire (L. n° 85-98, 25 janvier 1985, art. 73). Elle est ouverte, depuis la L. n° 94-475 du 10 juin 1994, aux anciens associés ou actionnaires.

446 A. Brunet et M. Germain, op. cit., n° 75.

447 V. F.-X. Lucas, Les actionnaires face à leurs responsabilités ? Quelles responsabilités ? (1ère partie) : Rev. proc. coll. 2014, Dossier 36.

celui des associés. Il ne se trouve plus guère d'arguments s'opposant à la reconstitution des capitaux propres par la réduction du capital social.

28.- La suprématie de l'intérêt social s'exerce également sur le vote des associés. Certes, ces derniers demeurent en théorie souverains pour décider la reconstitution. D'ailleurs, le quorum et la majorité requis pour modifier les statuts sont ceux prévus par les règles propres à chaque forme sociale[448].

29.- Mais la souveraineté des associés s'arrête là où commence leur résistance. Leur refus de reconstituer les capitaux propres peut d'abord convaincre le juge de mettre un terme à la procédure de sauvegarde. Si la reconstitution est un engagement du plan de sauvegarde, le tribunal peut prononcer sa résolution[449] puis ouvrir une procédure de redressement ou de liquidation judiciaire. En cas de liquidation, il ne sera plus question de reconstituer les fonds propres, mais les associés auront probablement perdu leurs apports.

Si la voie du redressement est empruntée, les organes de la procédure disposent d'un moyen plus coercitif puisque, lorsque les capitaux propres n'ont pas été reconstitués selon la manière douce prévue à l'article L. 626-3, l'article L. 631-9-1 permet la désignation du mandataire *ad hoc* chargé de voter à la place des associés opposants[450]. La seule condition à la nomination du mandataire tient au projet de plan qui doit prévoir la modification du capital en faveur d'une ou de plusieurs personnes qui s'engagent à respecter le plan. On ne peut mieux préparer l'éviction des associés passifs dans le sauvetage de la société. Un coup d'accordéon aura raison de leur participation et permettra aux autres associés ou à des tiers de contribuer à la survie de la société en s'engageant à souscrire les nouveaux titres émis au cours du plan.

30.- Faut-il s'en émouvoir ? La réduction du capital, pour autant qu'elle soit possible[451], n'est rien d'autre qu'une forme de contribution aux pertes à

[448] Par exemple, dans la société anonyme, l'assemblée générale extraordinaire est compétente ; si l'opération consiste en l'incorporation de réserves, de bénéfices ou de primes d'émission, elle statuera comme une assemblée générale ordinaire (C. com., art. L. 225-130).

[449] Par un créancier, le commissaire à l'exécution du plan ou le ministère public (C. com., art. L. 626-27). Le juge ne peut plus se saisir d'office, cette faculté ayant été déclarée contraire à la Constitution (Cons. const. 7 mars 2014, n° 2013-372 (QPC) : Rev. proc. coll. 2014, n° 94, obs. P. Cagnoli).

[450] C. com., art. L. 631-9-1.

[451] Cf. *supra*, n° 26.

laquelle s'expose tout associé[452]. Limitée à leurs apports, elle est conforme aux prévisions de l'article 1832 du Code civil, même si elle s'accompagne de la suppression du droit préférentiel de souscription[453]. Les associés ne subissent aucun préjudice du fait de l'anéantissement de leur titres[454]. En outre, la solution est conforme aux objectifs du droit des entreprises en difficulté. On soulignera toutefois que le législateur n'a pas franchi le rubicon en imposant aux associés de souscrire à l'augmentation de capital subséquente. Une telle obligation aurait dérogé à la prohibition de l'augmentation des engagements des associés dont le principe d'ordre public[455] est posé par l'article 1836 du Code civil[456]. Sur ce point, le livre VI du Code de commerce se conforme au droit des sociétés.

31.- Il s'en écarte cependant par certains détails qui heurtent la souveraineté des associés. Ainsi, les textes leur confisquent tout pouvoir de décider du montant de la reconstitution. Dans le cadre de la préparation du plan, les associés statuent sur la proposition de l'administrateur qui doit au minimum permettre de remonter les capitaux propres à la moitié du capital social. L'administrateur a la faculté de proposer un montant supérieur sans que les associés ne puissent s'y opposer. Si la reconstitution est prévue par le plan, ils devront l'adopter selon ses termes. Dans tous les cas, le vote des associés sera donc de refus, avec les conséquences que cela implique[457], ou d'adhésion.

Enfin, l'ordonnance de 2014 facilite la décision lorsque la reconstitution

---

452 Cass. Com. 17 mai 1994, n° 91-21.364 : Bull. Civ. 1994, IV, n° 183 ; Dr. sociétés 1994, comm. n° 142, note H. Le Nabasque ; Rev. sociétés 1994. 485, note S. Dana-Demaret ; Bull. Joly 1994. 816, note J.-J. Daigre ; Defrénois 1994. 1035, obs. H. Hovasse ; Gaz. Pal. 1994. 2. 747, note Y. Chartier.

453 Cass. com., 18 juin 2002, n° 99-11.999 : Bull. Civ. 2002, IV, n° 108.

454 Cass. com., 15 janvier 2002, n° 97-10.886 : Bull. Joly sociétés 2002. 689, note S. Sylvestre. Dans cette affaire, un associé, M. X..., demandait la condamnation du dirigeant à l'indemniser de la perte de la valeur du capital qu'il avait subie du fait des fautes commises par celui-ci dans la gestion de la société. La société avait subi une procédure collective, et une opération de réduction du capital à zéro suivie d'une augmentation, décidée en application du plan de continuation. Selon la Cour de cassation, « le préjudice invoqué par M. X... qui en raison de ses droits et devoirs sociaux, a été appelé à supporter les pertes sociales n'étant que le corollaire de celui causé à la société, n'avait aucun caractère personnel ».

455 V. dernièrement Cass. com., 10 juillet 2012, n° 11-14.267 : Bull. civ. 2012, IV, n° 156 ; Rev. sociétés 2012. 701, note T. Massart.

456 Cass. civ. 1re, 3 juill. 1979 : RTD com. 1980. 94, obs. E. Alfandari et M. Jeantin.

457 Les mêmes qu'en l'absence de convocation des associés pour voter la reconstitution des capitaux propres, v. *supra*, n° 23.

des capitaux propres est une mesure du plan et que, par nécessité[458], le tribunal a donné mandat à l'administrateur de convoquer l'assemblée. Le jugement peut prévoir que celle-ci statuera sur première convocation à la majorité des voix des associés présents ou représentés s'ils disposent au moins de la moitié des droits de vote[459]. C'est une manière à peine dissimulée de contourner les associés disposant d'une minorité de blocage.

32.- En conclusion, la reconstitution des capitaux propres de la société en sauvegarde ou en redressement judiciaire est une opération facultative pour les organes de la procédure qui peuvent l'imposer dans une large mesure aux associés. Le rééquilibrage des forces au détriment de ces derniers, tant dans la sauvegarde que dans le cadre du redressement judiciaire, les place dans une situation très proche de celle du droit commun des sociétés à responsabilité limitée et des sociétés par actions. Aussi, est-il encore raisonnable de prévoir des dispositions spécifiques dans la mesure où le droit commun des sociétés pourvoit déjà aux objectifs poursuivis par le droit des entreprises en difficulté ? La suppression dans le livre VI des dispositions complexes gouvernant la reconstitution des capitaux propres au profit de l'application à toutes les formes sociales de l'obligation posée pour les sociétés à responsabilité limitée et par actions unifierait et simplifierait le régime de cette opération aussi banale en droit des sociétés que nécessaire au crédit des sociétés en difficulté.

Enfin, elle pourrait constituer la première étape du sauvetage de la société en difficulté, précédant d'abord la dilution imposée du capital, puis la cession forcée des titres sociaux en cas de résistance d'associés. La hiérarchisation de ces mesures, actuellement non prévue par les textes, permettrait ainsi d'éprouver la motivation et la capacité des associés à participer au sauvetage de leur société.

---

458 Cf. *supra*, n° 20.

459 C. com., art. L. 626-16-1.

Les risques de l'ouverture d'une procédure collective pour les associés et les dirigeants

Marie-Hélène MONSERIE-BON
Professeur Université Toulouse Capitole
Centre de Droit des Affaires

L'argent est le nerf de la guerre ... de la guerre contre les difficultés des entreprises pour les redresser. Les évolutions les plus récentes du croisement du livre VI du code de commerce et du droit des sociétés en attestent. Si les risques financiers pesant sur les associés et les dirigeants s'aggravent au fil du temps, ils ne sont pas les seuls et il apparaît nécessaire de brosser un panorama de la situation des associés et des dirigeants qui ajoutera des contraintes et des risques à ceux liés à la reconstitution des capitaux[460].

Droit des sociétés, droit des entreprises en difficulté, cela reste « le choc des titans », du moins celui des deux poids lourds du droit des affaires[461].
Lorsque l'on évoque la situation des acteurs principaux du droit des sociétés, c'est, en premier lieu, en termes de risques que l'on raisonne et la construction de ce « droit des sociétés » au sein du droit des entreprises en difficulté ne peut démentir cette première vision. Le livre VI se tournant en priorité vers l'entreprise et les créanciers, les associés ou les dirigeants apparaissent comme des acteurs secondaires. Leurs intérêts ne sont pas au centre du processus de redressement et l'intérêt social passera toujours en priorité. Finalement, le législateur considère très certainement que régissant une structure spécialement organisée, la société, il convient de laisser le droit commun des sociétés gérer, sauf exception, la situation des associés et des dirigeants[462]. Certains, lors d'un précédent colloque organisé à Nice, il y a déjà quinze ans, avaient pu le regretter en écrivant à propos des associés que « *ces pâles figurant sont sans conteste les parents pauvres de la procédure* »[463].

Quinze ans et quelques réformes après, le double constat réalisé paraît être toujours d'actualité si on excepte les évolutions constatées quant au financement des entreprises. Peu de changements ont été opérés dans la loi même si un contentieux relativement abondant s'est développé à propos de

[460] V. Thomas, La reconstitution des capitaux propres de la société en sauvegarde ou en redressement judiciaire, *supra*.
[461] A. Honorat et F. X. Lucas, Avant propos, Le droit des sociétés à l'épreuve des procédures collectives, Colloque Nice 19 mai 2001, LPA 9 janv. 2002, p. 3.
[462] A. Martin-serf, Les dirigeants et la procédure collective, ibid, p. 31.
[463] F.X. Lucas, les associés et la procédure collective, ibid, p. 7.

la mise en œuvre du droit des sociétés dans le giron des procédures collectives[464].

Certes, la situation des associés et des dirigeants n'est pas linéaire selon le type de procédure ouverte. L'attrait que le législateur a voulu insuffler à la sauvegarde avant tout, a conduit à minimiser les risques encourus par les associés et les dirigeants, ceux-ci allant crescendo avec le redressement puis la liquidation judiciaires.

Si les risques n'ont pas la même intensité, ils demeurent bien présents sans toutefois altérer l'idée selon laquelle la situation des associés ou des dirigeants et plus particulièrement de ces derniers s'est sensiblement améliorée au fil des réformes et de certaines évolutions jurisprudentielles. Ce sentiment est-il conforme à la réalité ? C'est ce qu'il convient de vérifier.

Ainsi, si les risques naturels du droit des sociétés perdurent en subissant des aménagements (I), s'y ajoutent les risques propres au droit des entreprises en difficulté qui participent à la réalisation des objectifs du livre VI du code de commerce (II).

I . Le maintien des risques naturels du droit des sociétés

Le droit des sociétés s'il confère des droits essentiels aux associés et aux dirigeants de la société qui constituent les piliers de cette organisation, prescrit également un certain nombre d'obligations qui peuvent apparaître comme des risques principalement patrimoniaux même si les dirigeants de sociétés n'échappent pas à des sanctions pénales. Au titre de ces risques, on compte bien sûr la responsabilité qui pèse sur certains associés et sur les dirigeants (A), à laquelle s'ajoute un risque d'éviction qui perdure après l'ouverture d'une procédure collective (B).

A. DES RISQUES PATRIMONIAUX « REVISITÉS » EN CAS DE PROCÉDURE COLLECTIVE

Lorsque la société relève d'une procédure de traitement de ses difficultés, les créanciers pourront espérer que le droit des sociétés leur offre des moyens d'échapper à leur triste sort. A ce titre, apparaît en premier lieu, l'obligation au paiement des dettes sociales pesant sur les associés des sociétés à responsabilité illimitée qui semble trouver, lorsque la société est soumise à une procédure collective, un domaine naturel de mise en œuvre. En outre, la responsabilité que le droit des sociétés attache aux fonctions exercées par les dirigeants *in bonis* peut apparaître comme une alternative pour des créanciers toujours malmenés. Ainsi, les risques qui persistent pourraient alléger le passif de l'entreprise en difficulté.

---

[464] M.L. Coquelet, Risques, responsabilité des associés d'une société en procédure collective, Rev. proc. coll. 2010, dossier 6.

1) *La responsabilité des associés*

La mise en œuvre de la responsabilité des associés d'une société à responsabilité illimitée et plus particulièrement d'une société civile a soulevé des difficultés en raison du caractère inconciliable des règles du droit des sociétés et des procédures collectives, le premier imposant des poursuites préalables contre la société que le second interdit purement et simplement[465]. Aujourd'hui, grâce à la jurisprudence, des solutions différenciées sont applicables selon les phases de la procédure. En sauvegarde et en redressement, les créanciers qui souhaitent poursuivre les associés doivent établir que le patrimoine de la société est insuffisant pour les désintéresser alors qu'en cas de liquidation judiciaire, la déclaration de créance permet au créancier de poursuivre les associés qui voient se réaliser le risque assumé[466]. Cette solution reposait sur l'analyse de la déclaration de créance en une action en justice. Les changements opérés par l'ordonnance du 12 mars 2014 en ce domaine pourraient-ils avoir un impact sur la solution aujourd'hui bien établie ? Cela paraît douteux puisque l'article L. 622-25-1 du code de commerce dispose clairement que la « *déclaration de créance dispense de toute mise en demeure et vaut acte de poursuite* ». A l'évidence, la coordination du droit des procédures collectives avec les impératifs du droit des sociétés est réalisée.

Les associés de société civile, il s'agit souvent de SCI, voient perdurer à leur égard le risque patrimonial issu du droit des sociétés à la faveur des aménagements opérés dans sa mise en œuvre en cas de procédure collective. Récemment, la Cour de cassation a précisé que l'admission de la créance consacre définitivement son existence ou son montant à l'égard des associés qui, tenus à l'égard des créanciers, ne peuvent se prévaloir de la prescription éventuelle de la créance[467]. Cette même juridiction ayant rappelé que l'associé qui désintéresse un créancier social paie la dette de la société et non une dette personnelle[468], il convient alors de se demander quels sont les droits qui lui sont reconnus dans la procédure collective ?

En premier lieu, les associés peuvent-ils bénéficier de la protection que le livre VI accorde aux garants pendant la période d'observation ou l'exécution du plan ? Une réponse négative s'impose au regard des analyses jurisprudentielles de la nature de la responsabilité des associés qui ne peut

---

[465] M.H. Monsèrié-Bon, Associé de société civile et procédure collective : une rencontre réussie ? Mélanges Tricot, Litec Dalloz 2011, p. 547 ; A. Cerati-Gauthier, L'associé dans la loi de sauvegarde, Rev. sociétés 2006, p. 305.

[466] Cass. ch. Mixte, 18 mai 2007, RTDcom. 2007, 550, obs. M.H. Monsèrié-Bon, Rev. sociétés 2007, p. 620, note J.F. Barbiéri.

[467] Cass. com 13 oct. 2015, n° 11-20746, BJS 2015, note N. Borga.

[468] Cass. 3e civ, 6 mai 2015, n° 14-15222.

pas être assimilée à un cautionnement, les associés n'étant pas non plus des coobligés[469]. La Cour de cassation retient actuellement la qualification de « garant subsidiaire »[470] qui ne donne pas accès au bénéfice des dispositions neutralisant les poursuites lors de la procédure collective. Néanmoins, ce rejet ne semble pas préjudiciable car cette protection n'aurait en pratique que peu d'utilité. En effet, les conditions de la responsabilité ci-dessus énoncées repoussent sa mise en œuvre réelle à la liquidation, période au cours de laquelle la situation favorable des garants disparaît.

En second lieu, la question de l'admission de la tierce opposition des associés responsables du passif social lors d'une procédure collective a soulevé des hésitations. Après avoir considéré que les associés étaient représentés en justice par la société, la Cour de cassation, sur le fondement l'article 6.1 de la Convention européenne des droits de l'homme qui instaure un droit effectif au juge, a reconnu la recevabilité de la tierce opposition des associés à l'encontre du jugement ouvrant la liquidation judiciaire[471] ou ayant fixé une créance dans une instance en paiement engagée contre la société avant l'ouverture de la liquidation judiciaire[472].

Les associés se trouvent soumis à une situation qui n'apparaît pas, au terme des évolutions jurisprudentielles réalisées, nécessairement défavorable lors de l'ouverture d'une procédure collective.

B. LA RESPONSABILITÉ DES DIRIGEANTS

L'articulation du droit commun des sociétés et du droit des entreprises en difficulté est subtile et laisse subsister, certes de manière résiduelle, la responsabilité fondée sur les textes du droit des sociétés ou sur l'article 1382 du code civil. Deux hypothèses peuvent alors être distinguées.

D'une part, le droit commun de la responsabilité, issu du droit des sociétés ou du code civil, est susceptible de s'appliquer en dehors du domaine de la responsabilité pour insuffisance d'actif. Ainsi, puisque la Cour de cassation exclut les membres du conseil de surveillance du champ de la responsabilité pour insuffisance d'actif, leur responsabilité peut être recherchée sur le fondement de l'article L. 225-257 du code de commerce qui précise d'ailleurs qu'ils n'encourent aucune responsabilité en raison

[469] Cass. com. 20 mars 2012, n° 10-27340, BJS 2012, p. 388, note J.F Barbiéri.
[470] Cass. com. 29 mars 2011, n°10-15554 ; BJS 2011, p. 571, note F.X. Lucas.
[471] Cass. com. 19 déc. 2006, Rev. sociétés 2007, p. 401, note Th. Bonneau.
[472] Cass. com. 26 mai 2010, Rev. sociétés 2010, p. 406, note Ph. Roussel-Galle.

d'actes de gestion, ce qui légitime cette exclusion[473]. De même, si la qualification de dirigeant de fait ne peut être retenue[474], la responsabilité civile fondée sur l'article 1382 est applicable. Il en irait de même, lorsque aucune insuffisance d'actif n'est constatée dans la procédure.

D'autre part, l'action en responsabilité de l'article L. 651-2 du code de commerce a pour objet la réparation du préjudice collectif causé par les agissements du dirigeant. Dès lors, l'action individuelle d'un créancier notamment pour obtenir réparation d'un préjudice personnel toujours délicat à caractériser, sera recevable sur le fondement du droit commun. La dernière question est alors temporelle, ces actions fondées sur le droit commun sont-elles envisageables en dehors des limites strictes posées par le livre VI, c'est-à-dire en dehors de la liquidation judiciaire ? La même logique que précédemment doit prévaloir. Si la responsabilité recherchée se fonde sur l'insuffisance d'actif, elle doit être écartée car elle contreviendrait à l'objectif d'anticipation voulu par le législateur. En effet, cela permettrait à un créancier en se plaçant sur un autre fondement juridique ou en invoquant un préjudice personnel ne relevant pas de la procédure, d'agir contre un dirigeant. Toutefois, les conditions du droit des sociétés devenant applicables, la nécessité de caractériser une faute séparable des fonctions pourra souvent entraver la réussite de cette action. De ce point de vue, le droit spécial des procédures collectives est moins rigoureux, toute faute de gestion étant de nature à engager la responsabilité du dirigeant. Le travail de coordination effectué par la jurisprudence conduit à une solution équilibrée qui laisse un espace, toutefois réduit, au droit des sociétés.

C. ÉVICTION DES ASSOCIÉS OU DES DIRIGEANTS ?

Là encore, l'espace laissé au droit commun des sociétés et aux mécanismes d'éviction des dirigeants et des associés peut soulever quelques hésitations. Il ne fait pas de doute qu'au cours de la sauvegarde, le droit des sociétés va être largement applicable, aucune mesure relative aux dirigeants n'ayant été introduites dans le livre VI. Il est donc possible que le dirigeant perde au cours de la période d'observation la confiance des associés ou des actionnaires qui souhaiteront confier la direction et la conduite du redressement de la société à une autre personne. De la même façon, les associés ou actionnaires pourraient quitter librement l'entreprise ou en être exclus si cela est prévu dans les statuts. En revanche, lors de la procédure de redressement, la loi prévoit que les dirigeants de droit ou de fait ne peuvent

---

[473] Cass. com. 12 juill. 2005, Rev. sociétés 2006, 162, note F.X. Lucas – Th. Favario, La faute de gestion au sens de l'article L. 651-2 du code de commerce, Rev. proc. coll. mai 2011, étude 15.

[474] Cass. com. 19 fév. 2008, n° 06-20444, BJS 2008, p. 504, note B. Saintourens.

pas céder leurs titres. En dépit de l'emploi du terme cession, il convient d'étendre cette interdiction à l'ensemble des opérations qui conduirait à la sortie du dirigeant, comme une exclusion suivie d'un remboursement des droits sociaux. Les associés non dirigeants restent entièrement libres de céder leurs droits sociaux. De plus, aucune disposition ne leur retire le droit de révoquer le dirigeant, même au cours du redressement judiciaire.

Le droit commun des sociétés conserve un espace d'intervention et les risques qu'il engendre pour les dirigeants et associés ne sont pas à exclure. A ces risques s'ajoutent ceux du droit des procédures collectives qui touchent essentiellement les dirigeants en dehors de la reconstitution du capital.

II. L'apparition des risques propres au droit des entreprises en difficulté

Le droit des entreprises en difficulté, alors que les sociétés sont au cœur des procédures, ne comporte pas un corps de règles organisé pour régir la situation de la société et des acteurs de la vie sociale. Ainsi, au fil du livre VI et des objectifs assignés à ce droit, des dispositions visent les dirigeants et les associés pour le plus souvent générer de nouveaux risques marqués pour les dirigeants, plus diffus pour les associés.

A. DES RISQUES MARQUÉS POUR LES DIRIGEANTS

Au titre de ces nouveaux risques, il est possible d'identifier d'une part, la responsabilité qui pèse sur les dirigeants, toujours présente, même si les évolutions l'ont rendue moins lourde. De même, les dirigeants vont voir leur situation directement influencée par celle de la société et par les pouvoirs importants conférés par la loi aux juridictions.

Concernant la *responsabilité pour insuffisance d'actif*, le risque a été reporté à la phase de liquidation judiciaire, moment auquel culminent les risques pour les dirigeants qui n'auront pas su anticiper les difficultés. La jurisprudence vient d'apporter quelques précisions sur le régime de cette action qui limitent les risques pour les dirigeants. Deux arrêts, statuant dans le même sens, peuvent être signalés car ils reviennent sur les solutions précédemment retenues.

Le premier arrêt de la chambre commerciale en date du 10 mars 2015[475] se prononce sur le périmètre de la faute de gestion, condition nécessaire pour la mise en jeu de la responsabilité des dirigeants. En l'occurrence, une sous-capitalisation de la société lors de sa constitution était reprochée au dirigeant

[475] Cass. com. 10 mars 2015, n°12-15505, Rev. sociétés 2015, p. 406, note L.C. Henry.

sur le fondement de l'article L. 651-2 du code de commerce. A juste titre, la Cour de cassation affirme que l'insuffisance des apports consentis à une société lors de sa constitution étant imputable aux associés, elle ne constitue pas une faute de gestion.

Le second arrêt en date du 13 octobre 2015[476], dans le même esprit, analyse la situation d'une société, dont les capitaux propres sont devenus inférieurs à la moitié du capital social, et qui doit donc mettre en œuvre la procédure de reconstitution des capitaux propres prévue par le droit des sociétés. La Chambre commerciale décide que l'absence de régularisation effective, dans le délai légal, de la situation de la société est imputable aux actionnaires et ne constitue pas une faute de gestion imputable aux dirigeants. Ces solutions sont parfaitement conformes à celles déjà en vigueur en droit des sociétés sur le fondement notamment de l'expertise de gestion cette action ne pouvant être utilisée pour contrôler les décisions relevant des pouvoirs des assemblées générales et donc des associés ou actionnaires. Cette harmonisation des solutions est donc particulièrement bienvenue.

Est-ce à dire que toute responsabilité des dirigeants peut être totalement écartée dans ces hypothèses ? Une réponse négative nous paraît s'imposer. En effet, si la décision de recapitaliser la société échappe au dirigeant, l'initiative de convoquer l'assemblée appelée à statuer sur cette question lui incombe. Ne pas agir en ce sens caractériserait, à n'en pas douter, une faute de gestion relevant de l'article L. 652-1 du code de commerce[477]. Il en serait de même, en cas d'apports insuffisants, les dirigeants devant alors demander aux associés de participer à une augmentation de capital. En définitive, tout risque n'est pas exclu pour les dirigeants, même si les sources de responsabilité se réduisent du fait des dernières évolutions de la jurisprudence.

Le second point qui mérite de retenir l'attention concerne la cession forcée ou l'incessibilité des titres des dirigeants ainsi que leur remplacement qui pourront intervenir au moment de l'adoption du plan de continuation lorsque le redressement le requiert, conformément à l'article L. 631-19-1 du code de commerce. Cette disposition déjà ancienne a donné lieu ces derniers mois à des décisions de jurisprudence qui éclairent le régime juridique de la cession forcée des titres des dirigeants en cas de plan de redressement, de reprise interne par un cessionnaire des titres. Cette mesure qui est bien sûr attentatoire aux droits des dirigeants a été validée par le Conseil

[476] Cass. com. 13 oct. 2015, n° 14-15755.
[477] CA Paris, 17 fév. 2009, Rev. sociétés 2009, p. 671.

constitutionnel qui a considéré ce risque conforme à la Constitution au motif que le dirigeant peut l'éviter en démissionnant[478].

Néanmoins, les interventions législatives et jurisprudentielles intervenues ont eu, dans un premier temps, pour objet d'entourer cette opération de conditions qui assurent une certaine protection des dirigeants victimes. Les dernières solutions paraissent plus nuancées, elles s'inspirent sans doute des évolutions législatives les plus récentes qui ont malmené les droits des dirigeants et des associés pour favoriser la sauvegarde des entreprises. Ainsi, la rédaction de l'article L. 631-19 du code de commerce a été modifiée par l'ordonnance du 12 mars 2014 pour mentionner qu'en cas de cession de droits sociaux, les clauses d'agrément sont réputées non écrites, marquant la volonté du législateur de donner sa pleine efficacité aux mécanismes de cession forcée. La formulation retenue, restrictive, n'est pas des plus pertinentes. Il convient de se référer à l'esprit du texte plutôt qu'à sa lettre pour écarter tous les mécanismes qui pourraient faire obstacle à cette cession, comme les pactes comportant des mécanismes de préférence ou de préemption, par exemple[479].

Après la reconnaissance par le Conseil constitutionnel de la constitutionnalité de l'article L. 631-19-1 du code de commerce[480], deux décisions de la Cour de cassation méritent d'être signalées. La première du 17 novembre 2015[481], détermine le périmètre du texte en indiquant que les atteintes qui peuvent être portées aux droits des dirigeants cessent après l'adoption du plan de redressement. Cette interprétation découle naturellement des textes qui lient les mesures défavorables aux dirigeants exclusivement à l'adoption du plan afin de favoriser une reprise interne (cession des titres) ou l'exécution du plan par les dirigeants (incessibilité des droits sociaux). La seconde décision en date du 26 janvier 2016 apporte des précisions intéressantes quant à la mise en œuvre de la cession des droits sociaux. La Cour de cassation a énoncé que le dirigeant n'est définitivement évincé qu'après le paiement de la valeur des droits sociaux, ce qui peut intervenir après l'adoption du plan. Dans ce cas, afin d'éviter toute difficulté dans la mise en œuvre du plan, le tribunal qui a décidé la cession des droits

---

[478] Cons. const., 7 oct. 2015, n° 2015-486, QPC, JCP G 2015, 1390, note B. Brignon ; Act. proc. coll. 2015, repère 278, M.H. Monsèrié-Bon ; JCP E 2015, 1562, note A. Cerati-Gauthier.

[479] S. Schiller, Pactes d'actionnaires et droit des entreprises en difficulté, Rev. sociétés 2016, p. 75.

[480] M.H. Monsèrié-Bon, L'article L. 631-19-1 du code de commerce : un passage réussi au tamis de la QPC, Act. proc. coll. 2015, repère 278.

[481] Cass. com. 17 nov. 2015, n°14-12372, BJE janv. 2016, p. 19, note M.H. Monsèrié-Bon.

sociaux peut aussi désigner un mandataire aux fins d'exercer les droits de vote attachés aux parts cédées. Si la première affirmation est conforme au droit commun des sociétés et se retrouve notamment en matière de retrait, la seconde est plus directement inspirée de l'article L. 631-19-1 qui prévoit la présence d'un mandataire exerçant les droits de vote en cas d'incessibilité des titres des dirigeants. La Cour de cassation justifie cette possibilité par le principe classique d'interprétation du droit des sociétés, à savoir que tout ce qui n'est pas interdit est permis.

Les diverses évolutions retracées montrent clairement que même si un mouvement a été amorcé en faveur d'une situation plus favorable pour les dirigeants de société, ils restent tout de même les premières victimes des risques nés de l'ouverture de la procédure collectives, principalement lorsqu'ils n'ont pas anticipé les difficultés. Ce constat est particulièrement flagrant à la lecture du nouvel article L. 631-19-2 du code de commerce qui renforce l'impression de fragilité de la situation des dirigeants associés en entourant leur éviction d'un luxe de précautions[482].

B. DES RISQUES DIFFUS POUR LES ASSOCIES

Même au-delà de la situation particulière de la cession forcée des droits sociaux, les associés sont relativement protégés contre les risques inhérents à la procédure par le droit spécial des procédures collectives.

D'une part, il convient de souligner que, sauf dans des hypothèses déjà évoquées[483], les organes de la société vont conserver leurs missions et les associés leurs pouvoirs et leurs droits dans la structure. Il en ira de même dans les sociétés placées en liquidation judiciaire, la dissolution étant désormais repoussée à la clôture de la procédure en cas d'insuffisance d'actif. L'article L. 641-3 du code de commerce mentionne[484] expressément que la société devra fonctionner normalement et que notamment, si les dirigeants ne respectent pas les obligations en matière d'approbation des comptes, un mandataire peut être désigné pour réunir les associés.

D'autre part, on rappellera que la jurisprudence s'est également prononcée sur la situation un peu différente mais intéressante de l'associé d'une société, placé à titre personnel en liquidation judiciaire[485]. La Cour de

---

482 A. Gaudemet et M.H. Monsèrié-Bon, Reprise interne d'une société en difficulté, Rev. proc. coll. 2015n dossier 56.
483 V. Thomas, art. préc.
484 Cette disposition est issue de l'ordonnance 2014-1088 du 26 septembre 2014.
485 M.H. Monsèrié-Bon, Vivre en procédure collective, Les droits des associés, Rev. proc. coll. 2013, dossier 7.

cassation a dû dans ce domaine tracer les contours du dessaisissement. Elle l'a fait dans un sens qui est très favorable à l'associé qui conserve l'ensemble de ses pouvoirs dans la société *in bonis* car les règles du dessaisissement ne touchent que les pouvoirs exercés dans la société placée en liquidation judiciaire. Ainsi, et de manière assez surprenante tout de même, cet associé reste totalement indépendant pour se prononcer sur les décisions de la société ayant pourtant une incidence sur sa situation patrimoniale. Il pourra seul statuer en toute liberté sur l'affectation des résultats et éviter que des sommes entrent dans son patrimoine soumis à la procédure[486]. Ce genre d'hypothèse se rencontre lorsque l'entrepreneur individuel soumis à une liquidation judiciaire est également associé majoritaire et dirigeant d'une SCI demeurée *in bonis*.

Ainsi s'inspirant de Jean de la Fontaine[487], il est possible de conclure à propos des risques encourus par les dirigeants et les associés d'une société en difficulté en affirmant qu'ils « ne mourraient pas tous, mais tous étaient frappés ». Dans le droit des entreprises en difficulté, ils devront tous contribuer à des degrés et sous des formes diverses au sauvetage de l'entreprise, objectif que le Conseil constitutionnel a, maintes fois qualifié, d'intérêt général.

---

[486] Cass. com. 18 oct. 2011, Bull. Joly 2011, 994, note F.-.X Lucas ; BJE 2012, 82, note M.-L. Coquelet : « *que le jugement qui ouvre ou prononce la liquidation judiciaire d'une personne physique emporte dessaisissement pour le débiteur de l'administration et de la disposition de ses biens, mais ne le dessaisit pas de l'exercice des droits attachés à sa personne ; qu'il s'ensuit qu'en cas de mise en liquidation judiciaire de l'associé d'une société civile, le liquidateur de son patrimoine n'a pas qualité pour exercer les actions liées à sa qualité d'associé ou de gérant et concernant le patrimoine de la personne morale, non plus que son droit de participer aux décisions collectives* ».

[487] J. de la Fontaine, Les animaux malades de la peste.

La reprise interne

Philippe PETEL
Professeur à l'Université de Montpellier

Lorsqu'on évoque la reprise d'une entreprise dans le cadre d'une procédure collective, on songe immédiatement au plan de cession. D'abord parce qu'il s'agit d'une opération originale spécialement conçue à cette fin par la loi du 25 janvier 1985. Ensuite parce que le plan de cession a de nombreux attraits pour le repreneur : celui-ci peut en délimiter le périmètre ; les actifs qu'il sélectionne sont, en principe, libres de toute charge puisque les créanciers ont vocation à être désintéressés au moyen du prix de cession ; certaines règles de droit commun sont écartées ou aménagées pour faciliter la reprise (transfert des salariés, cessions de contrats, droits de préemption du Code rural et du Code de l'urbanisme) ; enfin, cerise sur le gâteau, le prix offert n'est pas nécessairement l'élément déterminant du choix du tribunal car la loi invite celui-ci à choisir le plan qui permet d'assurer le plus durablement l'emploi attaché à l'ensemble cédé (C.com., art. L.642-5), ce qui, en pratique, se traduit par des prix souvent déconnectés de la valeur des actifs cédés, donc par la possibilité de réaliser une bonne affaire.

Néanmoins, lorsque le débiteur sous procédure est une personne morale, la reprise interne est une solution alternative qui a ses attraits et le candidat repreneur a toujours intérêt à comparer les mérites respectifs des deux formules avant de déposer une offre.

La reprise interne se caractérise par son objet : non pas les actifs affectés à l'entreprise mais les parts ou actions de la société exploitante, dont le repreneur prend, alors, le contrôle. Elle se caractérise, aussi, par sa contrepartie : non pas un prix à distribuer aux créanciers, mais le financement d'un plan de sauvegarde ou de redressement qui permettra à la société cible d'apurer son passif en bénéficiant des facilités qu'implique un tel plan (notamment remises de dettes et délais de paiement).

L'opération a plusieurs avantages, tant au regard du plan de cession qu'au regard d'une prise de contrôle intervenant hors procédure collective.

Par rapport au plan de cession, la reprise interne offre tous les avantages liés au maintien de la personnalité juridique de l'exploitant : report des déficits fiscaux, possibilité de reprendre des actifs incessibles, tels que des agréments administratifs, ou difficilement cessibles, tels que des participations dans d'autres personnes morales. Elle permet de déjouer les pièges du plan de cession, tels que les droits de rétention[488] ou la reprise forcée (et aux conditions contractuelles) des crédits garantis par une « sûreté-sangsue » (C.com., art. L.642-12, al. 4). Le financement de l'opération peut être plus souple puisque l'effort du repreneur prendra la forme d'avances en compte courant ou d'apports qui peuvent être étalés dans le temps alors que les tribunaux exigent généralement le paiement comptant du prix de cession. Surtout, la reprise interne est une modalité de reprise moins agressive à l'égard des créanciers, ce qui a le double avantage de les inciter à des efforts utiles au redressement et de donner au candidat repreneur un avantage souvent décisif sur ses éventuels concurrents.

Par rapport à une opération identique intervenant hors procédure collective, la reprise interne a, enfin, l'avantage (paradoxal) de la sécurité. En effet, la procédure de vérification des créances commandant le « volet passif » du plan offre une sécurité bien supérieure à toutes les conventions de garantie inventées par la pratique pour les cessions de contrôle de droit commun.

Si la reprise interne offre donc des attraits manifestes, encore faut-il qu'elle soit praticable. Or, à cet égard, une différence majeure l'oppose au plan de cession. Celui-ci peut être une opération « hostile », intervenant contre la volonté des associés en place, puisque la décision d'adopter un plan de cession appartient au seul tribunal : c'est une forme d'expropriation d'un débiteur insolvable, en application des principes énoncés aux articles 2284 et 2285 du Code civil. Au contraire, la reprise interne ne peut guère être qu'une opération « amicale » car elle requiert l'accord des associés en place, appelés à y consentir soit en qualité de vendeurs de parts, soit en qualité de membres d'un organe appelé à agréer une cession ou à voter une augmentation de capital.

Cette vérité première se vérifie-t-elle toujours aujourd'hui ? On pourrait en douter tant s'accumulent, depuis quelques mois, les innovations législatives présentées par leurs promoteurs comme autant d'armes contre les actionnaires récalcitrants[489] ayant le mauvais goût de s'opposer à une

---

[488] Spécialement les droits de rétention fictifs, neutralisés dans le plan de sauvegarde ou de redressement alors qu'ils produisent leurs effets en cas de cession. V. C.com., art. L.622-7-I.

[489] « Actionnaire » rime avec « réactionnaire », ce qui incite certains hommes politiques à utiliser ce terme perçu par eux comme péjoratif plutôt que celui d' « associé », porteur de valeurs positives à leurs yeux. Il en reste parfois quelque chose dans les textes, ce qui est malheureux car le droit ne souffre pas l'imprécision du vocabulaire. V. par exemple *infra en* note.

reprise interne supposée être l'unique planche de salut de l'entreprise en difficulté.

À notre avis, la réalité est en deçà de ce que suggère cette évolution récente. Il faut, pour s'en convaincre, plonger dans la technique et observer les deux habillages juridiques que peut revêtir la reprise interne : augmentation de capital **(I)** ou cession de parts **(II)**.

I. La reprise interne par augmentation de capital

Le premier moyen pour un repreneur de prendre le contrôle d'une société en sauvegarde ou redressement judiciaire est de souscrire à une augmentation de capital qui lui sera réservée. Il en résultera une dilution des associés en place. Voire leur élimination, car si les capitaux propres sont inférieurs au capital social et si le repreneur n'entend pas leur faire de cadeau, l'opération prendra la forme d'un coup d'accordéon ; or, quand les capitaux propres sont négatifs, c'est une réduction à zéro qui précédera l'augmentation du capital social.

Lorsque l'opération intervient dans le cadre d'un plan de sauvegarde ou de redressement, les textes permettent au repreneur de moduler son effort financier. Les principes du droit commun ou du droit des procédures collectives qui s'y opposeraient sont expressément écartés. Ainsi, la libération des apports peut intervenir sans les contraintes ordinaires qui s'imposent aux sociétés par actions et aux SARL : cette libération a lieu « dans le délai fixé par le tribunal » (C.com., art. L.626-17). Mieux : cette libération peut avoir lieu par compensation avec une créance du repreneur contre la société, par exception au principe d'interdiction de payer les créances antérieures (V. les articles L.626-3, al.4, L.626-17, L.631-19-2, al.3, ainsi que les textes qui valident la « conversion de créances en titres de capital » : C.com., art. L.626-5, L.626-18, al.2, L.626-32, al.2).

Reste que l'opération requiert une décision collective extraordinaire, donc généralement une majorité qualifiée quand ce n'est pas l'unanimité. C'est dire que le candidat repreneur peut se heurter à deux obstacles d'inégale importance : même s'il est désiré par une majorité d'associés, il peut se heurter à une minorité de blocage **(A)** ; au pire, il peut être indésirable aux yeux d'une majorité ordinaire **(B)**. Observons comment les textes actuels traitent ces deux degrés d'opposition.

A. OPPOSITION D'UNE MINORITÉ DE BLOCAGE

L'ordonnance du 12 mars 2014 a introduit dans les textes une disposition permettant de surmonter cet obstacle. Elle vaut tant en sauvegarde qu'en redressement judiciaire. Ce n'est pas illogique car, si le problème se pose, le chef d'entreprise accepte probablement cette solution de sauvetage et il est le premier à déplorer l'attitude de ses coassociés. Ce dispositif n'est donc pas en contradiction avec la logique de la sauvegarde.

Cette solution légale dépend de la volonté du tribunal. Selon l'article L.626-16-1, celui-ci *« peut décider que l'assemblée compétente statuera, sur première convocation, à la majorité des voix dont disposent les associés ou actionnaires présents ou représentés dès lors que ceux-ci possèdent au moins la moitié des parts ou actions ayant le droit de vote ».* En somme, la loi lui permet d'alléger les conditions de majorité prévues par les textes ou par les statuts de la société afin de neutraliser la minorité de blocage. En contrepartie, elle impose une exigence de quorum inédite, afin que l'assemblée qui se prononcera dans ces conditions exceptionnelles ait une représentativité incontestable.

La seule faiblesse de cette disposition est qu'elle est conçue exclusivement pour le cas où l'assemblée est convoquée après adoption du plan par le tribunal. On voit mal pourquoi elle ne pourrait pas jouer auparavant dès lors qu'il peut être possible et opportun de procéder aux restructurations nécessaires au plan dès la période d'observation. La solution ne s'explique que par la force des habitudes car dans la loi du 25 janvier 1985, déjà, les modifications statutaires étaient envisagées tantôt en période d'observation (L.25 janv. 1985, art. 22, devenu C.com., art. L.626-3), tantôt après adoption du plan (L.25 janv. 1985, art. 71 et 72, devenus C.com., art. L.626-15 et L.626-16), sans que l'on perçoive une directive légale certaine et rationnelle dans la chronologie des opérations. Il est question de modifier le texte sur ce point à l'occasion du projet de loi « Justice du 21ème siècle ».

B. ABSENCE DE MAJORITÉ

Ici, la situation est plus grave et elle a préoccupé les pouvoirs publics à l'occasion des réformes de 2014 et 2015, suite à quelques expériences où le volontarisme politique s'est heurté au droit de propriété des actionnaires. C'est même le seul sujet polémique de ces réformes, appréhendé différemment par les deux ministères ayant en charge celles-ci. D'où deux interventions législatives successives.

L'ordonnance du 12 mars 2014 a abordé la question avec prudence, insérant à l'article L.631-9-1 un dispositif à la portée limitée. Il ne peut jouer qu'en présence d'une société en redressement judiciaire (non en sauvegarde) et se trouvant dans une situation irrégulière au regard du droit commun des sociétés puisque ses capitaux propres sont inférieurs à la moitié de son capital social. Il permet la désignation judiciaire d'un mandataire pour voter à la place des associés s'opposant à une augmentation de capital, mais seulement pour régulariser la situation c'est-à-dire reconstituer le capital « à hauteur du minimum prévu à l'article L.626-3 » (donc la moitié du capital) : ce ne sera pas nécessairement suffisant pour emporter changement de contrôle et permettre une reprise interne. Observons, toutefois, que le projet de loi « Justice du 21ème siècle » envisage de modifier le texte sur ce point en soumettant au vote du mandataire l'augmentation de capital « proposée par l'administrateur », ce qui ne serait plus la même chose.

La loi Macron du 6 août 2015 va plus loin. Elle reprend, à l'article L.631-19-2, l'idée de déposséder l'associé récalcitrant de son droit de vote au profit d'un mandataire de justice. Mais les conditions de recours à ce mandataire sont modifiées : peu importe l'état des capitaux propres ; en revanche, la taille de l'entreprise est décisive (cent cinquante salariés et existence d'une menace pour l'économie nationale ou régionale et le bassin d'emploi). Surtout, les effets de la règle sont plus vigoureux car elle permet d'imposer aux associés une augmentation de capital « à hauteur du montant prévu par le plan ».

Observons, néanmoins, que la règle a ses limites. Bien qu'elle réserve un droit préférentiel de souscription aux associés en place[490], elle permet une dilution de ceux qui ne pourront pas souscrire. Mais permet-elle leur éviction, alors que le texte est muet quant à l'éventualité d'une réduction de capital préalable ? Permet-elle même d'ajuster les conditions de l'opération à la réalité des capitaux propres par cette réduction préalable ? Le diable étant dans les détails, la mise en œuvre de cette audacieuse règle légale pourrait être une mine de contentieux.

Quoi qu'il en soit, le même texte offre au juge une solution alternative plus radicale : la cession forcée des parts. Ce qui nous amène à cette deuxième modalité de reprise interne.

[490] La règle doit-elle être réservée aux sociétés par actions ? L'art. L.631-19-2, al.4 vise les actionnaires et non les associés ou actionnaires, comme l'alinéa 2.

II. La reprise interne par cession de parts

Cette deuxième modalité consiste, pour le repreneur, à traiter avec l'associé majoritaire. L'opération aura lieu pour un prix qui ne regarde que l'acheteur et le vendeur car il n'a pas vocation à revenir à la collectivité des créanciers : il peut même être symbolique dès lors que les parts n'ont aucune valeur[491] . L'effort financier du repreneur réside dans le financement de la société débitrice. Comme dans le cas précédent, ce financement peut s'effectuer selon le calendrier choisi par le repreneur, au moyen d'avances en compte courant ou d'augmentations de capital.

Ici encore, l'opération est subordonnée à l'accord des associés en place et le repreneur peut rencontrer deux degrés d'opposition : celle d'associés tiers à la cession, qui refusent d'agréer l'opération **(A)** ; celle du cédant, qui refuse de vendre **(B)**.

A. REFUS DES TIERS

La question de l'agrément peut paraître résolue puisque l'article L.631-19-II énonce, très nettement, que : *« En cas de modification du capital social ou de cession des droits sociaux prévue dans le projet de plan ou dans le plan, les clauses d'agrément sont réputées non écrites »*.

De fait, ce texte a été conçu avec le souci de ratisser large. Contrairement aux textes antérieurs [492] , il vise les cessions et pas seulement les modifications de capital (où la clause ne se rencontre guère puisque le contrôle des associés est assuré par l'exigence d'une décision collective extraordinaire). Contrairement au texte précité concernant les conditions de majorité en assemblée (*supra* n°6), il vise les opérations intervenant en période d'observation comme celles intervenant après l'adoption du plan.

Pourtant, ce texte ne règle pas toutes les situations où les coassociés du cédant sont en droit de s'opposer à la reprise interne. D'abord, ce texte ne joue qu'en redressement et non en sauvegarde. Ensuite, il vise les clauses d'agrément et non l'agrément légal prévu dans les sociétés de personnes et la SARL ; or une règle aussi dérogatoire est nécessairement d'interprétation stricte. Enfin, l'éviction des clauses d'agrément n'emporte pas éviction des conventions voisines mais distinctes, telles que les conventions de préemption, fréquentes dans les pactes d'actionnaires, et qui restent donc susceptibles de faire échec à la reprise interne si le bénéficiaire entend s'en prévaloir.

---

[491] V. par exemple CA Paris 11 sept.2009 : BJS 2009, 374, note P.Y. Gautier.
[492] Ancien art. L.626-3 *in fine.*

B. REFUS DU CÉDANT

Si l'opposition des tiers est susceptible d'être écartée, le projet de reprise interne par acquisition de parts est bien mal parti lorsque le cédant pressenti refuse de vendre. Le droit de propriété étant une prérogative très secondaire aux yeux de certains faiseurs de lois, les textes les plus récents envisagent, pourtant, un dispositif permettant de surmonter ce refus.

À vrai dire, un tel dispositif existait déjà puisque la loi du 25 janvier 1985 avait prévu la possibilité d'une cession forcée des parts des dirigeants.

Ce premier dispositif, dont le régime a évolué au fil des réformes, figure aujourd'hui à l'article L.631-19-1. Il a, récemment, été jugé conforme à la constitution[493]. Peut-il être l'outil d'une reprise interne forcée ?

En théorie, une réponse affirmative pourrait s'imposer puisque la condition de fond justifiant la mise en œuvre de cette expropriation est compatible avec un tel objectif : la loi permet d'y avoir recours *« lorsque le redressement de l'entreprise le requiert »*. Par ailleurs, le fait que la règle soit réservée aux dirigeants n'est pas un obstacle puisque les dirigeants sont aussi, très généralement, les principaux associés. Néanmoins, les exigences légales entourant la mise en œuvre de cette règle en rendent l'utilisation malaisée puisque, depuis la réforme de 2005, l'initiative de cette mesure doit incomber au ministère public. Ajoutons qu'il existe un moyen facile d'échapper à ce dispositif : il suffit aux dirigeants de démissionner. En effet, la Cour de cassation estime que c'est à la date du jugement ordonnant la cession que s'apprécie la qualité de dirigeant[494].

De fait, en pratique, cette règle ancienne ne semble guère avoir été utilisée aux fins d'imposer une reprise interne.

La loi Macron du 6 août 2015 a donc jugé nécessaire d'innover en instituant une véritable une cession de contrôle forcée pour les sociétés en redressement judiciaire.

La règle figure à l'article L.631-19-2 puisqu'elle s'insère dans le dispositif évoqué plus haut et réservé aux grandes entreprises (*supra* n°). Elle en constitue même le couronnement puisqu'elle autorise, sans ambiguïté, une véritable expropriation sur décision judiciaire d'un associé

---

[493] Cons.const. 7 octobre 2015, n°2015-486.

[494] Cass.com. 19 févr. 2008 : JCPE 2008, 2062, § 14, obs. Ph. Pétel. Curieusement, le Conseil constitutionnel a sacralisé cette jurisprudence puisqu'il en tire parti pour juger que la règle ne porte pas une atteinte excessive au droit de propriété (V. décision citée supra).

qui, rappelons-le, n'est pas lui-même dans une situation d'insolvabilité justifiant cette mesure. Elle peut s'appliquer tant aux détenteurs du contrôle (défini largement par référence à des notions connues en droit des sociétés) qu'aux détenteurs d'une minorité de blocage. Elle suppose une première tentative de reprise interne sous la forme d'un projet d'augmentation de capital car c'est l'opposition à ce projet en assemblée générale qui rend les opposants éligibles à cette expropriation.

Le moins que l'on puisse dire est que ce dispositif est sulfureux au regard des droits fondamentaux. D'où diverses garanties : pour l'associé exproprié (respect du contradictoire, présence du ministère public, expertise sur le prix), comme pour ses coassociés (droit de sortie conjointe). D'où, également, diverses contraintes pour le repreneur (obligation de conserver les parts pendant une durée pouvant aller jusqu'à celle du plan et paiement comptant, le tout sous peine de résolution et sous la surveillance du commissaire à l'exécution du plan).

En conclusion, on observe donc que le principe qu'il s'agissait de vérifier est, en effet, mis à mal par les récentes réformes. La reprise interne peut, dans certains cas, être imposée contre la volonté des associés en place à l'instar d'un plan de cession. Néanmoins, nous avons aussi observé que toutes les solutions évoquées ont leurs limites juridiques. Au surplus, quand elles sont exploitables d'un strict point de vue juridique, il est évident que l'opposition des associés en place est une source de difficultés et de contentieux qui risque de peser fortement sur le succès de la reprise interne. C'est dire que, dans l'immense majorité des cas, cette forme de reprise restera ce qu'elle a toujours été : une opération intervenant avec la collaboration des associés en place, qui y trouvent une porte de sortie plus honorable et moins périlleuse qu'un plan de cession.

Traitement des groupes en droit interne

Philippe ROUSSEL GALLE
Professeur à l'Université de Paris Descartes Sorbonne Paris Cité,
Membre du CEDAG

et

Hélène BOURBOULOUX
Administrateur judiciaire, SELARL FHB

Évoquer le traitement des groupes en droit interne, suppose dans un premier temps de s'attarder sur la notion de groupe pour constater qu'il s'agit d'une notion protéiforme. Ainsi, les régimes fiscaux prennent en compte les opérations / résultats de sociétés ayant entre elles des liens de capital (régime mère/fille, régime d'intégration fiscale, régime du bénéfice consolidé / mondial, régimes de transferts d'activité et transferts de déficits, etc.). Le droit social ne se limite pas au critère de la détention capitalistique et diffère en fonction de ses applications. Ainsi pour la constitution des comités de groupe, il renvoie au droit des sociétés alors que pour l'appréciation du motif économique, il fait appel à la notion de secteur d'activité au sein du groupe. En droit comptable, la notion de contrôle à une influence notable, ce qui aboutit à donner un cadre à l'obligation d'établir des comptes consolidés (C. com., art. L. 233-16). En droit des sociétés, l'article L. 233-2 du Code de commerce définit la notion de contrôle, etc… Bref, la notion de groupe est bien une notion protéiforme, à manier avec la plus grande précaution.

En droit des entreprises en difficulté, le législateur interne – comme d'ailleurs le législateur européen – s'est longtemps montré avare d'indications, évitant de prendre parti. Pour lui, jusque très récemment, chaque société du groupe ayant la personnalité morale, elle a droit à sa procédure collective autonome, comme n'importe quel débiteur. Mais avec le pragmatisme qui le caractérise, le droit des procédures collectives ne pouvait se satisfaire de cette situation et, dans un premier temps la jurisprudence a tenté avec plus ou moins de bonheur de saisir le groupe en son entier avec les mécanismes dont elle disposait mais qui n'avaient pas vocation à traiter cette problématique (I). Plus récemment, le législateur a enfin oser édicter quelques règles afin d'appréhender le groupe de sociétés (II).

I. Les tentatives d'utilisation de mécanismes inadaptés

Faute de textes spécifiques, le droit des entreprises en difficulté a tenté d'utiliser des mécanismes existant comme l'extension pour confusion des patrimoines ou encore des actions en responsabilité (A) mais aussi le dépaysement des procédures pour essayer de centraliser les procédures des membres du groupe devant une même juridiction (B).

A. L'UTILISATION PEU SATISFAISANTE DE MÉCANISMES CORRECTEURS EXISTANTS

Tout en respectant le principe de l'autonomie des membres du groupe de sociétés, le droit des procédures collectives a tenté de contourner ce principe de diverses manières. On songe bien évidemment en premier lieu à l'extension pour confusion des patrimoines d'ailleurs consacrée par le législateur en 2005. Cette technique n'en est pas moins d'un maniement difficile. Il est en effet nécessaire de caractériser la confusion de patrimoines, et on sait combien la Cour de cassation est devenue exigeante sur ce point[495]. Mais ensuite, l'extension produit des effets si redoutables que l'on peut hésiter. Toutes les sociétés du groupe sont en effet attraites dans une seule procédure. Certes, chaque société conserve sa personnalité morale, ce qui pourrait laisser penser que l'autonomie de chacune d'elles est préservée tandis que le groupe n'acquiert pas la personnalité morale. Les principes sont donc sauvegardés. Mais en réalité, puisqu'il n'y a qu'une seule procédure collective, cela revient à nier les personnalités morales de chaque société comme s'il n'en existait qu'une seule. Sur le plan des principes juridiques, l'extension pour confusion des patrimoines peut être comparée à une arme atomique qui, si elle est utilisée, produit des effets si redoutables qu'on peut hésiter. Et d'ailleurs la Cour de cassation n'a cessé d'encadrer de plus en plus strictement les critères permettant de caractériser la confusion des patrimoines à tel point que les extensions dans les grands groupes ont disparu depuis des années, pour se limiter aujourd'hui essentiellement aux groupes de petite taille ou au couple SCI / SARL. De surcroît, cette technique ne peut être utilisée qu'en droit interne ce qui en limite considérablement la portée lorsqu'il s'agit de groupes internationaux[496].

---

495 V. en dernier lieu, Fl. Reille, Les conditions de l'extension de procédure collective, Gaz. pal. 19 janv. 2016, p. 80.

496 CJUE, 1ère ch., 15 déc. 2011, aff. C-191/10 : D. 2012, p. 403, note J.-L. Vallens ; D. 2012, p. 406, note R. Damman et D. Müller ; Rev. sociétés 2012, p. 189, obs. Ph. Roussel Galle ; LEDEN 2/2012, p. 6, obs. F. Mélin ; BJE 2012, n° 53, note L.-C. Henry ; Rev. sociétés 2012. 313, note N. Morelli ; JCP E 2012. 1227, n° 1, obs. Petel ; Dr. sociétés 2012, n° 127, note J.-P. Legros ; Bull. Joly 2012. 576, note

Mais quoi qu'il en soit, cette technique n'a pas pour objet le traitement du groupe mais de corriger une situation de fait qui ne concorde pas avec la situation juridique. Elle ne peut être utilisée que de manière marginale et le groupe « correctement géré » ne peut être traité par cette méthode.

Plutôt que d'utiliser cette technique, l'action en responsabilité pour insuffisance d'actif pouvait paraître constituer une voie intéressante, comment avait semblé l'indiquer indirectement la Cour de cassation dans l'affaire Métaleurop[497]. Mais là encore, la voie n'est pas satisfaisante puisqu'elle suppose de démontrer que la société mère - puisque c'est sans doute elle dont la responsabilité pourra être recherchée - est dirigeante de fait et de surcroît qu'elle a commis une faute de gestion. Et aussi bien, si une telle action aboutit, elle n'a pas pour effet de permettre le traitement du groupe, mais d'obtenir une indemnisation, de surcroît souvent tardive en raison de la durée des contentieux qu'elle génère.

Un peu dans le même esprit, la nouvelle action en responsabilité introduite par la loi Petroplus du 12 mars 2012[498] pourrait aboutir au même résultat en redressement judiciaire cette fois. Encore faut-il démontrer une faute du dirigeant ayant contribué à la cessation des paiements du débiteur[499], mais surtout dans le cadre de notre problématique, que la société mère est dirigeante de fait, très exactement comme pour l'action en responsabilité pour insuffisance d'actif. Et là encore, une telle action si elle venait à aboutir, ne permettrait pas de traiter le groupe mais au mieux d'obtenir une indemnisation. Tout au plus, une telle action peut éventuellement être utilisée comme moyen de pression dans une négociation.

N. Borga ; Rev. proc. coll. 2012. Étude 2, note M. Menjucq ; Europe 2012, n° 14, obs. L. Idot ; Rev. proc. coll. 2012. Comm. 185, obs. Th. Mastrullo Solution qui a été reprise par la Cour de cassation ; Cass. com., 10 mai 2012, n° 09-12.642, BJE 2012, 243, obs. L.-C. Henry ; D. 2012. 1803, note F. Jault-Seseke ; LEDEN juin 2012, p. 7, obs. Mélin ; RJDA 2012, n° 705 ; Rev. sociétés 2012, p. 529, obs. Ph. Roussel Galle.

497 Dans cet arrêt, la Haute juridiction rejette la demande en extension pour confusion des patrimoines, mais elle ajoute que l'arrêt d'appel ne statuait pas sur le fondement de l'action en responsabilité pour insuffisance d'actif : Cass. com., 19 avril 2005, n° 05-10.094 : D. 2005. AJ 1225, obs. A. Lienhard ; ibid. Pan. 2013, obs. F.-X. Lucas ; Bull. Joly 2005. 690, note C. Saint-Alary-Houin ; Dr. sociétés 2005, n° 133, note J.-P. Legros ; Rev. proc. coll. 2005. 239, obs. M.-F. Dumont ; Gaz. Pal. 4-5 nov. 2005, p. 3, note Ch. Lebel.

498 L. n° 2012-346, 12 mars 2012, relative aux mesures conservatoires en matière de procédures de sauvegarde, de redressement judiciaire ou de liquidation judiciaire et aux biens qui en font l'objet.

499 C. com., art. L. 631-10-1.

Quoi qu'il en soit, on ne peut y voir un instrument de traitement, mais tout au mieux un mécanisme utilisable dans des cas marginaux.

Pour en terminer avec les actions en responsabilité, on pourrait citer la prise en compte de la responsabilité des sociétés mères ou grand mères en matière environnementale par la loi Grenelle II de 2010. Mais une fois encore, outre la difficulté de mise en œuvre de telles actions, elles n'ont pas pour objet le traitement du groupe stricto sensu, mais de réparer une faute.

Plus récemment, la technique du coemploi a semblé répondre aux attentes de certains, mais là encore la Chambre sociale a rapidement restreint cette voie[500] qui, de toute manière, n'aboutissait pas à un traitement effectif du groupe.

En conclusion, si ces techniques peuvent aboutir à malmener la notion de groupe, elles ne constituent pas vraiment des techniques de traitement du groupe de sociétés mais des mécanismes correcteurs plus ou moins heureux et plus ou moins efficaces. C'est d'autant plus regrettable que le traitement du groupe en difficulté exige une appréhension globale et non entité par entité. Aussi faute de mieux, il a été envisagé de recourir à la technique du dépaysement afin qu'une seule juridiction connaisse des procédures ouvertes à l'encontre des membres du groupe.

B. LE DÉPAYSEMENT, UNE RÉPONSE ADAPTÉE OU DU BRICOLAGE ?

Les objectifs des membres du groupe peuvent être divergents et l'ouverture d'une procédure à l'encontre de chacun d'eux sans aucun lien entre elles ne permet pas un traitement global. En outre, la pluralité de procédures entraîne une pluralité de mandataires de justice, chaque dossier étant traité isolément sans possibilité de faire prévaloir l'intérêt du groupe.

Dans un tel contexte et faute de mieux, il est apparu qu'il fallait au moins tenter d'appréhender toutes les entreprises du groupe devant la même juridiction, et donc d'utiliser la voie du dépaysement. Cette possibilité a été largement assouplie en 2014. D'une part, l'article L. 662-2 du Code de commerce n'impose plus le renvoi devant une juridiction « de même nature » ce qui permet de traiter des groupes mais aussi et surtout des groupes hétérogènes comprenant des SCI et des sociétés opérationnelles. En

---

[500] Soc., 25 sept. 2013, n°11-25733 ; Soc., 18 déc. 2013, n° 12-25686 et Soc., 2 juill. 2014, n°13-15208 à n°13-21153 ; V. notamment et toutefois, R. Dammann et S. François, Groupes de sociétés : le co-emploi toujours en embuscade, BJE sept. Oct. 2016, p. 305.

outre, concernant le mandat ad hoc et la conciliation, la juridiction de renvoi bénéficie automatiquement d'une prorogation de compétence en cas d'ouverture d'une procédure collective qui pourrait « directement s'en suivre », cette dernière formule risquant au moins dans certains cas de soulever des contentieux, de par son imprécision. D'autre part, alors qu'auparavant le droit de solliciter la délocalisation la procédure était réservée au président du tribunal et au ministère public depuis le décret du 30 juin 2014, l'article R. 662-7 ouvre cette possibilité au débiteur et au créancier poursuivant.

Malgré ces assouplissements, le recours au dépaysement induit une multiplication des formalités à effectuer et un accroissement des coûts corrélatifs sans compter l'allongement du délai de nomination d'un mandataire ad hoc ou du conciliateur par une seule et même juridiction pour les différentes filiales d'un même groupe. Il peut également entraîner un potentiel retard dans l'ouverture d'une procédure, même si la juridiction concernée peut ouvrir la procédure, la demande de renvoi suivant son cours.

Mais à la vérité, la véritable difficulté tient au fait que cette demande ne peut aboutir que si les intérêts en présence le justifient. On peut à cet égard citer quelques exemples pratiques. Ainsi, dans une affaire dans laquelle une conciliation de la holding du groupe avait été ouverte devant une juridiction, la décision de centralisation de toutes les procédures ouvertes à l'encontre des membres du groupe devant cette juridiction a été fondée sur les éléments suivants :

> Les discussions avec les principaux partenaires financiers et les principaux fournisseurs avaient déjà débuté dans le cadre d'un mandat ad hoc ouvert au profit de la société mère ;
>
> Les banques attraites avaient conditionné l'octroi de financements à l'ouverture d'une procédure de conciliation à l'égard des sociétés membres du groupe ;
>
> Il était de l'intérêt de toutes les sociétés du groupe que l'octroi du bénéfice du privilège d'argent frais aux prêteurs soit apprécié par un seul et même tribunal.

Dans un autre dossier, il a été jugé que l'ouverture de procédures amiables antérieures au bénéfice des sociétés holding justifiait la centralisation des procédures ouvertes au sein de juridictions distinctes au bénéfice des filiales opérationnelles, « pour une bonne administration de la justice » étant précisé que lors d'une première restructuration quelques années auparavant, la centralisation des procédures de conciliation était également intervenue.

Malgré ces exemples, la procédure de dépaysement, si elle reste une voie possible pour centraliser les procédures des membres d'un groupe, est d'un maniement difficile et à supposer qu'elle aboutisse, elle ne constitue pas un véritable traitement du groupe. Rien d'étonnant à cela puisqu'il s'agit une fois encore d'utiliser une technique dont l'objectif n'est pas celui-là.

II De la coordination à une compétence juridictionnelle pour les groupes en passant par la co-désignation

Face au manque d'efficacité des mécanismes existants et au moins dans certains cas, à leur dévoiement, le législateur français n'est pas resté inactif. Au cours des dernières années, il a enfin mis en place des règles spécifiques visant à assurer le traitement du groupe de sociétés. Elles se traduisent d'une part, par la co-désignation d'administrateurs et mandataires judiciaires (A) mais aussi et surtout par la mise en place d'une véritable compétence juridictionnelle en faveur des groupes de sociétés (B).

A. DE LA COORDINATION À LA CO-DÉSIGNATION

Sans doute conscients de l'absence d'instrument permettant d'assurer un traitement effectif du groupe, plutôt que de modifier le droit substantiel, les auteurs de l'ordonnance du 12 mars 2014 avaient fait le choix d'un mécanisme de coordination des procédures des membres du groupe. Ainsi, un administrateur et un mandataire judiciaires communs à toutes les procédures pouvaient être désignés, et il pouvait même leur être confié une mission de coordination. L'idée était assurément intéressante, et elle a d'ailleurs été reprise en droit européen. Faute de pouvoir traiter le groupe dans une procédure unique, une coordination des procédures pouvait ainsi être menée par un praticien commun à toutes les procédures et qui avait donc notamment une vision globale de la situation.

Malheureusement, cette innovation ne survivra pas à la loi Macron du 6 août 2015 qui tout en l'abrogeant, a mis en place un nouveau dispositif moins ambitieux, mais qui repose également sur les praticiens désignés dans les procédures ouvertes à l'encontre des membres du groupe. Cette loi a en effet institué la désignation obligatoire d'un deuxième administrateur et d'un deuxième mandataire judiciaire dans certains groupes importants[501]. A noter que le deuxième administrateur et le deuxième mandataire doivent remplir des conditions d'expérience et de moyens fixés par le décret du 1er avril 2016, à savoir être inscrits depuis dix ans au moins sur la liste des administrateurs et mandataires judiciaires et être titulaires, associés ou salariés d'une étude employant au moins quinze salariés. Au-delà des questions de calcul de ces seuils, l'innovation se traduit donc par la prise en

---

[501] Pour les seuils qui sont d'ailleurs assez complexes, v. C. com., art. L. 621-4-1. S. Benilsi, Le développement du co-mandat des administrateurs et des mandataires judiciaires, BJE nov.-déc. 2015, p. 426.

compte du groupe en imposant que l'un au moins des professionnels désignés dispose d'une structure assez importante et d'une expérience conséquente pour intervenir dans des groupes importants.

À la différence du texte de 2014, il n'est donc plus fait mention d'une possible mission de coordination, ce que l'on peut regretter, ce d'autant que cette possibilité a été introduite en droit européen. Pour le reste, il n'est certes pas précisé que le second professionnel soit commun à toutes les sociétés du groupe, mais la raison d'être de la règle nous semble militer pour que ce soit le cas. Faute de mission de coordination, ce second professionnel, s'il est commun à toutes les procédures aura donc une vision globale de la situation particulièrement utile pour assurer un traitement cohérent des sociétés du groupe. La création d'une compétence juridictionnelle pour les groupes devrait d'ailleurs permettre de renforcer l'efficacité de cette innovation.

B. ENFIN UNE COMPÉTENCE JURIDICTIONNELLE POUR LES GROUPES !

Tout en abrogeant le dispositif visant la coordination des procédures des membres du groupe, la loi du 6 août 2015 a réécrit l'article L. 662-8 du Code de commerce en créant deux règles de compétence dérogatoires en vue de permettre un regroupement procédural. Désormais, le tribunal « est compétent pour connaître de toute procédure concernant une société qui détient ou contrôle, au sens des articles L. 233-1 et L. 233-3, une société pour laquelle une procédure est en cours devant lui. Il est également compétent pour connaître de toute procédure concernant une société qui est détenue ou contrôlée, au sens des articles L. 233-1 et L. 233-3, par une société pour laquelle une procédure est en cours devant lui ». De surcroît, et pour tenir compte de la création des tribunaux de commerce spécialisés, il est prévu que dans l'hypothèse d'une procédure collective en cours concernant une société détenue ou contrôlée par une société pour laquelle une procédure est ouverte devant un tribunal de commerce spécialisé, la procédure collective en cours de la société détenue ou contrôlée sera renvoyée au tribunal de commerce spécialisé.

Le tribunal de commerce qui a ouvert la procédure collective d'une société d'un groupe est donc compétent pour la procédure collective des autres sociétés du groupe, sous réserve de vérifier les conditions de détention et de contrôle, au sens des articles L. 233-1 à L. 233-3 du code de commerce. Si l'on ajoute à cela que l'on retrouve ici la possibilité de désigner un administrateur judiciaire et un mandataire judiciaire commun à l'ensemble des procédures collectives des membres du groupe, on mesure mieux la portée du dispositif. Les évolutions induites par la loi permettent d'aspirer les ouvertures de procédures dans un même ressort de spécialisation[502].

En définitive, tout en évitant de bouleverser le régime juridique du groupe de sociétés et le droit des entreprises en difficulté, le législateur français a donc mis en place les instruments juridiques permettant un traitement cohérent du groupe. Plus besoin désormais d'utiliser des mécanismes inadaptés ou de se risquer à demander une délocalisation des procédures, un même tribunal avec des professionnels communs devrait pouvoir assurer ce traitement !

---

502 V. également sur ce point, R. Dammann et M. Pigot, Loi Macron : l'introduction d'un forum shopping à la française, BJE mai juin 2016, p. 158.

Traitement des groupes dans le règlement UE n° 2015/848 approche française

Laurence Caroline HENRY

Avocat général en service extraordinaire à la Cour de cassation
Professeur agrégé
Faculté de droit de Nice – CERDP
Université de Nice Côte d'Azur

Introduction[503]

En cet après-midi alors que la fatigue vous gagne… Nous vous invitons dans le monde exotique du droit européen de l'insolvabilité. Exotique, car la plupart des acteurs du droit des entreprises en difficulté ici présents n'ont jamais appliqué et n'appliqueront jamais les règlements relatifs aux procédures d'insolvabilité européennes… Bon nombre d'entre vous se dit intérieurement : « Et si j'anticipais la pause café ? » Il serait pourtant dommage de vous priver d'un voyage dans le monde merveilleux des procédures européennes... Mme le professeur Salvadori - qui nous fait l'honneur de donner l'éclairage italien du traitement des groupes dans le règlement révisé, je la remercie très sincèrement et lui dit toute mon admiration pour son français parfait – et moi-même allons vous inviter aux nouvelles aventures du groupe de sociétés en difficulté au pays des merveilles…

Dès lors que le tribunal se reconnaît compétent pour ouvrir une procédure principale car le centre des intérêts principaux d'une société membre d'un groupe international est situé dans sa juridiction... l'ensemble des acteurs de la procédure, débiteur, créanciers, cocontractants, juges, praticiens de l'insolvabilité glissent - comme Alice dans le terrier du lapin blanc - vers un autre monde où leurs points de repère se trouvent souvent déformés. Curieux pays où la multiplication de procédures collectives parallèles, secondaires combinées ou non transforme l'approche même du droit des entreprises en difficulté. Le lapin d'Alice est toujours en retard parce que le temps est distendu au pays des merveilles..., le praticien de l'insolvabilité confronté au traitement de l'insolvabilité du groupe se bat aussi avec le temps :

[503] Le style oral a été conservé.

- le temps de l'économie internationale qui exige une grande réactivité des syndics,

- le temps du déroulement de procédures collectives soumises à des lois du concours différentes à la chronologie spécifique,

- le temps de la coordination de la chronologie propre à chaque procédure ouverte dans différents Etats à l'égard des entités d'un même groupe. Une procédure s'ouvre en France auprès d'une filiale après l'ouverture de la procédure concernant la société mère en Allemagne et l'interdiction des paiements vient entraver le fonctionnement des financements intra-groupe aggravant la situation du groupe débiteur... Dans le monde merveilleux des procédures d'insolvabilité européenne, les pratiques acquises en droit français deviennent des défis à relever pour tenir compte de la procédure ouverte en Italie... Ainsi la Cour de Justice de l'Union Européenne (CJUE) suivie par la Cour de cassation, dans l'affaire Rastelli [504], rend presqu'impossible une extension de procédure pour confusion des patrimoines, au nom de la prévisibilité de l'ouverture de la procédure collective pour les créanciers de la société cible. Curieux monde que celui d'Alice au pays des merveilles de l'insolvabilité où la mise en œuvre du droit national se distend sous l'influence de l'application des règles des règlements européens de l'insolvabilité au groupe de sociétés.

Bref, ne fuyez pas osez une incursion dans le monde inventif des « MacGyvers » de l'insolvabilité internationale, dont la représentante emblématique, Mme Hélène Bourbouloux nous fait l'honneur d'être parmi nous.

Si les colloques du CRAJEFE ont un peu plus de 30 ans, le règlement européen de l'insolvabilité a 14 ans puisque le règlement n°1346/2000 est

---

[504] CJUE, 15 décembre 2011, C-191/10, ECLI :EU :C :2011 :838 ; *Rec.* 2011 p.I-13209 *Europe*, février 2012, comm. 115, note L. Idot ; *Petites Affiches*, 15 juin 2012, p. 4, obs. P. Nabet ; *D.* 2012, p. 403, note J.-L. Vallens ; *D.* 2012, p. 406, note R. Dammann et F. Müller ; *Rev. sociétés*, 2012, p. 189, note P. Roussel Galle ; *Rev. sociétés*, 2012, p. 313, note N. Morelli ; *Dr. sociétés*, juillet 2012, comm. n°127, note J.-P. Legros ; *D.* 2012, Pan. p. 1228, obs. F. Jault-Seseke ; *D.* 2012, Pan. p. 2196, obs. F.-X. Lucas ; *JCP éd. G.*, 27 février 2012, doctr. 264, spéc. §10, obs. M. Menjucq ; *JCP éd. G.*, 26 mars 2012, 384, note F. Mélin ; *JCP E*, 2 février 2012, 1088, note Y. Paclot et D. Poracchia ; *JCP E*, 5 avril 2012, 1227, spéc. § 1, obs. P. Pétel ; *D.* 2012, p. 1803, note F. Jault-Seseke ; *Rev. crit. DIP*, 2012, p. 435, note G. Khairallah ; *RLDA*, mars 2012, p. 21, note E. Amri et S. Jebbour ; *Petites Affiches*, 7 février 2012, p. 4, note V. Legrand ; *Rev. proc. coll.*, novembre 2012, comm. 185, note T. Mastrullo ; *Rev. proc. coll.*, janvier 2012, Étude 2 par M. Menjucq ; *BJE*, mars 2012, p. 117, note L. C. Henry ; *Bull. Joly Sociétés*, mars 2012, p. 240, note J.-E. Kuntz et V. Nurit ; *D.* 2012, Pan. p. 2331, note L. D'Avout ; *JDE*, 2012/10, p. 301, obs. A. Nuyts et H. Boularbah.

appliqué depuis le 31 mai 2002. Bref, nous sommes en pleine crise d'adolescence... ou plutôt de croissance : le règlement européen d'insolvabilité révisé (REI UE) 2015/848 du PE et du Conseil du 20 mai 2015 relatif aux procédures d'insolvabilité qui s'applique depuis le 26 juin 2017[505] est plus ambitieux que son prédécesseur et il se nourrit de son expérience.

En l'absence de droit uniforme élaboré par le règlement relatif à l'insolvabilité européen[506], c'est le droit international privé des procédures collectives qui est modifié par le REI. Une fois la procédure ouverte par le tribunal compétent en application des règles de compétence du règlement révisé, la *lex fori concursus* (REI révisé, art. 7) s'impose avec toutes ses spécificités nationales :

- les objectifs poursuivis par les différentes lois nationales : redressement du débiteur ou désintéressement des créanciers, degré de protection des salariés. Par exemple, les droits espagnol et anglais ont pour premier objectif le désintéressement des créanciers alors que le droit français vise à préserver l'activité du débiteur et sauvegarder les emplois même au détriment des droits des créanciers. Pour compliquer les choses ces lignes forces ne sont que des généralités et chaque droit national tente de préserver un équilibre difficile entre les différents intérêts en cause,
- l'ordre des paiements et la place des garanties détenues par les créanciers, par exemple « le sort des créances issues des avances faites à sa filiale par la société mère est très différent en droit français et en droit italien. En application du droit français ces avances sont considérées comme des créances chirographaires alors qu'en droit italien elles sont assimilées à

---

[505] JOUE L.141 du 5 juin 2015 ; R. Dammann et G. Podeur, D. 2014, actu., p.2520, Ph. Roussel Galle, Rev sociétés 2015, p. 198, L.C. Henry, D.2015, chron. p. 979, V. Legrand, LPA, 22 janv. 2°15, APC 2015, n°32, R. Damman, M. Menjucq et Ph. Roussel Galle, Rev. Proc. Coll.2015, étude 2, P. Nabet, BJE 2016, p. 72, F. Jault-Seseke et D. Robine, Rev. Crit. DIP 2016, p. 16.

[506] Souhaité par la recommandation du 12 mars 2014, Recomm. n° 2014/135/UE, 12 mars 2014, relative à une nouvelle approche en matière de défaillances et d'insolvabilité des entreprises : JOUE L, 14 mars 2014, 74/65, envisagé par la proposition de directive sur la prévention et la seconde chance offerte au débiteur, T. Montéran , « L'Europe à l'écoute de la prévention française », Journ. sociétés n° 154, juill. 2017 ; Reconnaissance européenne de l'efficacité de la prévention à la française, Gaz. Pal. Spéc. 27 juin 2017, n° 24, p. 36 ; R. Dammann et M. Boché-Robinet , « Transposition du projet de directive sur l'harmonisation des procédures de restructuration préventive en Europe », D. 2017, p. 1254. Comp J. Ernst Degenhardt, « Le droit français est-il conforme à la proposition de directive européenne du 22 novembre 2016 visant à harmoniser le droit des procédures collectives ? L'harmonisation des poires et des pommes », BJE mars 2017, n° 114h2, p. 153.

des quasi fonds propres et leur règlement est donc subordonné au paiement des créances des tiers. Pour les créanciers l'application du droit italien est plus favorable à leurs intérêts. »[507]

- la chronologie des procédures, date d'ouverture, de clôture : quand la procédure est-elle ouverte[508], quand est-elle close[509] ?

- le statut des praticiens des procédures collectives dans les différents Etats membres.

L'organisation internationale, européenne, des groupes de sociétés repose sur des montages économiques et financiers permettant de valoriser les activités économiques, financières, fiscales du groupe [510]. En cas de défaillance de l'ensemble du groupe ou de certaines de ses entités, le droit national et non international des entreprises en difficulté est démuni. La plupart des législations, c'est le cas de la loi italienne, belge, hongroise, polonaise, roumaine[511]… et indirectement de la loi française jusqu'à une

---

507 L. C. Henry, Colloque de Rouen, sept. 2012, L'articulation entre la procédure principale et les procédures secondaires.

508 Dans l'arrêt Eurofood, la CJCE est confrontée à l'ouverture d'une procédure collective provisoire, *Europe*, juillet 2006, comm. 230, note L. Idot ; *RLDA*, juin 2006, p. 26, note Y. Chaput ; *D.* 2006, p. 1752, note A. Lienhard ; *Rev. sociétés*, 2006, p. 360, note J.-P. Rémery ; *D.* 2006, p. 1752, note R. Dammann ; *D.* 2006, Pan. p. 2250, obs. F.-X. Lucas ; *JCP E.*, 6 juillet 2006, 2071, note J.-L. Vallens ; *JCP G.*, 7 juin 2006, II 10089, note M. Menjucq ; *JCP G.*, 12 juillet 2006, I 157, obs. E. Fabries ; *Rev. Aff. Eur.*, 2006/2, p. 333, note M. Vieux ; *JDI*, janvier 2007, comm. 5, note G. Khairallah ; *Rev. crit. DIP* 2006, p. 811, note F. Jault-Seseke et D. Robine ; *Gaz. Pal.*, 18 juillet 2006, p. 7, note F. Mélin ; *JCP E.*, 14 septembre 2006, 2331, obs. P. Pétel ; *Bull. Joly Sociétés*, juillet 2006, p. 907, note D. Fasquelle ; *JDE*, 2006/10, p. 293, obs. N. Watté, A. Nuyts et H. Boularbah ; *R.D.C.-T. B.H.*, 2006/8, p. 804, note V. Marquette.

509 La date de clôture de la sauvegarde en droit français posait problème dans l'arrêt Christianopol ; CJUE, 22 novembre 2012, *Bank Handlowy w Warszawie SA, PPHU « ADAX »/Ryszard Adamiak contre Christianapol sp. z o.o.*, aff. C-116/11, ECLI :EU :C :2012 :308 ; *D.* 2013, p. 468, note R. Dammann et H. Leclair de Bellevue ; *D.* 2013, Pan. p. 1503, obs. F. Jault-Seseke ; *D.* 2013, Pan. p. 2293, obs. S. Bollée ; *BJE* 1er janvier 2013, n°1, p. 47, obs. J.-P. Sortais ; *Rev. sociétés* 2013, p. 184, obs. L.-C. Henry ; *Europe*, janvier 2013, comm. 58, note L. Idot ; *RLDA*, janv. 2013, p. 26, note J.D.R ; *Rev. proc. coll.*, mars 2013, comm. n° 29, obs. T. Mastrullo ; *JCP éd. G.*, 14 janvier 2013, 62, note L. d'Avout ; *JCP E.*, 24 janvier 2013, 1050, note L. d'Avout ; *JCP éd. G.*, 18 février 2013, doctr. 221, spéc. §10, obs. M. Menjucq ; *Rev. crit DIP* 2014, p. 404, note F. Jault-Seseke et D. Robine ; *JDE*, 2013/10, p. 405, obs. A. Nuyts et H. Boularbah.

510 L. C. Henry, Les enjeux des montages au regard de la réglementation européenne… Colloque de Caen. RPC n°3, mai 2013, dossier 16.

511 Étude comparative des procédures d'insolvabilité, sous la direction de J.-L. Vallens et G. C. Giorgini, éd. Etude de législation comparée, p. 28.

période récente, ignorent le groupe de sociétés. En effet, en France, l'extension de procédure est un instrument délicat de prise en compte des interactions caractérisant un groupe et surtout une timide appréhension du groupe en difficulté est esquissée par l'ordonnance du 12 mars 2014 et par la loi dite Macron du 6 août 2015[512]. Les dispositions relatives aux procédures collectives sont d'essence nationale, il s'agit d'un droit d'ordre public s'appuyant sur une saisie collective, à travers le dessaisissement plus ou moins étendu du débiteur[513] et sur des voies d'exécution collectives, à travers l'indispensable production des créances, le classement des créances, les modalités de leur règlement[514].

À une logique économique et financière internationale répond une logique juridique nationale prisonnière des frontières traçant les limites des pouvoirs régaliens du juge. Les seuls susceptibles de concilier ces deux logiques sont les praticiens de l'insolvabilité, spécialistes du droit des entreprises en difficulté et pour les plus audacieux, spécialistes du droit européen du droit de l'insolvabilité. Maîtres d'œuvre d'un droit en plein développement, ils en sont la cheville ouvrière et les créateurs... Pourtant, les juridictions ne doivent pas être dépossédées de leurs pouvoirs car elles sont toujours les gardiennes du respect de l'ordre public, des objectifs poursuivis par les législations nationales, du droit au procès équitable. Tous les acteurs du traitement européen de l'insolvabilité des groupes ont su créer un droit européen de l'insolvabilité des groupes. Cette adaptation s'inscrit dans une double tension, la première vise la coordination des procédures ouvertes à l'encontre des sociétés d'un même groupe (I) et la seconde vise à la centralisation du traitement de l'insolvabilité du groupe (II).

I. La quête de la coordination des différentes procédures

Elle passe d'abord par une adaptation du premier règlement insolvabilité du 29 mai 2000. Les praticiens de l'insolvabilité ont été confrontés à un paradoxe irréductible : un règlement qui ne traite pas de l'insolvabilité du groupe alors que, en pratique, ce sont les groupes de sociétés qui sont les premiers à entrer dans son champ d'application. Les praticiens de l'insolvabilité n'ont eu d'autre choix que d'adapter l'instrument juridique à leurs besoins (A). Le règlement révisé se fait l'écho de cette adaptation d'un droit ignorant les groupes. Il fait siennes bon nombre des innovations de la pratique tant dans son chapitre II relatif à la reconnaissance de la

---

512 Voir l'intervention d'H. Bourbouloux et Ph. Roussel Galle ; ci-dessus.

513 J.-L. Vallens, L'insolvabilité de l'entreprise en droit comparé, Joly éd. 2011, p. 85 et s. n°129 et s. ; Etude comparative des procédures d'insolvabilité, préc. p. 51.

514 Classement très différent d'un Etat à l'autre, J.-L. Vallens préc. p. 73, n°112 et s. ; Étude comparative des procédures d'insolvabilité préc. p. 43 et s.

procédure principale que dans son chapitre III relatif aux procédures secondaires. Sans remettre en cause l'architecture des procédures, la principale – universelle - est plus que jamais prépondérante dictant ses objectifs et priorités à la procédure secondaire – territorial - ; le règlement révisé confirme le recours devenu classique à la combinaison des procédures principales parallèles ou/et des procédure principale et procédures secondaires pour assurer le traitement de l'insolvabilité du groupe. Mieux, tenant compte des conséquences dommageables de l'ouverture à contretemps des procédures secondaires, le chapitre III innove en introduisant une nouvelle procédure secondaire d'essence contractuelle, la procédure synthétique (B).

A. L'ADAPTATION DES DISPOSITIONS DU RÈGLEMENT DU 29 MAI 2000 AUX BESOINS DES GROUPES

Sans vouloir être chauvine, il semble que les praticiens de l'insolvabilité français ont été, avec leurs confrères européens, à la manœuvre pour adapter les dispositions du premier règlement au traitement de l'insolvabilité des groupes. Pour déceler les signes de confirmation du travail réalisé dans le REI révisé, il faut rappeler l'architecture des procédures du droit européen de l'insolvabilité.

L'article 3 des règlements européens successifs prévoit que le tribunal du lieu de situation du centre des intérêts principaux du débiteur ouvre une procédure principale dont l'effet est universel c'est-à-dire que la *lex fori concursus* s'impose dans l'ensemble de l'Union européenne[515]. Le même article précise que la juridiction d'un Etat membre sur le territoire duquel est situé un établissement du débiteur alors que le centre des intérêts principaux (COMI) de ce dernier est situé dans un autre Etat membre peut ouvrir une procédure secondaire territoriale, désormais, dans le nouveau règlement, non nécessairement liquidative mais pouvant être toute procédure visée à l'annexe A.

---

[515] C.J.U.E. (1re ch.) 21 janvier 2010, *MG Probud Gdynia sp. z o.o.*, aff. C-444/07, ECLI :EU :C :2010 :24, *Rec.* 2010 p.I-00417, *Rev. pr. coll.*, mai 2010, étude 16, par T. Mastrullo; *Procédures*, mars 2010, comm. 72, note C. Nourissat ; *Europe*, mars 2010, comm. 127, note L. Idot; *RLDA*, avril 2010, p. 26, note M. Filiol de Raimond; *D.* 2010, Pan. p. 1585, obs. F. Jault-Seseke; *Rev. sociétés*, janvier 2011, p. 44, note F. Melin ; *D.* 2011, p. 498, note R. Dammann et D. Carole-Brisson; *Bull. Joly Sociétés*, mai 2010, p. 493, note F. Jault-Seseke; *D.* 2010, Pan. p. 2323, obs. L. d'Avout ; *Lamy Droit de l'exécution forcée*, lettre d'actualités n°44, février 2010, note P. d'Amore ; *Rev. pr. coll.*, novembre 2010, comm. 222, obs. M. Menjucq Il faut rappeler que le Danemark est considéré comme un État tiers.

En présence d'un groupe de sociétés en difficulté, ce schéma simple se complique. D'abord, le groupe n'est pas une entité juridique disposant de la personnalité morale... Il est donc difficile de définir le centre des intérêts principaux du groupe. Ensuite, toutes les entreprises du groupe ne sont pas nécessairement en difficulté, ce qui rend malvenu le traitement indissocié des entités du groupe. Enfin, le groupe est une notion polymorphe, s'il est intégré la recherche d'un traitement centralisé est utile, dans le cas contraire, un traitement dissocié entité par entité est plus adapté... Surtout, le traitement n'est pas le même si l'objectif est celui d'un redressement, d'une restructuration ou d'un simple démantèlement en vue de la liquidation des entités du groupe...

Le traitement des difficultés d'un groupe de taille internationale se heurte au principe - non démenti dans le nouveau règlement - de l'absence d'existence juridique du groupe qui n'est perçu qu'à travers les entités dotées ou non de la personnalité juridique qui le composent. En outre, en présence d'un groupe non intégré ou encore d'un constat d'impossibilité de redressement du groupe, la liquidation judiciaire s'impose conduisant à une simple cession des actifs. Le traitement prôné par la jurisprudence Eurofood, c'est-à-dire le traitement entité par entité en niant la réalité du groupe présente alors des avantages. Il permet de réaliser les actifs en assurant la protection des intérêts locaux grâce à l'application de la loi du concours des procédures parallèles ou secondaires ouvertes au COMI de chaque membre du groupe sans que leur coordination soit indispensable. C'est l'exemple de l'affaire Pétroplus[516] le groupe n'avait aucune chance de redressement la procédure ayant une finalité liquidative, l'ouverture de procédures parallèles liquidatives dont la coordination était inutile dans la plupart dans les différents Etats membres a été le moyen de respecter les intérêts locaux, particulièrement les intérêts des créanciers locaux en mettant en œuvre la loi du concours de chaque procédure.

Il n'en demeure pas moins que l'existence économique du groupe international lance un défi que le REI révisé relève en généralisant la coopération entre praticiens de l'insolvabilité[517]. A défaut de l'idéal, à savoir, la centralisation des procédures devant la juridiction d'un unique État membre, un palliatif a été expérimenté sur le fondement de l'ancien article 31 introduisant un devoir de coopération et d'information entre les syndics, de pratique expérimentale, cette approche pragmatique est confirmée pour les syndics et est étendue aux juridictions par le REI révisé.

---

[516] Citée dans l'intervention d'H. Bourbouloux et Ph. Roussel Galle.

[517] H. Bourbouloux et A. Loste, Vers une amélioration du traitement de l'insolvabilité des groupes, RPC n° 1, janv. 2015, dossier 8.

En cas d'ouverture de plusieurs procédures principales parallèles par différentes juridictions compétentes en raison de la localisation du COMI des filiales du groupe dans différents Etats membres et en cas d'ouverture de procédures secondaires dommageables au traitement cohérent de l'insolvabilité du groupe, la coopération des praticiens de l'insolvabilité permet seule prendre en compte l'unicité de ce dernier. En effet, la jurisprudence Rastelli[518] de la CJUE a fermé la porte à l'extension de procédure sur le fondement de la confusion des patrimoines spécifique au droit français. Dès lors que la société cible a son siège statutaire dans un autre Etat membre et que la présomption du COMI ne peut pas être combattue, l'extension française qui est parfois un moyen de prendre en compte l'imbrication patrimoniale d'un groupe ne peut pas être mise en œuvre.

B. LA COORDINATION CONSACRÉE PAR LE NOUVEAU RÈGLEMENT EUROPÉEN D'INSOLVABILITÉ

Désormais, il existe la coopération entre praticiens de l'insolvabilité étendue aux juridictions par le REI révisé. Les praticiens sont au cœur du dispositif de cette coopération qu'elle prenne place dans le chapitre III traitant de la procédure secondaire ou dans le chapitre V instaurant un droit propre aux groupes de sociétés. L'article 41 consacre les accords et protocoles mis en place par les praticiens sous l'impulsion du CNAJM français sur le modèle des protocoles EMTEC et SENDO[519] validant dans le détail des modalités de la coopération le plan suggéré par les praticiens

---

518 C.J.U.E. (1re ch.) 15 décembre 2011, *Société Rastelli Davide e contre Snc/Jean-Charles Hidoux*, aff. C-191/10, ECLI :EU :C :2011 :838, *Rec.* 2011 p.I-13209 ; *Europe*, février 2012, comm. 115, note L. Idot ; *Petites Affiches*, 15 juin 2012, p. 4, obs. P. Nabet ; *D.* 2012, p. 403, note J.-L. Vallens ; *D.* 2012, p. 406, note R. Dammann et F. Müller ; *Rev. sociétés*, 2012, p. 189, note P. Roussel Galle ; *Rev. sociétés*, 2012, p. 313, note N. Morelli ; *Dr. sociétés*, juillet 2012, comm. n°127, note J.-P. LegroS ; *D.* 2012, Pan. p. 1228, obs. F. Jault-Seseke ; *D.* 2012, Pan. p. 2196, obs. F.-X. Lucas ; *JCP éd. G.*, 27 février 2012, doctr. 264, spéc. §10, obs. M. Menjucq ; *JCP éd. G.*, 26 mars 2012, 384, note F. Mélin ; *JCP E*, 2 février 2012, 1088, note Y. Paclot et D. Poracchia ; *JCP E*, 5 avril 2012, 1227, spéc. § 1, obs. P. Pétel ; *D.* 2012, p. 1803, note F. Jault-Seseke ; *Rev. crit. DIP*, 2012, p. 435, note G. Khairallah ; *RLDA*, mars 2012, p. 21, note E. Amri et S. Jebbour ; *Petites Affiches*, 7 février 2012, p. 4, note V. Legrand ; *Rev. proc. coll.*, novembre 2012, comm. 185, note T. Mastrullo ; *Rev. proc. coll.*, janvier 2012, Étude 2 par M. Menjucq ; *BJE*, mars 2012, p. 117, note L. C. Henry ; *Bull. Joly Sociétés*, mars 2012, p. 240, note J.-E. Kuntz et V. Nurit ; *D.* 2012, Pan. p. 2331, note L. d'Avout ; *JDE*, 2012/10, p. 301, obs. A. Nuyts et H. Boularbah.

519 R. Dammann et M. Sénéchal, La procédure secondaire mode d'emploi, RLDA, 2006/9, n°10-2006.

français. Cet article prévoit les modalités pratiques du traitement du passif, déclaration des créances et traitement des créances correspondent directement à l'article 41 §2 a) et les modalités pratiques du traitement des éléments d'actifs, cession des actifs et la distribution du produit de la cession correspondent à l'article 41 §2 c).

Au-delà d'une simple confirmation de la nécessaire coopération, le REI révisé réalise un saut qualitatif. Premièrement il fait référence en ce qui concerne la réalisation et l'utilisation des actifs à la coordination. Or cette dernière est plus exigeante que la coopération car elle suppose « d'agencer des éléments pour obtenir un ensemble cohérent, un résultat déterminé »[520]. Deuxièmement le considérant 49 prévoit la possibilité d'homologuer les protocoles mis en place par les praticiens notamment lorsque le droit national l'exige. Par suite, ces derniers voient leur autorité renforcée et surtout les juridictions se trouvent impliquées dans le processus de coordination des procédures ouvertes et concernant un même groupe débiteur. Troisièmement, la recherche d'un plan de restructuration unique pour un débiteur unique, fut-il un groupe, est expressément prévu (REI révisé, art. 41, §2). Dans le cadre d'un groupe le débiteur doit pouvoir être le groupe lui-même, ce que la jurisprudence de la CJUE[521] autorise en acceptant que la filiale d'une société mère dotée de la personnalité morale puisse être qualifiée d'établissement pour autoriser l'ouverture d'une procédure secondaire.

Ce saut qualitatif prend forme dans la coopération et la communication entre les juridictions. En la matière tout est à inventer. On sait que certains magistrats allemands, notamment, ont pu assister à des audiences concernant le débiteur soumis à une procédure française et une procédure allemande afin de prendre la mesure des décisions prises en France et être capable d'en tenir compte dans les décisions allemandes à venir. La réciproque est vraie. L'article 42, comme en écho au caractère informel de la coopération entre syndics, énonce que la coopération peut être mise en œuvre par tout moyen. La désignation d'une personne ou organe indépendant agissant sur les instructions de la juridiction est envisageable… Comme pour tout modèle de coopération le respect des règles applicables aux procédures est posé comme un principe général. Outre les questions relatives au respect du secret professionnel, celles du respect des règles du procès équitable vont nécessairement se poser, notamment en cas de présence à l'audience dans une procédure principale ou secondaire étrangère d'un magistrat d'un autre Etat membre qui devra tenir compte des décisions prises à cette occasion dans sa juridiction pour les jugements qu'il prendra ultérieurement. La

---

520 M. André.

521 Arrêt Burgo, préc.

solution se trouve sans doute dans l'article 43 qui fait des praticiens de l'insolvabilité des procédures, indépendants des magistrats, l'interface entre les juridictions et les praticiens pour s'assurer de la coordination, de la cohérence, des délais propres aux procédures et des solutions adoptées dans chaque procédure.

Pièce maîtresse de la coopération, le praticien de l'insolvabilité de la procédure principale dispose de pouvoirs non négligeables. Il peut demander, sous conditions laissées à l'appréciation de la juridiction, la suspension de la réalisation des actifs dans la procédure secondaire. Ces conditions sont celles de l'utilité de la suspension de la procédure principale pour ses créanciers et de l'absence de préjudice pour les créanciers locaux de la procédure secondaire. La suspension est limitée à trois mois maximum.

Si les moyens de la coopération sont renforcés pour assurer une cohérence d'ensemble aux solutions apportées à l'insolvabilité du groupe, le REI révisé offre de nouveaux instruments aux praticiens dans la quête à la centralisation des procédures devant un seul tribunal.

II. La quête de la centralisation des procédures

La centralisation de la procédure est la carte maîtresse du succès en présence d'un groupe fortement intégré dont le redressement par voie de cession (reprise externe) ou par une restructuration interne est possible. Le REI révisé comme l'ancien n'a pas franchi le pas de la consécration d'une compétence juridictionnelle propre au groupe. Tout au plus, il brosse à grands traits une procédure de coordination de nature purement volontariste en s'appuyant sur un praticien coordinateur pour renforcer la coopération en créant un acteur agissant dans la perspective du seul intérêt du groupe au-delà des intérêts des entités le composant. Cette tentative d'établissement d'un droit spécifique au groupe insolvable est étudiée par ma collègue Mme le Professeur Salvadori. Pour autant, d'autres dispositions du REI peuvent être exploitées pour assurer le regroupement des procédures devant une seule juridiction. Cette centralisation passe par la compétence juridictionnelle (A), mais, aussi, c'est une innovation du règlement de 2015 par des accords contractuels avec une possible procédure « synthétique » (B).

A. LA CENTRALISATION ET LA COMPÉTENCE JURIDICTIONNELLE

Elle dépend d'abord de la définition souple de la notion de COMI. Elle est la condition première du succès de toute tentative de centralisation de la procédure à l'échelle du droit européen. Le nouveau REI reprend la définition du centre des intérêts principaux posé dans l'ancien considérant 13 dans son article 3. Le centre des intérêts principaux est toujours le lieu où le débiteur gère habituellement ses intérêts et est vérifiable par les tiers. Le COMI est toujours présumé être situé au siège statutaire de la société.

Rien ne change donc *a priori* et le traitement centralisé ne semble pas davantage pris en compte puisque l'approche reste celle du traitement des difficultés entité par entité avec le risque d'une absence de cohérence à l'échelle du groupe….

Et pourtant, tout change. Conformément à la jurisprudence de la CJUE, la localisation du COMI repose sur une présomption simple. Elle peut donc être renversée en présence d'un groupe, dès lors qu'il est prouvé que le COMI d'une des filiales, dotée de la personnalité morale, se situe dans un autre Etat membre que siège de la société détenant le contrôle, de la société holding… Selon la structure du groupe. La définition de l'établissement qui donne compétence à une juridiction pour ouvrir une procédure secondaire reste inchangée dans le nouveau REI (sous réserve de la preuve d'un non déplacement de l'établissement dans un délai de trois mois avant la demande d'ouverture), mais en application de la jurisprudence de la Cour, il est assoupli. Rien ne s'oppose à ce que la procédure secondaire soit ouverte dans l'Etat membre du lieu de situation du siège d'une filiale assimilé à un établissement. Dans son arrêt *Interedil*,[522] la CJUE a refusé d'enfermer la notion d'établissement dans une définition qui exclut la personnalité

---

[522] C.J.U.E. (1re ch.) 20 octobre 2011, *Interedil c/ Fallimento Interedil Srl, Intesa Gestione Crediti SpA*, aff. C-396/09, ECLI :EU :C :2011 :671, *Rec.* 2011 p.I-09915 ; *Europe*, décembre 2011, comm. 501, note V. Michel ; *D.* 2011, p. 2593, note A. Lienhard ; *D.* 2011, p. 2915, note J.-L. Vallens ; *RLDA*, janvier 2012, p. 18, note F. Mélin ; *RLDA*, mai 2012, p. 67, note M. Combet ; *Rev. Sociétés*, 2011, p. 726, obs. P. Roussel Galle ; *Rev. sociétés*, 2012, p. 116, note T. Mastrullo ; *JCP E*, 11 mai 2012, 1309, note R. Dammann et A. Albertini ; *D.* 2012, Pan. p. 2331, note L. d'Avout ; *Rev. crit. DIP*, 2012, p. 189, note F. Jault-Seseke et D. Robine ; *D.* 2012, Pan. p. 1228, obs. F. Jault-Seseke ; *BJE*, janvier 2012, p. 34, note L. C. Henry ; *Rev. proc. coll.*, novembre 2011, étude 32, note M. Menjucq ; *Dr. sociétés*, août 2012, comm. n° 150, note J.-P. Legros ; *Bull. Joly Sociétés*, février 2012, p. 164, note J.-E. Kuntz et V. Nurit ; *Leden*, 5 décembre 2011, p. 7, obs. F. Mélin ; *JCP éd. G.*, 27 février 2012, doctr. 264, spéc. §9, obs. M. Menjucq ; *JDE*, 2012/10, p. 301, obs. A. Nuyts et H. Boularbah.

juridique de l'entité limitant les secondaires aux établissements au sens strict et aux succursales. Dans l'affaire *Burgo*[523], indirectement, en précisant qui peut demander l'ouverture d'une procédure secondaire, la CJUE autorise l'ouverture d'une procédure secondaire au siège social d'une filiale. En l'espèce, le tribunal de commerce de Roubaix-Tourcoings français a fait preuve d'audace en ouvrant un redressement judiciaire à l'encontre de toutes les sociétés du groupe Illochroma. Un créancier italien du groupe Illochroma, Burgo group, voit sa déclaration de créance écartée pour tardivité. En réponse, ce dernier demande au tribunal de commerce de Bruxelles d'ouvrir une procédure secondaire en raison de la localisation du siège d'une filiale du groupe dans la capitale belge. Saisie sur recours contre la décision négative du juge de première instance, la cour d'appel pose une question préjudicielle très intéressante à la CJUE. La Cour répond que dès lors que le droit belge, loi du concours de la procédure secondaire, autorise la saisine du tribunal par un créancier peu importe que ce dernier soit établi dans un autre Etat membre que celui de l'Etat d'ouverture de la procédure secondaire. Mais surtout, il résulte de la réponse de la Cour qu'une procédure secondaire peut être ouverte par le tribunal de l'Etat membre du lieu de localisation du siège statutaire d'une filiale, siège alors assimilé à un établissement[524]... La solution est certainement heureuse pour permettre d'ouvrir des procédures secondaires au siège de filiales d'un groupe intégré. L'articulation hiérarchisée entre la principale et la secondaire autorise le traitement centralisé de l'insolvabilité du groupe.

Cette approche est confirmée, implicitement, par le REI révisé. L'article 34 énonce que si l'insolvabilité du débiteur n'a pas été examinée à l'occasion de l'ouverture de la procédure principale et si l'insolvabilité est une condition d'ouverture de la procédure secondaire la juridiction établit l'insolvabilité. Cette solution vient mettre un terme à la jurisprudence de la CJUE dans l'arrêt *Bank handlowi C/ Christianopol* (aff. C-116/11) qui sur le

---

[523] C.J.U.E. (1re ch.) 4 septembre 2014, *Burgo Group SpA contre Illochroma SA et Jérôme Theetten*, aff. C-327/13 ; ECLI :EU :C :2014 :2158 ; *Procédures*, novembre 2014, comm. 296, note C. Nourissat ; *RLDA*, octobre 2014, p. 27, note A. Farache ; *RLDA*, décembre 2014, p. 18, note A. Marchand ; *Bulletin Joly Sociétés*, 1er décembre 2014, n°12, note F. Jault-Seseke et D. Robine ; *Leden*, 2 novembre 2014, p. 7 ; obs. F. Mélin ; *BJE*, 1er novembre 2014, n°6, p. 137, obs. L.-C. Henry ; *Rev. proc. coll.*, novembre 2015, comm. 142, note T. Mastrullo ; *Droit des sociétés*, avril 2015, comm.76, note J.-P. Legros ; *Europe*, novembre 2014, comm. 504, note L. Idot ; *D.* 2015, p. 45, note R. Damman et A. Rapp ; *D.* 2015, p. 2031, obs. L. d'Avout ; *D.* 2015, p. 1056, obs. F. Jault-Seseke ; *JDE*, 2016/1, p. 30, obs. A. Nuyts et H. Boularbah.

[524] Sur les arguments justifiant ce choix, voir T. Mastrullo, Précisions sur les conditions d'ouverture d'une procédure secondaire d'insolvabilité, RPC nov. 2005, n°5, comm. 142.

fondement de l'ancien article, contre l'avis de l'avocat général, avait interdit de vérifier l'insolvabilité du débiteur à l'ouverture de la procédure secondaire. En revanche, cette évolution valide l'approche novatrice du tribunal de commerce de Nanterre dans sa décision du 30 novembre 2011 dans l'affaire du groupe Alkor avait fixé la date de cessation des paiements dans le cadre de la procédure secondaire pour fixer la période des nullités de la période suspecte. La précision est d'importance sachant que la procédure secondaire peut être n'importe laquelle des procédures listées à l'annexe A, soit une sauvegarde et ses déclinaisons, un redressement judiciaire ou une liquidation judiciaire pour le droit français.

En outre, le nouvel article 34 consacre le contrôle d'opportunité d'ouverture de la procédure secondaire par le tribunal compétent. Il peut ouvrir la procédure. Ce pouvoir d'appréciation permet de refuser l'ouverture si elle présente des inconvénients de coûts, de complexité dans la coordination avec les autres procédures ouvertes dans le cadre du groupe ou encore le risque par l'application de la loi du concours de la procédure secondaire de remettre en cause la solution prévue par la procédure principale pour restructurer et sauver le groupe dans son ensemble. Cette appréciation de l'opportunité d'ouvrir ou non une procédure secondaire avait d'ores et déjà été consacrée par la cour d'appel de Versailles qui a posé un principe d'utilité de la procédure secondaire : « l'ouverture d'une procédure d'insolvabilité secondaire n'est souhaitable que si elle présente une utilité que le demandeur peut démonter »[525]. Mieux le praticien de l'insolvabilité de la procédure principale peut, dans le REI révisé, pour éviter l'ouverture d'une secondaire prendre un engagement unilatéral pour répartir les actifs dans le respect des droits des créanciers locaux (REI révisé, art. 36). En d'autres termes, il peut s'engager à ouvrir une procédure synthétique. L'ouverture de la secondaire étant toujours possible à la demande du praticien nommé dans le cadre de la procédure principale, il résulte du nouveau REI de nouveaux instruments au service de la stratégie de redressement du groupe.

La procédure secondaire peut être ouverte à la demande de toute personne ou autorité habilitée à demander l'ouverture d'une procédure d'insolvabilité en vertu de la *lex fori concursus*. Le maintien de ce droit offert, notamment aux créanciers soucieux de défendre leurs intérêts en application de la loi locale représente un danger pour la centralisation des procédures devant une unique juridiction. En effet, l'intervention d'une autre juridiction, d'une autre loi du concours, fragilise les chances d'adoption d'un plan de cession ou de redressement concerté et valant pour toutes les entités du groupe car elle introduit de nouveaux délais imposés par le calendrier de la procédure

[525] CA Versailles, 15 déc. 2005.

secondaire et de nouveaux objectifs propres à une à la loi du concours de la procédure secondaire.

Le nouveau REI encadre l'ouverture de la procédure secondaire pour éviter toute ouverture contreproductive. L'article 37, §2 enferme la demande d'ouverture dans un délai de 30 jours à compter de la réception de l'avis d'approbation de la procédure synthétique. Cette dernière étant devenue contraignante, elle ne doit pas pouvoir être remise en cause par une demande d'ouverture locale à contretemps. Il faut pouvoir empêcher l'ouverture d'une procédure secondaire inopportune pour ne pas entraver la décentralisation du traitement de l'insolvabilité du groupe. Prolongeant cette disposition, les articles 38 et 39 du REI envisagent une procédure synthétique. Le premier implique que le praticien de la procédure principale dans le cadre de l'instance d'ouverture de la procédure secondaire puisse bloquer l'ouverture de cette dernière par son engagement unilatéral, respectueux de l'intérêt général des créanciers locaux, de mettre en œuvre volontairement la loi du concours de la procédure secondaire qui, pourtant, ne sera pas ouverte. La suspension de l'ouverture de la procédure secondaire peut être prononcée pour 3 trois mois maximum par la juridiction saisie. Cette dernière favorise les négociations entre le praticien de l'insolvabilité et les créanciers locaux protégés par d'éventuelles mesures conservatoires. Cette suspension prend fin en cas de succès des négociations, comme en cas d'échec, pour rétablir les droits des créanciers. Enfin, dernière mesure d'encadrement des effets néfastes de l'ouverture intempestive d'une procédure secondaire, le §4 de l'article 38 prévoit que dans le respect de la loi du concours ; la juridiction saisie peut ouvrir une procédure autre que celle demandée initialement par les créanciers dès lors qu'elle figure à l'annexe A et qu'elle est plus adaptée à la défense des intérêts des créanciers locaux ainsi qu'à la cohérence des procédures d'insolvabilité principale et secondaire. L'article 39 innove, quant à lui, en offrant au praticien de l'insolvabilité principale une voie de recours contre la décision d'ouverture de la procédure secondaire. C'est une voie de recours attitrée au syndic de la procédure principale et spécialisée pour ne pouvoir reposer que sur le non respect des conditions de l'article 38.

Autant de mesures qui auraient été très utiles aux praticiens confrontés au redressement par un plan de cession du groupe comme EMTEC ou Fagor-Brandt, les praticiens de l'insolvabilité et magistrats consulaires français n'ont pas été les derniers à participer à la réécriture du REI actuel.

L'affaire EMTEC fait figure de précurseur dans le traitement d'un groupe intégré dont le redressement est possible. La centralisation de la procédure devant le tribunal de commerce de Nanterre était la condition préalable du succès du redressement par voie de cession de l'activité du groupe[526]. Dans un premier temps, le tribunal de commerce de Nanterre, par une décision motivée, anticipant ainsi les exigences du nouveau règlement, a jugé qu'il était le tribunal du COMI en renversant la présomption posée par l'article 3 en faveur du tribunal du lieu du siège statutaire des filiales européennes et de la société « tête de groupe ». Fort de ce point, il a ouvert des procédures de redressement judiciaire à l'encontre de toutes les filiales et de la holding européennes. Autant de procédures principales françaises ouvertes par le même tribunal à l'effet universel dans l'Union Européenne. Par suite, l'élaboration d'un redressement du groupe par un plan de cession unique en dépit de la multiplicité des procédures était possible. Le plus grand danger est venu de l'ouverture d'une procédure secondaire en Autriche ce qui permettait une cession des actifs en application du droit autrichien et en rupture de la cohérence du plan de cession arrêté par le tribunal de commerce de Nanterre. La planche de salut est venue d'une coordination réussie en raison de l'échange d'informations et de la coopération réciproque des syndics pour assurer la concomitance des cessions. Derrière ce constat, la coopération et la communication entre les juges se devinent (prévues par le nouvel article 42) et Maître Bourbouloux pourrait évoquer toutes les difficultés rencontrées. On le voit notre amie avait déjà anticipé les avancées du nouveau règlement... Jusque et y compris l'ouverture de procédure secondaires « virtuelles » pour préserver les intérêts locaux avant d'ouvrir dans un second temps de véritables procédures secondaires en Belgique, en Italie pour assurer la réparation des actifs dans le respect des lois du concours locales[527].

L'autre exemple est l'affaire, plus récente de Fagor-Brandt[528]. Ce groupe était le 5e groupe d'électroménager européen. La dégradation de la conjoncture, une certaine inadaptation au marché et l'échec d'une réorganisation en interne a conduit le groupe à subir l'ouverture de différentes procédures dans l'UE. Le tribunal de commerce de Nanterre a ouvert des redressements judiciaires à l'encontre des six sociétés françaises du groupe. L'objectif était le redressement du groupe grâce à un plan de cession. L'ouverture des différentes procédures concurrentes et parallèles et de procédures secondaires impose leur coordination pour s'assurer de la reprise du groupe par un consortium étranger. Le tribunal de commerce de

---

526 H. Bourbouloux et M. Loiseau, intervention colloque Dijon 11 oct. 2013.

527 R. Dammann et M. Sénéchal, La procédure secondaire mode d'emploi, RLDA, 2006/9, n°10-2006, spéc. n°19.

528 Bulletin Joly Entreprises en Difficulté· 1er mars 2015 n° 2, p. 77, 112c.

Nanterre a validé la reprise de l'essentiel du groupe le 15 avril 2014. Ce résultat est obtenu malgré de nombreuses difficultés et surtout dans des conditions quelque peu décevantes en raison des limites du REI actuel. Dès lors que la coopération entre praticiens ne se fait pas spontanément, le droit européen manque de dispositions contraignantes, de voies de recours utiles pour centraliser le traitement de l'insolvabilité du groupe. Ainsi, la multiplication de procédures principales soumises à des lois différentes aux objectifs divergents et procédures secondaires encore nécessairement liquidative en Pologne entrave la coordination indispensable à l'établissement d'une solution cohérente à l'échelle du groupe. Pour s'en convaincre il suffit de souligner que la cession de l'activité des sociétés françaises dépendait de la cession des actifs, marques, détenus par une société espagnole. Or aucun protocole n'a pu être trouvé pour orchestrer une cession concertée… A défaut de pouvoir l'imposer, de pouvoir s'opposer à l'ouverture de procédures secondaires… la cession s'est faite dans de moins bonnes conditions que souhaitées. Le nouveau REI aurait apporté certains moyens supplémentaires aux praticiens et à la juridiction française sans pour autant tout résoudre. En effet, même la procédure de coordination permettant de nommer un praticien coordinateur pour élaborer une solution propre au groupe autonome des intérêts propres à chacune de ses entités est purement volontariste (comme on va le voir plus loin) et ne donne pas les moyens de dépasser les blocages dans la coopération souhaitée par le texte.

Dans l'aménagement des relations entre la procédure principale et la procédure secondaire le nouveau règlement renforce les possibilités de coordination et même de centralisation des procédures en renforçant la prévalence de la procédure principale qui dicte ses objectifs et en faisant du syndic de la procédure principale le chef d'orchestre de la coopération y compris entre les juridictions pour mettre en musique une solution harmonieuse réglant les difficultés du groupe insolvable. Il reste que pour tenir compte de l'unicité du groupe au plan juridique par la centralisation la procédure est l'accord contractuel est un instrument aussi novateur qu'intéressant.

B. LE TRAITEMENT CONTRACTUEL CONSACRÉ : LA PROCÉDURE « SYNTHÉTIQUE »

L'article 36 du REI révisé consacre la technique des protocoles utilisée par les praticiens pour contrer l'ouverture intempestive d'une procédure secondaire. Elle les sécurise et les détaille.

Cette procédure synthétique se caractérise par son objectif : éviter l'ouverture d'une procédure secondaire. Son domaine est circonscrit, elle ne concerne que les créanciers locaux au sens de l'article 2 § 11, c'est-à-dire les créanciers dont les créances sont nées de l'exploitation de l'établissement ou sont liées à cette exploitation, elle ne vise que les actifs, leurs réalisations et la répartition de leur produit entre les créanciers locaux. Elle entend offrir des garanties dont l'efficacité est à mesurer l'aune des recours offerts aux créanciers locaux pour assurer du respect de leurs intérêts.

Les créanciers locaux étant les seuls concernés, une faille apparaît. La procédure secondaire ne pourra pas être bloquée par l'ouverture d'une synthétique si le créancier qui demande l'ouverture au nom de la loi applicable à la procédure secondaire n'est pas un créancier local. Or l'affaire *Burgo*[529] donne une telle interprétation à l'article 37 (ancien article 29) que tout créancier de la procédure principale peut demander l'ouverture d'une procédure secondaire non pas pour protéger ses intérêts locaux mais pour échapper à la forclusion qui frappe sa déclaration de créance dans le cadre de la procédure principale.

Seul le traitement de l'actif est couvert. Il en résulte une sorte de dépeçage de la loi applicable à la procédure centralisée devant la juridiction de la procédure principale. Les modalités de répartition des actifs dépendront de la loi applicable à la procédure secondaire qui aurait pu être ouverte. Par suite, le traitement du passif, déclaration des créances, délais, forclusion vérification des créances, admission de ces dernières dépend de la loi de la procédure principale et du chapitre IV du REI révisé sur l'information et la production des créances. Il en va de même pour les autres mesures caractéristiques des procédures : discipline collective imposée aux créanciers, nullités de la période suspecte et ou actions révocatoires, déroulement de la procédure et clôture de la procédure… Ainsi et ce n'est pas le moindre avantage, la préparation des cessions, surtout d'un plan de cession assurant le redressement du groupe par un repreneur unique dépend non seulement de la juridiction de la procédure principale mais aussi de la loi du concours de la procédure principale. Ce cantonnement de la procédure synthétique est le reflet de l'objectif fixé à la procédure secondaire : la défense des intérêts locaux.

Les modalités de mise en œuvre de la procédure synthétique sont si essentielles que le droit français devrait contenir des mesures d'adaptation du droit français pour assurer le respect des droits des créanciers, salariés... concernés par la mise en œuvre d'une procédure contractuelle par l'engagement unilatéral du praticien de la procédure principale ouverte dans un autre Etat membre que la France[530].

---

[529] Arrêt préc.

[530] L'article 110 de la loi n° 2016-1547, du 18 novembre 2016, de modernisation de la justice du XXIe siècle, habilite le gouvernement à prendre, par ordonnance, les

L'engagement qualifié d'unilatéral du syndic devient contraignant par l'approbation des créanciers locaux. La loi de la procédure secondaire qui aurait due être ouverte retrouve sa compétence pour préciser les conditions de quorum et de majorité du vote. Ce sont les règles applicables à l'adoption de plans de restructuration qui s'imposent, elles sont prévisibles pour les créanciers locaux qui les considèrent par suite comme protectrices. La force contraignante attachée au vote des créanciers concerne le patrimoine du débiteur. Le texte ne l'explicite pas mais la territorialité de la procédure secondaire devrait valoir pour la procédure synthétique. Ainsi les actifs du débiteur dans l'Etat membre du lieu de situation de l'établissement sont préservés de l'effet universel de la procédure principale. Cette analyse est confirmée par une précision apportée par le texte : les actifs déplacés hors du territoire de la procédure secondaire potentielle sont rapatriés, s'ils ont été réalisés les produits sont transférés sur le territoire de l'Etat membre de la procédure secondaire. La préservation des actifs de la procédure territoriale fut-elle virtuelle est ainsi assurée. C'est une garantie très importante pour les créanciers locaux. Il suffit pour s'en convaincre de rappeler la mésaventure du syndic de la procédure secondaire française dans l'affaire *Nortel*[531]. Sans entrer dans le détail de cette affaire internationale particulièrement complexe, il faut se souvenir que l'accord conclu avec les organes de la procédure de la société mère pour réaliser les actifs de manière coordonnée afin les valoriser au mieux et qui prévoyait le retour du produit des réalisations à la filiale française de ses actifs avait été remis en cause au dernier moment privant le praticien français des fonds nécessaires pour honorer son engagement à l'égard des salariés français. La CJUE dans un arrêt un peu ambigu a rappelé que le produit des actifs du périmètre de la procédure territoriale devait lui revenir.

---

mesures législatives nécessaires à l'application du règlement européen d'insolvabilité.

[531] C.J.U.E. (1re ch.) 11 juin 2015, *Comité d'entreprise de Nortel Networks SA e. a. contre Cosme Rogeau et Cosme Rogeau contre Alan Robert Bloom et autres*, aff. C-649/13, ECLI :EU :C :2015 :384 ; *Rev. sociétés* 2015, n° 9, p. 549, note L.-C. Henry ; *BJE* 2015, n° 7-08, p. 325, note R. Dammann ; *D.* 2015, p. 1514, note R. Dammann et M. Boché-Robinet ; *Petites affiches*, 8 juillet 2015, n° 135, p. 14, note V. Legrand ; *Procédures*, août 2015, comm. 261, note C. Nourissat ; *Europe*, août 2015, comm. 351, note L. Idot ; *JCP éd. G.*, 21 septembre 2015, doctr. 1004, spéc. n°11, obs. M. Menjucq ; *Rev. pr. coll.*, juillet 2015, comm. 91, note M. Menjucq ; *ACP* n°12, alerte 185, juillet 2015, note V. Legrand ; *D.* 2015, p. 1718, note C. Dupoirier ; *Bull. Joly Sociétés*, 1er octobre 2015, p. 514, note D. Robine et F. Jault-Seseke ; *BJE*, juillet 2015, p. 209, note L.-C. Henry ; *D.* 2015, p. 2042, obs. S. Bollée ; *JDE*, 2016/1, p. 30, obs. A. Nuyts et H. Boularbah ; *D.* 2016, p. 1045, obs. H. Gaudemet-Tallon.

Comme si ces précautions ne suffisaient pas les paragraphes 7 à 10 de l'article 36 prévoient des voies de recours spécifiques offertes aux créanciers locaux tant devant la juridiction de la procédure principale que devant la juridiction qui aurait été compétente pour ouvrir la procédure secondaire. Enfin le §10 créée une responsabilité européenne spécifique à la charge du praticien de l'insolvabilité s'il cause des dommages aux créanciers pour non respect de l'engagement pris.

On se souvient dans l'affaire *Rover SAS*[532] d'un protocole orchestrant avant l'heure une procédure secondaire contractuelle, le syndic avait pris des engagements, sur autorisation du magistrat anglais, pour assurer au régime de garantie des salaires (AGS) et aux salariés français le traitement que la loi française leur réservait[533]. Comme en écho, l'article 36, § 11, précise que l'autorité visée par la directive « insolvabilité de l'employeur » de l'État membre dans lequel la procédure secondaire aurait pu être ouverte et qui est tenue de garantir le paiement des créances impayées des salariés est réputée être un créancier local si la législation nationale le prévoit. Par conséquent, les salariés verront leurs créances salariales soumises à la loi du concours locale comme si la procédure secondaire avait été ouverte. L'AGS subrogée dans les droits des salariés devrait être en mesure, comme tous les créanciers locaux, de voter sur l'engagement unilatéral du syndic de la procédure principale et de bénéficier des garanties protectrices de l'intérêt général des créanciers, en bénéficiant de l'application de la loi du concours potentiellement applicable. »[534]

La législation interne française s'est dotée, comme on l'a vu avec Mme Bourbouloux et M. Roussel Galle de dispositions spécifiques au traitement de l'insolvabilité des groupes de sociétés. L'efficacité et la compatibilité de ces mesures avec le droit européen restent à être vérifiées par la pratique. Il n'en demeure pas moins que la France dispose d'un embryon de droit spécifique adapté au traitement des groupes… ce qui lui permet d'avoir une loi du concours applicable en relai de la procédure de coordination purement volontariste créée par la chapitre V du REI révisé… L'Italie comme va nous l'explique Mme le professeur Salvadori que je remercie encore se prépare à adopter une loi très novatrice pour le droit italien traitant de la faillite des groupes. Je lui cède la parole pour vous faire découvrir le droit européen adapté au traitement de l'insolvabilité des groupes.

---

532 CA Versailles, préc.

533 R. Dammann, note sous CA Versailles 15 déc. 2005, D. 2006, p. 379.

534 L. C. Henry, Le nouveau règlement « insolvabilité » : entre continuité et innovations, D. 2015, p. 979.

Un droit européen adapté au traitement de l'insolvabilité des groupes Étude du chapitre V et incidence sur le droit italien.

Prof. av. Margherita SALVADORI
Professeur de droit international privé
Faculté de Droit de Turin

Remarques liminaires

Une procédure d'insolvabilité est de nature transfrontalière lorsque l'activité du débiteur s'étend au-delà des limites d'un même état et, par conséquent, la masse active et passive est déployée dans plusieurs États.

Ce phénomène nécessite une enquête sur le droit international privé qui précise comment déterminer la compétence de la demande d'ouverture de procédures et d'actions accessoires, la loi applicable à la procédure et ses effets et l'efficacité transfrontalière de la décision d'ouvrir et ceux qui proviennent ou s'y rattachent.

Le Règlement (CE) n° 1346/2000 du 29 mai 2000 sur les procédures d'insolvabilité a été modifié et reformulé dans le règlement (UE) 2015/848 du 20 mai 2015 relatif à la procédure d'insolvabilité (refonte), largement applicable à partir du 26 juin 2017, en particulier il réglementera les procédures ouvertes après cette date, tandis que celles ouvertes antérieurement continueront d'être régies par le reg. 1346/2000. Récemment, le règlement (UE) 2017/353 du 15 février 2017 a remplacé les annexes A et B du règlement (UE) 2015/848 relatif aux procédures d'insolvabilité[535].

Le règlement énonce essentiellement des règles de droit international privé qui sont directement applicables dans tous les États membres de l'Union européenne, à l'exception du Danemark[536]. Le règlement donc ne constitue pas un droit matériel uniforme de la faillite (substantiel ou procédural). L'approche théorique suivie est l'unification des *forums* et du *ius* à la lumière du principe de territorialité du droit procédural et du lien instrumental entre les objectifs de la procédure et les situations à régler en tenant compte de l'équilibre entre universalité et territorialité de la faillite

---

535 In *G.U.U.E.* del 3 marzo 2017, L 57, 19 ss.

536 Comme établit par le considérant 87, le Royaume-Uni et de l'Irlande ont notifié leur souhait de participer à l'adoption et à l'application du règlement. Par contre, considérant 88, le Danemark ne participe pas. La décision (UE) 2017/1518 du 31 août 2017 a confirmé la participation de l'Irlande dans le règlement (UE) 2017/353 remplaçant les annexes A et B du règlement (UE) 2015/848 relatif aux procédures d'insolvabilité ; v. *G.U.U.E.* 1 septembre 2017, L 226, 30 ss.

Le règlement est applicable, *ratione personae*, aux débiteurs ayant le « centre d'intérêt principal » dans un État membre (COMI, selon l'acronyme anglais correspondant). Il envisage la possibilité d'ouvrir une procédure d'insolvabilité principale unique contre le même débiteur (parce que chaque débiteur on suppose n'aie qu'un COMI), qui a des effets dans tout l'Union et un nombre indéfini de procédures secondaires, qui produisent des effets uniquement sur le territoire de l'Etat d'ouverture, ainsi que sur la seule propriété[537].

L'objectif principal de l'examen est d'améliorer et de renforcer l'efficacité de la gestion de l'insolvabilité transfrontalière afin de protéger le marché unique européen contre les effets de distorsion d'une crise commerciale. L'accent est mis sur le rôle que la restructuration de la société et la restructuration de la dette couvrent pour permettre au débiteur d'exercer son activité face aux conséquences de la crise. En d'autres termes, la composition et la gestion de la crise devraient donner au débiteur une « deuxième chance » sans porter atteinte aux droits des créanciers et des tiers.

Les principaux objectifs du règlement 2015/848 peuvent être résumés comme suit : (a) l'ouverture du règlement aux procédures hybrides et à la restructuration des entreprises pré-insolvables, ainsi que des procédures de remise ou d'ajustement de la dette privée ; b) déterminer mieux et plus clairement les règles de compétence, en particulier pour contenir les effets de distorsion des achats de forums ; c) améliorer les relations entre les procédures principales et secondaires ; d) renforcer et rendre obligatoire la procédure de publicité des procédures, notamment en ce qui concerne la décision d'ouverture et, par conséquent, faciliter l'introduction de crédits dont les titulaires résident ou résident dans des États membres autres que l'offre d'ouverture ; e) discipliner l'insolvabilité du groupe.

En ce qui concerne le droit italien, les annexes A et B du règlement 1346/2000 incluent déjà la faillite, l'accord préalable, la liquidation administrative et l'administration extraordinaire ; Le règlement 2015/848 a ajouté à l'annexe A les accords de restructuration, les procédures de résolution de la crise du surendettement (accord ou régime) du consommateur et la liquidation des biens. En liaison avec la pièce jointe au « syndic de faillite » (appelée « administrateur de la procédure d'insolvabilité »), le commissaire, le commissaire aux comptes, le commissaire extraordinaire, le commissaire aux liquidateurs, le liquidateur de la cour, ainsi que le professionnel nommé par la Cour, le corps de

---

[537] Le principe de l'universalité du sens strict caractérise la procédure principale uniquement en l'absence de procédures secondaires. Cfr. CGUE, 21janvier 2010, C-444/07, *MG Probud Gdynia*.

composition de la crise dans la composition de la crise de la surpopulation des consommateurs et le liquidateur.

Outre la portée de la réglementation européenne, l'insolvabilité transfrontalière est dépourvue de législation spécifique en droit italien. À la suite de l'entrée en vigueur du règlement, les conventions bilatérales consacrées, en tout ou en partie, à la question de l'insolvabilité ont perdu effet ou aucune législation sur l'insolvabilité transfrontalière n'a été établie en vertu de la Loi type de la CNUDCI[538].

En l'absence de législation spécifique, il s'agit du système général du droit international privé, c'est-à-dire de la loi no. 218/1995.

En février 2016, le Conseil des ministres a approuvé le projet de loi visant à déléguer le gouvernement pour la réforme organisée de la crise des entreprises et de la réforme de l'insolvabilité, préparé par la *Commission Rordorf*. Le projet de loi complète et complète les dispositions réglementaires énoncées dans le décret 83 de 2015[539] et aligne le droit italien de l'insolvabilité avec celui des autres États membres, sous réserve d'une harmonisation ultérieure de la législation à l'échelle communautaire définition. La tentative est de mettre en œuvre une approche de réforme organique grâce à un nouveau texte unique d'insolvabilité. Le projet de loi délègue, conformément à la d.l. 83/2015, souhaite réaliser l'émergence en temps opportun de la crise des affaires qui limiterait les pertes de l'ensemble du tissu économique et permettra, dans la mesure du possible, la restauration de l'entreprise de bénéficier de la préservation des valeurs de l'entreprise. Dans le projet de loi sur la faillite, le mot « faillite » est éliminé parce que il a toujours fait l'objet de discrédit et de négativité, ce qui n'est pas nécessairement justifié par le résultat malheureux d'une entreprise qui implique toujours un risque commercial et recule un tel cas peut être dans une phase « physiologique » possible de la vie d'une entreprise. Malheureusement, à ce moment-là, le Parlement doit encore discuter du texte du projet de loi.

---

[538] L'uniformisation des règles de fond est en fait l'objectif de la Loi type sur l'insolvabilité transfrontalière adoptée par la Commission des Nations Unies pour le droit commercial international en 1997 (Résolution 52/58 de l'Assemblée générale du 15 décembre 1997), qui propose un modèle que les États membres de l'ONU peuvent suivre lors de la formulation de leur législation sur l'insolvabilité transfrontalière Très intéressant également le Guide de la promulgation et de l'interprétation et d'autres documents traitant d'aspects plus spécifiques tels que la coopération entre les acteurs des procédures et les " Insolvabilité en groupe. Tous les documents peuvent être consultés sur www.uncitral.org.

[539] L'ordonnance n. 83/2015 (ratifiée par la loi du 6 août 2015, n. 132) « Misure urgenti in materia fallimentare, civile e processuale civile e di organizzazione e funzionamento dell'amministrazione giudiziaria », in G.U.R.I. 20 août 2015, n. 192, http ://www.altalex.com/documents/news/2015/06/24/decreto-legge-sulla-giustizia-civile

I. L'insolvabilité du groupe

Le règlement 1346/2000 ne contenait pas de règles pour l'insolvabilité collective. Cela signifiait que les titres de juridiction, mais aussi la détermination du COMI, ne variaient pas selon qu'une entreprise soit mère, fille ou consortium au sein d'un groupe ou que le groupe ait une nature verticale ou horizontale en termes économiques[540].

Au lieu de cela, dans le règlement 2015/848, l'insolvabilité du groupe est régie par un chapitre spécifique (le Ve), qui est basé sur la loi type de la CNUDCI et, en particulier, dans ses directives complémentaires pour 2010[541].

L'unité du phénomène économique du groupe permet la coopération entre les praticiens de l'insolvabilité et les juges des protagonistes des procédures ouvertes à l'égard des entreprises d'infra-groupes. La seule référence à l'entreprise est de décrire le phénomène plus facilement, sans oublier qu'il peut aussi couvrir d'autres formes d'organisation commerciale[542].

Le règlement stipule que, lorsque les entreprises sont hautement intégrées, il est possible d'identifier un COMI commun à eux et, par conséquent, d'ouvrir les procédures principales dans un seul Etat. Le considérant 53 souligne que, dans ces cas, compatible avec le *lex concursus*, un seul praticien de la solvabilité pourrait être nommé pour toutes les procédures.

Dans le cas de procédures multiples, le texte contient un ensemble composite de règles de coopération, de communication et de coordination, dont l'application dépend du fait que les procédures sont ouvertes (ou doivent être ouvertes) dans des États membres distincts. En détail, des procédures d'infra-groupe ont été ouvertes, les praticiens de l'insolvabilité et les juges sont soumis à des obligations de coopération similaires à celles établies dans le cadre de plusieurs procédures ouvertes contre le même débiteur (articles 56 à 60).

---

540 Cfr. MOSS, *Group Insolvency - Choice of* Forum *and Law : the European Experience under the Influence of English Pragmatism*, in *Brooklyn Journal of International Law*, 2007, 1005 ss. ; WESSELS, *International Jurisdiction to Open Insolvency Proceedings in Europe, in Particular Against (Groups of) Companies*, in *iiiglobal.org*.

541 V. *UNCITRAL Legislative Guide on Insolvency Law. Part three : Treatment of entreprise groups in insolvency* disponible sur le site *www.uncitral.org*.

542 La définition contenue à l'art. 2, n. 13 énonce ainsi : « groupe de sociétés » : « une entreprise mère et toutes ses filiales ». Par « entreprise mère », on entend « l'entreprise qui contrôle directement ou indirectement une ou plusieurs filiales », y compris la société qui établit un état financier consolidé conformément à la directive 2013/34 / UE du 26 juin 2013 (article 2, n° 14). Cela devrait permettre l'extension de l'application des règles sur l'insolvabilité transfrontalière à de petits groupes.

En particulier, les praticiens de l'insolvabilité pourront conclure des accords pour gérer et partager des plans de sauvetage et / ou de réorganisation dans la mesure où cela facilite la gestion des procédures et n'entraîne pas de conflit d'intérêts (article 56). À cette fin, ils pourront échanger des informations confidentielles, coordonner la gestion et la surveillance des affaires de chaque entreprise, vérifier conjointement la possibilité de restructurer et éventuellement coordonner une proposition et un plan de restructuration. En ce qui concerne la relation entre les juges et les relations entre les juges et le praticien de l'insolvabilité nommé dans une autre procédure, la collaboration est similaire à celle envisagée dans le cas des procédures ouvertes pour le même débiteur (articles 57 et 58). En outre, le praticien de la solvabilité nommé dans les procédures d'une société peut exercer certains pouvoirs dans les procédures d'autres sociétés (article 60) et aura le droit d'être entendu dans ces procédures. Il peut également demander une suspension (pour un maximum de trois mois, jusqu'à six ans) de la réalisation de l'actif dans les autres procédures, à condition : a) qu'un plan de restructuration ait été proposé impliquant les entreprises concernées ; b) le plan est avantageux c) la suspension sert à la mise en œuvre du plan ; d) les procédures impliquées ne sont pas soumises à une «procédure de coordination» entre les différentes procédures d'insolvabilité d'infra-groupe (art. 61-77).

La procédure de coordination est une procédure spécifique visant à gérer efficacement les procédures d'insolvabilité (en particulier en cas de restructuration de groupe) et doit avoir un « impact généralement positif sur les créanciers », sinon le tribunal refuse de commencer. La demande doit être soumise à l'un des trous qui président à la procédure d'insolvabilité individuelle (art. 61).

La coordination n'est pas la même que la réunification des différentes procédures d'insolvabilité, comme spécifié il existe deux procédures distinctes pour les « procédures d'insolvabilité » et les « procédures de coordination ». La tentative de réduire autant que possible les critiques d'une gestion fragmentée de l'insolvabilité en groupe a trouvé une limite dans le principe de l'autonomie juridique des entreprises individuelles : à cet égard, le considérant 54 stipule que la nouvelle procédure devrait assurer « l'efficacité de la coordination, tout en respectant la personnalité juridique distincte de chaque entreprise du groupe ». Cela n'empêche pas une réunification des procédures en vertu de la législation nationale, lorsque, comme prévu, le COMI de chaque entreprise est dans le même État et *lex concursus* permet l'ouverture d'une seule procédure pour toutes les entreprises. La procédure de coordination repose sur une base volontaire : le praticien de l'insolvabilité de l'une des procédures peut s'opposer à l'entrée en coordination (article 64), puisqu'il peut ensuite vous demander de revenir (art. 69).

À l'appui de la demande d'ouverture de la procédure de coordination, le praticien de l'insolvabilité doit indiquer la personne à désigner comme coordonnateur, les procédures ouvertes aux diverses entreprises, praticiens et juges impliqués dans ces procédures, coordination, en précisant les quotas pour chaque entreprise (art. 61 par. 3). Si plus d'un praticien de l'insolvabilité propose une demande de coordination, et donc plusieurs fors sont investis, l'art. 62 donne la priorité au premier et oblige les autres à déclarer le vice de juridiction en sa faveur. Le Tribunal compétent notifie au demandeur les autres procédures s'il estime que la coordination sert à faciliter la gestion de l'insolvabilité et qu'aucun créancier n'est désavantagé (art. 63).

Dans les 30 jours suivant la réception de la notification, les praticiens de l'insolvabilité peuvent s'opposer à la fois à la participation de la procédure « propre » et à la nomination du coordinateur proposé (art. 64). L'opposition doit être portée devant le Tribunal qui a notifié la demande d'ouverture et exclut la procédure de coordination d'avoir un effet sur la partie adverse (art. 64 par. 2 et 65). Si l'opposition ne concerne que la personne nommée coordonnatrice, le tribunal peut inviter le praticien adverse à postuler à une autre personne (art. 67).

Les praticiens de l'insolvabilité peuvent choisir le for avant lequel la procédure de coordination sera enracinée à condition que l'accord soit conclu par au moins les deux tiers d'entre eux (art. 66).

La décision d'ouvrir la procédure de coordination implique la nomination du coordinateur, précise les lignes générales de coordination et expose l'estimation des coûts totaux ainsi que les indemnités pour chaque entreprise (art. 68).

En ce qui concerne le coordinateur, il est choisi parmi les personnes habilitées à exercer les fonctions de praticien de l'insolvabilité en vertu de la législation d'un État membre (pas nécessairement celui de l'ouverture d'une des procédures). Afin de contenir des conflits d'intérêts, le coordinateur ne peut pas être choisi parmi les praticiens des mêmes procédures, ni remplacer leurs fonctions.

Le coordinateur a essentiellement ces compétences : recommander des stratégies pour réorganiser ou consolider le groupe (proposant un plan de coordination visant à restaurer la rentabilité et la solidité financière du groupe ou d'une partie de celui-ci) ; agir pour la composition des différends entre les groupes ; faciliter la conclusion d'accords entre « conservateurs » ; entrevoir des conflits entre eux ; demander des informations concernant les procédures individuelles d'insolvabilité qui sont utiles à la coordination ; demander une suspension (pour un maximum de six mois) d'une procédure ou demander la cessation de toute suspension en cours (art. 72).

D'autre part, les praticiens de l'insolvabilité doivent coopérer avec le coordinateur (art. 74), mais peuvent raisonnablement rejeter leurs recommandations (art. 70, paragraphe 2). Le Coordonnateur décide également des « adhésions ultérieures », c'est-à-dire le respect des procédures ouvertes d'insolvabilité après le début de la coordination ou des procédures que les praticiens de l'insolvabilité respectifs n'ont pas initialement soumis au couronnement. L'article 69 subordonne cette adhésion à l'état d'avancement du travail de coordination ou au consentement de tous les praticiens impliqués. La décision du coordinateur est susceptible d'être portée en appel avant l'ouverture de la procédure de coordination.

Le coordinateur est retiré de ses fonctions s'il agit au détriment des créanciers d'une société du groupe ou s'il ne respecte pas les fonctions qui lui sont imposées par le règlement. L'article 75 parle de révocation décidée par un juge qui, malgré le silence du texte, sera raisonnablement celui qui a ouvert la procédure de coordination et nommé le coordinateur.

La réforme en cours devrait combler un écart dans le droit actuel de la faillite qui ne tient pas compte de la notion d'insolvabilité de groupe, même à la lumière du récent règlement 2015/848 de l'UE sur l'insolvabilité transfrontalière imposant une discipline de crise collective que le législateur ne prévoit pas, à l'exception de certaines dispositions relatives à l'administration extraordinaire. Une procédure unitaire pour le traitement de l'insolvabilité en groupe devrait être fournie, avec des critères spécifiques de juridiction territoriale, avec des obligations d'information mutuelle à la charge des organes de la procédure dans le cas de procédures distinctes ayant lieu dans différents bureaux judiciaires. Il était également possible de proposer un recours unique à la fois pour l'approbation des accords de restructuration de la dette de groupe et pour l'admission de toutes les sociétés du groupe à la procédure d'accord préalable et à l'approbation subséquente, par la présentation d'un seul plan concerté ou de plans liés et interférents. Tout cela dans le respect de l'autonomie des masses actives et passives de chaque entreprise. La tentative d'éliminer la différence entre les créanciers adhérents et les créanciers étrangers en essayant d'apporter l'accord à l'ensemble de l'organisme de crédit pourrait avoir un impact négatif sur la modification d'un système qui finirait par chevaucher cette institution avec l'accord préventif. L'innovation pourrait concerner la tentative d'atteindre, dans les deux institutions commerciales, l'homogénéité des positions de crédit.

II. Procédures actuelles mentionnées sur la liste de l'annexe A, art. 2.4 Rég : le *concordato preventivo* et les *accordi di ristrutturazione dei debiti*

Depuis la crise financière, le marché italien a connu une utilisation répandue des procédures de préinsolvabilité, qui ont été introduites par la loi du 17 mars 2005[543]. Dans le passé, les entreprises ont parfois profité des lacunes de la législation et ont tendance à les abuser. En particulier, cela a été le cas avec des arrangements préemballés (« Concordato Preventivo ») conformément à l'article 160 de la loi italienne sur la faillite. Ces problèmes techniques récurrents et leurs inefficacités ont été mis en évidence, ce qui a entraîné des améliorations considérables depuis lors apportées à la loi italienne sur la faillite, ainsi que des modifications continues. La dernière réforme a été mise en œuvre par le décret-loi du 27 juin 2015. Comme on a déjà rappelé, le Parlement italien discute actuellement d'une autre réforme, qui touche à la régulation complète des procédures d'insolvabilité et de faillite et vise à simplifier, rationaliser et augmenter la rapidité et l'efficacité des procédures existantes.

A. LE CONCORDATO PREVENTIVO

En vertu de la composition des créanciers avant faillite (« Concordato Preventivo »), un plan de restructuration doit être approuvé par la majorité des créanciers votants. Dans la mesure où les créanciers sont divisés en différentes classes, la majorité des classes des créanciers votants doivent accepter la demande de composition des créanciers avant faillite. Les créanciers garantis ayant des droits de priorité, des promesses ou des hypothèques dont la demande de composition des créanciers avant la faillite prévoient leur pleine satisfaction, n'ont pas le droit de vote s'ils ne renoncent pas à leur priorité / ancienneté. Le vote doit être exprimé par écrit. Les créanciers garantis ayant des droits de priorité, des promesses ou des hypothèques dont la demande de composition des créanciers avant la faillite prévoient leur pleine satisfaction, n'ont pas le droit de vote s'ils ne renoncent pas à leur priorité/ancienneté. Le vote doit être exprimé par écrit.

Le débiteur peut demander au tribunal de commencer le Concordato Preventivo avant que le plan lui-même ait été entièrement formulé (appelé « concordato in bianco »). Le tribunal permettra un moratoire d'une durée de 60 à 120 jours pour permettre la rédaction du plan de restructuration et le dépôt des documents nécessaires. Cela est assujetti aux exigences en matière

---

543 Le decreto legge n. 83/2015 (coordonne avec la loi de conversion 6 août 2015, n. 132) « Misure urgenti in materia fallimentare, civile e processuale civile e di organizzazione e funzionamento dell'amministrazione giudiziaria », in G.U.R.I. 20 août 2015, n. 192, http ://www.altalex.com/documents/news/2015/06/24/decreto-legge-sulla-giustizia-civile

de rapports concernant la gestion de l'entreprise et les autres activités décrites dans le plan. Le débiteur doit se conformer à ces obligations de déclaration en fournissant des rapports mensuels et les débiteurs seront sous la supervision d'un commissaire aux tribunaux. Cette nouvelle procédure est régie par l'article 161 (6) de la loi italienne sur la faillite. Après avoir déposé la demande de composition des créanciers avant faillite, si le tribunal l'autorise, le débiteur peut exercer ses opérations et, dans le cas d'une déclaration de faillite subséquente, les paiements autorisés et les transactions effectuées dans ce contexte seront exemptées de la récupération.

Depuis la réforme de 2015, conformément au nouvel article 163 *bis* de la loi italienne sur la faillite, si la proposition de composition des créanciers avant faillite comprend un projet d'achat de l'actif ou de l'entreprise du débiteur, ou une partie de celle-ci, le tribunal peut ordonner que la vente de ces actifs ou activités est soumis à des offres concurrentes (« offerte concorrenti ») conformément aux procédures d'appel d'offres et aux enchères proposées par le tribunal.

En outre, le nouvel article 163 de la loi italienne sur la faillite prévoit que les créanciers détenant au moins 10% des créances non garanties contre le débiteur figurant dans les états financiers des débiteurs peuvent présenter une proposition de composition simultanée à celle présentée par le débiteur. Les propositions simultanées pour les plans de composition sont admissibles si le plan de composition présenté par le débiteur ne garantit pas le paiement d'au moins 40% de la somme totale due aux créanciers non garantis dans le cas d'une composition avant la faillite, soit 30% de cette somme en cas de composition pré-faillite avec continuité d'activité (« concordato in continuità »).

Disposition de restructuration de la dette au titre de l'article 182 *bis* de la loi italienne sur la faillite, « accordi di ristrutturazione dei debiti ».

L'article 182 *bis* de la loi italienne sur la faillite prévoit un autre mécanisme de restructuration de la dette qui est de plus en plus utilisé dans la pratique, l'Accord de gestion de la dette (« accordi di ristrutturazione dei debiti »), dans lequel une entité peut conclure une composition avec les créanciers (qui est obligatoire pour tous les créanciers de cette entité) à condition que :

(a) l'accord de restructuration de la dette est convenu par les créanciers représentant au moins 60% de ses dettes ;

(b) la faisabilité de l'accord de restructuration de la dette et l'adéquation de ces arrangements pour assurer le remboursement des créanciers qui ne sont pas d'accord avec de tels arrangements est confirmée par un expert indépendant (qui doit satisfaire aux exigences prévues à l'article 67(d) de la Loi sur la faillite) ; et

(c) après le dépôt de l'accord de restructuration, il y a un terme de 60 jours. Dans les réformes récentes, des changements ont été apportés à la disposition selon laquelle le maintien de l'application et des mesures de précaution peut être prolongé à la phase de négociations pour la période de 60 jours précédant le dépôt de l'accord de restructuration de la dette. Le décret législatif 78/2010[544] a précisé que le tribunal interdit également l'octroi de nouvelles garanties, à moins que celles-ci n'aient été convenues.

En outre, conformément au décret-loi n. 83/2012[545], le plan doit prévoir le paiement intégral des créanciers qui ne sont pas parties à l'accord de restructuration de la dette dans les 120 jours suivant leur validation par le Tribunal, lorsque la dette pertinente est en avance à cette date ou dans les 120 jours à compter de la date d'échéance date à laquelle la date d'échéance tombe après la date de validation du même accord par le Tribunal.

Dans les 30 jours suivant la délivrance de l'accord de restructuration de la dette, les créanciers et toute autre personne intéressée peuvent le contester. Le Tribunal, après avoir statué sur les contestations, homologue l'accord de restructuration de la dette avec une commande. Conformément à l'article 182 *ter* de la loi italienne sur la faillite, il est possible de déposer un accord fiscal non seulement avec une composition préalable à la faillite avec les créanciers, mais aussi avec un accord de restructuration de la dette. L'arrangement fiscal permet au débiteur de payer ses dettes fiscales partiellement et périodiquement.

En outre, conformément à l'article 182 *ter* de la loi italienne sur la faillite, tel qu'établi par le décret-loi 78/2010 (qui est entré en vigueur le 31 juillet 2010), des mesures de "stabilité" ont été adoptées par le gouvernement italien, y compris un certain nombre de dispositions importantes dans le cadre des procédures de sauvetage, comme suit :

(a) financement des cadres supérieurs : des dispositions ont été introduites qui permettent aux prêteurs qui fournissent un financement de secours ou provisoire à une société en difficulté en Italie d'acquérir la priorité par rapport aux créanciers existants de l'entreprise, mais seulement dans la mesure où le financement est fourni dans le contexte de n'importe quel :

(i) un accord de restructuration de la dette au titre de l'article 182 bis de la loi italienne sur la faillite ; ou

(ii) une composition de créanciers avant faillite ; et

---

[544] Texte du decreto-legge 31 mai 2010, n. 78 (in G.U.R.I. 31 mai 2010, n. 125, suppl. n. 114) coordonné avec la loi de conversion 30 juillet 2010, n. 122 (in G.U.R.I. 31 mai 2010, n. 125, suppl. n. 114), « Misure P in materia di stabilizzazione finanziaria e di competitività economica », http ://www.dps.tesoro.it/documentazione/uval/DL_78_2010.pdf.

[545] Texte du decreto-legge 22 juin 2012, n. 83 (in G.U.R.I. 26 juin 2012, n. 147, suppl. n. 129) ratifié par la loi du 7 août 2012, n. 134 (in G.U.R.I. 26 juin 2012, n. 147, suppl. n. 129) « Misure urgenti per la crescita del Paese », http ://www.gazzettaufficiale.it/eli/id/2012/08/11/12A08941/sg

(b) risque d'équitation : les règles de subordination équitable ne sont pas applicables dans le cas de prêts accordés aux actionnaires dans le cadre des procédures de restructuration susmentionnées, mais seulement jusqu'à concurrence de 80% du montant des actionnaires concernés, prêt (s).

En outre, avec la réforme de 2012, de nouvelles dispositions ont été adoptées concernant les activités de financement dans le cadre d'un accord de restructuration de la dette : a) l'article 182 de la loi italienne sur la faillite stipule que le financement accordé par les nouveaux actionnaires est payable en priorité sur 100% de ce montant ; b) l'article 182 *quinquies* de la loi italienne sur la faillite permet un financement prétendu provisoire afin que les débiteurs qui demandent une composition de créanciers ou un arrangement de restructuration de dettes puissent demander l'approbation finale du tribunal pour conclure des arrangements financiers intermédiaires si un expert indépendant confirme la intérêt supérieur des créanciers. Le décret-loi 83/2015 a modifié cette disposition selon laquelle un débiteur peut maintenant demander au tribunal d'être autorisé à recevoir un financement intermédiaire ou à continuer d'utiliser les lignes de crédit existantes qui acquerront une priorité légale dans le classement du crédit. Une telle autorisation peut être accordée à condition que le financement soit nécessaire pour répondre aux besoins opérationnels urgents, ou l'absence de financement entraînerait des dommages irréparables et imminents à l'entreprise ; c) l'article 182 *sexies* de la loi italienne sur la faillite prévoit que, dans l'attente d'une procédure de règlement des créanciers ou d'un accord de restructuration de la dette, ni les règles relatives à l'obligation de réduire le capital social ni les règles relatives à la dissolution de la société en raison d'une réduction ou d'une perte de capital s'appliqueront.

Le cadre juridique ci-dessus a été récemment complété par le décret-loi 83/2015, qui a introduit le nouvel article 182 *septies* de la loi italienne sur la faillite en vertu duquel une nouvelle forme d'entente de restructuration de la dette a été créée pour les entreprises ayant plus de la moitié de leur total existant l'endettement avec les banques et les intermédiaires financiers.

Conformément à cette nouvelle forme d'arrangement de restructuration de la dette, une société qui (i) a des dettes envers des intermédiaires financiers et/ou des banques d'un montant égal ou inférieur à la moitié de l'endettement global ; et (ii) a demandé l'approbation d'un arrangement de restructuration de la dette en vertu de l'article 182 *bis* de la loi italienne sur la faillite, peut demander que les effets de cet accord de restructuration de la dette soient également étendus aux créanciers financiers qui n'ont pas approuvé.

Une telle extension peut se produire, entre autres, si et dans la mesure où (i) les créanciers financiers qui ont approuvé l'accord de restructuration de la dette représentent au moins 75% de l'endettement général existant ; (ii) tous les créanciers appartenant à la même catégorie de créanciers ont été informés du début des négociations avec les créanciers et ont pu participer aux négociations ; (iii) le plan imposé aux créanciers financiers représente la meilleure alternative pour eux, en veillant à ce qu'ils recevront dans le cadre du plan au moins autant qu'ils le feraient sous une autre alternative réaliste. Le Tribunal validera l'accord de restructuration de la dette après avoir constaté que les négociations avaient été menées de bonne foi et que les conditions pertinentes étaient respectées.

Enfin, le décret-loi 83/2015 a également examiné le régime applicable aux accords de statuts conclus entre le débiteur et un ou plusieurs créanciers financiers. En effet, si et dans la mesure où l'accord d'arrêt a été approuvé par plus de 75% des créanciers existants, ses effets seront également étendus aux intermédiaires financiers qui n'ont pas approuvé l'accord en premier lieu. L'arrêt ou l'accord similaire ne peut, en aucune circonstance, imposer de nouvelles obligations aux créanciers non autorisés ou les obliger à s'acquitter d'obligations additionnelles.

Sociétés mères, droit du travail
« Une contre-histoire du co-emploi »

Christine GAILHBAUD
Maître de conférences à l'Université de Nice Sophia Antipolis
Membre du CERDP (EA 1201)
Avocat au Barreau de Grasse

« *La raison du plus fort* (n')*est* (pas) *toujours la meilleure*.... »[546]

Sociétés mères, droit du travail : voilà un champ au sein duquel le législateur de 1966 a échappé à « *la dangereuse ambition* », dénoncée par Portalis[547], « *de vouloir tout régler et tout prévoir* ». Qui aurait pu penser, alors, qu'une société mère puisse devenir partie à un contrat de travail qu'elle n'a pas signé avec un salarié à l'égard duquel elle n'a jamais exercé de pouvoir de direction ?

La découverte, par la chambre sociale de la Cour de cassation, d'une qualité de co-employeur, indépendante de l'existence de tout lien de subordination, fondée sur une triple confusion d'intérêts, d'activités et de direction manifestée par une immixtion de la société dominante dans la gestion économique et sociale de la filiale, a provoqué une fièvre[548] qui a agité, et continue d'agiter, une bonne partie de la doctrine[549].

---

[546] Abusivement emprunté à Jean de La Fontaine, « Le loup et l'agneau ».

[547] « *Nous nous sommes également préservés de la dangereuse ambition de vouloir tout régler et tout prévoir* », « Discours préliminaire du premier projet de Code civil », J.-E.-M. Portalis, 1801, *in* Ecrits et discours juridiques et politiques, 1988, éd. PUAM, p. 25.

[548] L'expression « fièvre doctrinale » est de Patrick Morvan, « La jurisprudence virale », JCP S, 2013, act. 121.

[549] Not., P. Morvan, « Le licenciement des salariés d'une filiale (Aspocomp), Entre employeur et co-employeur », JCP S, 2010.1407, « Co-emploi et licenciement économique dans les groupes de sociétés : des liaisons dangereuses », JCP S, 2011.1065 ; C. Gailhbaud, « De la théorie du co-employeur à la notion de co-emploi », Gaz. pal., 4 août 2012, p. 11 ; G. Loiseau, « Co-emploi et groupes de sociétés », JCP S, 2011.1528, « Le co-emploi est mort, vive la responsabilité délictuelle », JCP S, 2014.1311, « Le co-emploi mort ou vif », JCP S, 2016.1317 ; Y. Pagnerre, « L'extension de la théorie des coemployeurs, source de destruction du droit du travail ? », JCP S, 2011.1423, « Coemployeur : tiers ou partie au contrat de travail ? », JCP S, 2015.1436 « De la fictivité comme critère du co-emploi : « certes mais pas que... » », RDT, 2016, p. 175, « Le co-emploi n'est pas encore mort : entre espoir et déception », JCP G, 2016, J, 960 ; J.-F. Cesaro, « Le co-emploi sur la sellette ? », RDT, 2014, p.661, « Le co-emploi, un phénomène de paramnésie

Sans doute pourrait-on mettre sur le compte de la crise et d'un impérieux besoin de justice sociale, ces transformations prétoriennes du droit. En imposant à la société dominante de répondre des obligations tirées du contrat de travail entre sa fille et les salariés de celle-ci, ces décisions ébranlent les principes d'autonomie juridique et patrimoniale de la société et de l'effet relatif des contrats.

Les réflexions à propos des liens entre la crise et le droit ne sont pourtant pas nouvelles. Déjà en 1995, lors des journées René Savatier, un état des lieux était fait du droit du temps de la crise à travers le changement d'orientation de l'objectif des procédures collectives par la loi du 25 janvier 1985 [550]. De multiples réformes avaient été apportées à la loi 1966, notamment pour assurer « une meilleure protection des associés ».

Un autre constat était fait, en 1995 : « le droit des groupes de sociétés existe déjà mais uniquement sous forme d'un tableau impressionniste, construit par petites touches appliquées à chaque endroit où il était nécessaire d'intervenir, dès lors, aucune construction de toute pièce d'une réglementation d'ensemble concernant les groupes »[551]. « Cette évolution du droit applicable aux groupes de sociétés s'est faite non seulement par l'intervention ponctuelle du législateur mais également par celle du juge sur le terrain de la responsabilité. S'il est rappelé avec force, s'agissant de la responsabilité civile de l'associé dominant à l'égard de la société dominée, le principe d'autonomie juridique des sociétés, la jurisprudence n'hésite pas « *à condamner la société mère lorsque celle-ci s'est immiscée dans une opération de la filiale* », ou lorsqu'elle s'est comportée en dirigeant de fait, voire lorsqu'il apparaît une confusion des patrimoines entre les deux, à plus forte raison quand la filiale s'avère purement fictive »[552].

Dans ce contexte, le groupe de sociétés, espace de liberté, n'a pu que se développer et évoluer vers un accroissement de la spécialisation des filiales

---

juridique », JCP S, 2013.1081 ; F.-X. Lucas, « Co-emploi et responsabilité de l'actionnaire », BJS, 2014, n° 10, p. 418, n° 112p2 ; F. Dumont, « La nébuleuse du co-emploi », JCP E, 2015.1222 ; G. Auzero, « Co-emploi : en finir avec les approximations ! », RDT, 2016, p. 27.

[550] « L'objectif prioritaire du texte nouveau n'est plus comme dans le texte ancien le respect de l'égalité entre les créanciers mais la survie des entreprises et le maintien des emplois, premier impératif du moment pour assurer le succès du texte ; les règles établies sont d'ordre public et le rôle du juge est devenu essentiel », P. Bézard, « Droit de la crise : crise du droit ? », *Les incidences de la crise économique sur l'évolution du système juridique*, cinquièmes journées René Savatier, Poitiers, 5 et 6 octobre 1995, PUF 1997, p. 42.

[551] « Crise et structures juridiques des entreprises », *in op. cit.*, p . 73 et s., et spéc. p. 79.

[552] J.-J. Daigre, *op.* cité, p. 79 et 80.

et un approfondissement de la division du travail entre elles[553]. Ce mode de concentration par la croissance implique forcément des communautés d'intérêts, d'activités et un degré d'unité de décisions économiques au sein du groupe[554].

Face à ce développement, tant le législateur que le juge, sont intervenus pour prendre en compte la situation du groupe de sociétés, de même que celle de la domination de l'une des sociétés à l'égard des autres. S'il n'y a pas de réglementation d'ensemble, c'est précisément qu'il n'y a pas de définition d'un critère du groupe en raison de son caractère nécessairement protéiforme[555]. Toute réglementation générale s'avérerait inadaptée à la diversité des situations de fait. Le groupe demeure une situation juridique imparfaite. « Aucun droit ne neutralise l'influence du groupe de sociétés sur les patrimoines sociaux »[556].

Est-ce à dire qu'il faut accepter l'insécurité juridique des solutions judiciaires à fondement incertain ?

C'est précisément au stade des définitions que l'intervention du législateur a pu permettre de donner une consistance à la société mère en sa qualité de société dominante. La loi du 24 juillet 1966 la définit déjà en son article 354 : « *lorsqu'une société possède plus de la moitié du capital d'une autre société, la seconde est considérée pour l'application de la présente section, comme filiale de la première* ». La définition de la société mère se trouve aujourd'hui aux articles L.233–1[557], L.233–3, L. 233-16 du Code de commerce à travers le contrôle qu'elle peut exercer sur sa filiale, le contrôle recevant une définition distincte selon l'objet de sa qualification.

Si le législateur est intervenu dans de nombreux domaines de droit, tels qu'en droit fiscal[558], en droit des sociétés[559], en droit comptable[560] ou en droit

---

553 *La notion de groupes d'entreprises en droit du travail*, Marguerite Kocher, LGDJ, collection bibliothèque de droit social, tome 61, 2013, n° 9.

554 C. Champaud, « Méthode de groupement », *RTD com.* 1967, p. 1011.

555 J.-J. Daigre, *op. cit.*, p. 81.

556 *La responsabilité au sein des groupes de sociétés en cas de procédure collective*, N. Pelletier, LGDJ, collection bibliothèque de droit des entreprises en difficulté, t. 1, 2013, n° 27.

557 C. com., art. L.233–1 : « *lorsqu'une société possède plus de la moitié du capital d'une autre société, la seconde est considérée, pour l'application du présent chapitre, comme filiale de la première » ou à travers le contrôle exercé par la société mère sur sa filiale tel que décrit à l'article L233–3 du code de commerce (...) ».*

558 Ex. : le rôle des sociétés holding animatrices dans le groupe permettant d'être exonérées de l'ISF sur les biens professionnels ; « Appréciation d'une situation de dépendance économique d'une société financière pour la qualification de biens

boursier, c'est également par petites touches impressionnistes que la situation de domination a été prise en considération par le droit du travail.

Les occurrences de la société mère ou de la société dominante dans le Code du travail font apparaître plusieurs acceptions du terme contrôle : c'est tantôt celle issue du Code de commerce qui s'applique, tantôt un sens spécifiquement mentionné dans le Code du travail lui est attribué. C'est le cas lorsqu'il s'agit de mettre en place un comité de groupe[561] : la société mère est celle qui *possède directement ou indirectement plus de la moitié de son capital social*, ou contrôle sa fille et forme avec elle un ensemble économique. Est également considérée comme entreprise dominante, pour la constitution d'un comité de groupe, une entreprise exerçant une influence dominante sur une autre entreprise dont elle détient au moins 10 % du capital, lorsque la permanence et l'importance des relations de ces entreprises établissent l'appartenance de l'une et de l'autre à un même ensemble économique. D'autres exemples, peu nombreux, de prise en compte de la société mère se trouvent prévus par le Code du travail. La participation, par exemple, peut être mise en place dans l'entreprise en prenant en compte l'existence du groupe et spécialement de la société mère.

Le juge n'est pas en reste puisqu'il tire également des conséquences de la présence de la société mère, soit qu'elles aient été envisagées contractuellement[562], soit que l'existence d'un groupe soit prise en compte indirectement à travers l'unité économique et sociale pour une partie ou la totalité du groupe.

Tant que le comportement de la société dominante n'est pas critiquable, il ne vient à l'esprit ni du législateur, ni du juge de lever le voile social. Si une communauté d'intérêts, d'activités et de direction justifie un certain nombre de dispositions particulières concernant les membres du groupe, il n'en reste pas moins que l'autonomie patrimoniale, attachée à la personnalité juridique de chacun des membres du groupe, est préservée.

---

professionnels uniques », A. de Bissy, *Bull. Joly société*, fév. 2011 n° 51, note sur Cass. com. 28 septembre 2010, n° 09–68574, p. 144 à 146.

[559] Ex. : pour tirer les conséquences juridiques du contrôle de la société mère sur les filiales en matière de notification ou d'information, de cession de parts.

[560] Ex. : C. com., art. L233–16 mettant en exergue les rapports de dépendance contractuelle au-delà du pouvoir exercé au sein de la filiale tel que défini à l'article L233–3 du même code.

[561] Au sens de l'art. L 2331–1 c. trav.

[562] Ex. : la clause contractuelle qui permet au salarié de rompre le contrat de travail en cas de changement de contrôle au sein du groupe alors qu'il est employé de la filiale, Cass. soc., 26 janvier 2011, n° 09–71 271, *Bull. Joly société*, mai 2011, note B. Saintourens, p. 434 et s.

Les règles du jeu peuvent changer en revanche dès lors que l'autonomie de la personnalité morale n'est plus respectée par l'une des sociétés du groupe et plus naturellement par la société dominante. Il peut être tentant, dans ce cas, de pallier le décalage entre pouvoirs et responsabilités concernant le sort des salariés d'une filiale, lorsque la société dominante outrepasse ses pouvoirs.

C'est dans ce contexte que le juge a levé le voile social entre les structures du groupe et écarté l'effet relatif des contrats, pour incorporer la société mère au contrat de travail liant des salariés à une filiale. C'est par la découverte d'une notion renouvelée de co-emploi, désolidarisée du lien de subordination, que ce correctif a été mis en œuvre par la Chambre sociale de la Cour de cassation, découverte amplement reprise par les juges du fond. La haute juridiction a ainsi déjoué cette forme d'irresponsabilité organisée par la création d'un groupe de sociétés. Les juges sont-ils allés trop loin ? « *Voici* (peut-être) *le directeur de conscience, autant que Grand pénitencier* » déjà évoqué lors des journées Savatier en 1995[563].

La fièvre doctrinale[564] provoquée par la jurisprudence depuis les arrêts Aspocomp en 2007 n'en finit pas d'alimenter les réflexions. Que l'on prône le rééquilibrage entre liberté d'entreprendre et droit à l'emploi, que l'on proclame la nécessaire justice sociale à l'appui de ces décisions, ou que l'on fustige « l'hérésie juridique » de leur fondement[565], ce lien contractuel hypostasié est bien artificiel ; l'artifice va si loin qu'un auteur[566] a pu évoquer le pouvoir destructeur de cette découverte sur le droit du travail. Faut-il considérer ces relations société mère-droit du travail comme dangereuses ?

Si de nombreuses critiques[567] peuvent être formulées, la découverte de la notion moderne de co-emploi interroge sur une éventuelle insuffisance du dispositif permettant de moraliser les comportements au sein du groupe de sociétés. Critiquer une notion qui a l'avantage de répondre, en pratique, à un besoin de rétablissement de justice sociale, ne suffit pas pour justifier d'en faire table rase. Encore faut-il pouvoir répondre à l'impérieux besoin de justice sociale qui en était l'objectif par d'autres instruments. Tous les

---

563 C. Lombois, 5ème journée Savatier 1995, *op. cit.*, p. 230.

564 *Cf.* note 3.

565 Morvan, préc., *JCP S* 2010, 1407, n° 6.

566 Y. Pagnerre, « L'extension de la théorie des coemployeurs, source de destruction du droit du travail ? », loc. cit.

567 V. not., P.-M. Le Corre, Droit et pratique des procédures collectives, 2017/2018, 9e éd., éd. Dalloz, coll. Dalloz action, 2016, n° 432-28-2 ; F.-X. Lucas, Manuel de droit de la faillite, puf, 2016, n° 289, spéc. p. 266 ; obs. sous CA Toulouse, 7 fév. 2013, R.G. n° 12/04150, LEDEN 10 avr. 2013, n°04, p. 1.

ressorts d'un tel objectif pourraient en réalité déjà se trouver dans notre droit positif. « *Suum cuique tribuere* », « à chacun le sien » : appel pourrait être fait aux mécanismes du quasi-contrat ou de la responsabilité civile pour chercher à rétablir l'équilibre entre liberté d'entreprendre et droit à l'emploi.

Il en résulterait qu'il n'y aurait rien à redire à la « nécessaire coordination des actions économiques entre les sociétés appartenant à un même groupe » ni à « l'état de domination économique que cette appartenance peut engendrer »[568]. En revanche, la responsabilité de la société mère devrait être mise en cause lorsque son comportement fautif a concouru à la déconfiture de l'employeur ayant une incidence sur l'emploi. Il resterait à relever le ou les fondements juridiques de cette mise en cause.

Que la société mère devienne partie au contrat ou qu'elle en reste tiers, un droit positif a été, en réalité, forgé, décision après décision, pour permettre d'éviter l'incorporation systématique de la société dans le giron du contrat de travail. L'analyse des décisions prud'homales et commerciales révèle le dénominateur commun se trouvant dans l'immixtion de la société mère dans la gestion sociale et économique de la filiale. La reconnaissance de la place de ce concept dans la mise en cause de la société mère pourrait permettre d'écarter le recours artificiel au contrat de travail.

De la mobilisation du droit du travail et du droit commercial selon les situations, peut découler l'arsenal de solutions permettant de sanctionner le comportement fautif de la mère abusive. L'étude des liaisons pouvant être dangereuses entre sociétés mères et droit du travail (**I**) justifie que l'on se penche sur le droit positif contenant déjà tous les fondements à la mise en cause graduée et adaptée de la société mère. Sociétés mères et droit du travail ne seraient pas complètement irréconciliables (**II**).

I. Sociétés mères, droit du travail : liaisons dangereuses ?

L'interrogation sur la nature des relations entre sociétés mères et droit du travail naît en avançant dans l'analyse de l'évolution du droit applicable à la société dominante : cette évolution a conduit, d'une part, à l'extension du périmètre du droit du travail (A) dont on peut critiquer, d'autre part, le paroxysme cristallisé par l'incorporation de la mère dans le contrat de travail entre la fille et son salarié (B).

---

[568] Cass. soc., 2 juillet 2014, arrêt Molex, n° 13-15.208 et a., Bull. civ. V, n° 159 ; not. JCP S 2014, 1311, note G. Loiseau ; JCP E 2015, 1105, étude S. Béal et C. Terrenoire ; Cah. sociaux 2014, p. 511, obs. J. Icard ; RDT 2014, p. 625, obs. M. Kocher ; Bull. Joly 2014, p. 418, note F.-X. Lucas ; Rev. sociétés 2014, p. 709, note A. Couret et M.-P. Schramm.

A. EXTENSION DU PÉRIMÈTRE DU DROIT DU TRAVAIL

L'extension du périmètre du droit du travail passe, d'abord, par celle du domaine des obligations de la filiale employeur (1), pour atteindre, ensuite, celle du contrat de travail à la société mère par le co-emploi (2).

1) *Extension du domaine des obligations de la filiale employeur*

La plupart du temps, les dispositifs mis en place par le législateur, qui prennent en compte la présence de la société mère aux côtés de la filiale employeur, se limitent à étendre le champ d'application des obligations de la filiale. Il en est ainsi, par exemple, des informations que doit communiquer l'employeur au comité d'entreprise[569]. La société dominante est également un partenaire dans la négociation collective de groupe[570].

Si la prise en compte, par le droit du travail, de l'existence d'une société dominante peut aller jusqu'à lui attribuer des obligations particulières[571], la société mère ne devient pas le débiteur des obligations de la filiale[572], dans l'exécution desquelles l'existence d'un groupe doit parfois être pris en considération. Il en est ainsi des motifs liés aux difficultés économiques et à la sauvegarde de la compétitivité nécessitant une réorganisation de l'entreprise devant être appréciés dans le secteur d'activité du groupe auquel l'entreprise appartient. Quant au périmètre de l'exécution de l'obligation de reclassement par la filiale, la notion de groupe auquel elle appartient, a été forgée à partir du critère de permutabilité des salariés, indépendamment de la question de savoir s'il existe une société dominante ou non.

---

[569] C. trav., art. R 2323–11.

[570] C. trav., art. L. 2232-31.

[571] C. trav., art. L. 1231–5 : lorsqu'un salarié a été engagé par une société mère, a été mis à disposition d'une filiale étrangère et qu'un contrat de travail a été conclu avec cette dernière, la société mère assure son rapatriement en cas de licenciement par la filiale et lui procure un nouvel emploi compatible avec l'importance de ses précédentes fonctions en son sein. Cette obligation pèse sur la société mère même si celle-ci a rompu le contrat de travail qui la liait avec ce salarié dans le cadre de la mise à disposition de ce dernier auprès de la filiale étrangère. Cass. soc., 13 novembre 2008, *RJS* 1/09, n° 68 ; 1ère espèce ; Cass. soc. 30 mars 2011, *JCP S* 2011, note Y. Pagnerre, *RJS* 6/11 n° 558.

[572] Cass. soc., 13 janv. 2010, arrêt Flodor, n° 08-15.776, not. JCP S 2010, 1225, étude J.-M. Olivier ; JCP S 2010, act. 41, obs. N. Dauxerre ; Dr. soc. 2010, p. 474, obs. G. Couturier ; S. Béal et A.-L. Dodet, « L'obligation de reclassement et d'établir un plan de sauvegarde de l'emploi dans les groupes de sociétés », JCP E 2010, 1206, p. 39 ; M. Hautefort, « Reclassement : seul l'employeur est débiteur de l'obligation », Semaine sociale Lamy, n° 1432, p. 12.

Cette apparente orthodoxie juridique dans la délimitation des obligations respectives de la mère et de la fille n'aura pas duré longtemps jusqu'à l'évolution vers l'extension du contrat de travail à la société dominante par la notion renouvelée de co-emploi.

a) Extension du contrat de travail à la société mère : le co-emploi

De nombreuses décisions judiciaires ont progressivement quitté le terrain du lien de subordination pour isoler une notion spécifique de co-emploi appliquée à la société dominante abusive sans pour autant abandonner le giron du contrat de travail (i), avant d'entamer une phase de reflux conduisant à resserrer les conditions de caractérisation de cette notion renouvelée du co-emploi (ii).

i) Le flux

Le co-emploi, marchepied permettant d'accéder à la société mère, est issu de la caractérisation d'une triple confusion d'intérêts, d'activités et de direction qui constituait déjà, depuis longtemps, un indice de l'existence d'un lien de subordination liant le salarié de la filiale à la société mère[573].

On pourrait croire que tout a commencé avec l'affaire Aspocomp[574], affaire dans laquelle la haute juridiction retient la société mère dans les liens du même contrat de travail liant la filiale et une salariée en constatant qu'elle avait accompli son travail sous la direction et au profit des deux sociétés dont les intérêts, les activités et la direction étaient confondus. En réalité, les prémisses du co-emploi remontent plus loin. Déjà dans une décision du 11 juillet 2000, la Chambre sociale a retenu que « *le salarié employé en qualité de cadre international par un groupe de sociétés entre lesquelles existe une confusion d'intérêts, d'activités et de direction a, pour coemployeurs, les diverses sociétés appartenant à ce groupe de sociétés* »[575].

On quitte tout recours explicite au lien de subordination avec les arrêts rendus le 18 janvier 2011[576] : les éléments retenus ne concernent que les

---

[573] Cass. soc., 23 sept. 1992, n°88-45269 ; Cass. soc., 25 janv. 2006, n°04-45341.
[574] Cass. soc., 19 juin 2007, n°05-42.551, Bull. civ. 2007, V, n° 109, JCP S 2007, 1618, note Ph. Coursier ; RDT 2007, p. 543, note F. Jault-Seseke ; P. Morvan, « Le licenciement des salariés d'une filiale (action Aspocomp), Entre employeur et coemployeurs », *loc. cit.*
[575] Cass. soc., 11 juil. 2000, n° 98-40146.
[576] Cass. soc., 18 janv. 2011, arrêt Jugheinrich, n° 09-69.199, Bull. civ. 2011, V, n° 23 ; not. JCP S 2011, n° 1065, note P. Morvan ; Dr. soc. 2011, p. 372, note G. Couturier ; Sem. Soc. Lamy, n° 1476, p. 6, rapp. P. Bailly ; Rev. Soc. 2011,

rapports mère-fille[577]. Les critères de la notion de co-emploi s'enrichissent dans l'arrêt du 22 juin 2011[578] en se retrouvant dans la confusion d'intérêts, d'activités et de direction se manifestant par l'immixtion de la société mère dans la gestion du personnel de sa fille. Par un arrêt du 28 septembre 2011[579] et les arrêts suivants[580], la haute juridiction énonce expressément qu'il n'est pas nécessaire de constater l'existence d'un rapport de subordination individuel à l'égard de chacun des salariés.

ii) Le reflux

Les nombreux arrêts rejetant la qualification de co-emploi[581] ont annoncé la phase de reflux de la notion par le resserrement des critères de son application. Au-delà de la triple confusion d'intérêts, d'activités et de direction, doit être caractérisée une immixtion de la société dominante dans la gestion économique et sociale de la filiale[582]. Par trois arrêts rendus le 6 juillet 2016[583], la haute juridiction confirme que seule l'immixtion par la société mère dans la gestion économique et sociale de la filiale peut permettre de caractériser le co-emploi.

Le principe posé, depuis l'arrêt du 2 juillet 2014[584], est systématiquement rappelé dans un chapeau intérieur exposant qu'« hors l'existence d'un lien

---

p. 154, note A. Couret ; Gaz. Pal. 4 mars 2011, n° 63, p. 41, I5078, note B. Boubli ; v. égal. Cass. soc., 18 janv. 2011, n° 09-70310, 09-70661, 09-70662, 09-42451.

577 Dépendance économique totale, identité de dirigeants, décisions stratégiques prises par la mère, gestion financière et sociale assurée par la mère, financement de la masse salariale par la mère refacturé à la fille.

578 Cass. soc., 22 juin 2011, arrêt Novoceram, n° 09-69021, RJS 2011, n° 742 ; Bull. Joly 2011 p. 906, note N. Morelli.

579 Cass. soc., 28 sept. 2011, arrêt Metaleurop, n° 10-12278 et a., JCP S, 2011, n° 1548, note H. Guyot ; RJS 2011, n° 929.

580 Cass. soc., 30 nov. 2011, arrêt Jugheinrich, n° 10-22.964, n° 10-22985 et n° 10-22994, JCP G 2012, 110, note G. Dedessus-le-Moustier ; JCP S 2012, 1052, note P. Morvan ; Cass. soc., 12 sept. 2012, arrêt Metaleurp, n° 11-12343 et a., ; Cass. soc., 21 mai 2014, n° 13-11396, 13-11694.

581 Cass. soc., 25 sept. 2013, arrêt Fayat, n° 12-14353 ; Cass. soc., 18 dec. 2013, 12-25686 à n° 12-25734 ; Cah. sociaux 2014, p. 117, obs. J. Icard ; Cass. soc., 20 mai 2014, n°12-20527 ; Cass. soc., 2 juil. 2014, arrêt Molex, préc. ; Cass. soc., 17 déc. 2014, 13-21473 ; Cass. soc., 22 oct. 2015, n°14-15780, 14-15783 et 14-15786 ; et hors procédure collective : Cass. soc., 9 juin 2015, n° 13-26558 à n° 13-26566.

582 Cass. soc., 10 déc. 2015, Fayat, n° 14-19316, s. ; Cass. soc., 4 fév. 2016, n° 14-24050.

583 Cass. soc., 6 juil. 2016, n°14-27266, SNC Continental France et a. c/ M. A. et a. ; 6 juil. 2016, n° 14-27270, SNC Continental France et a. c/ M. A. S. et a. ; 6 juil. 2016, n° 14-27267, SNC Continental France et a. c/ M. A. F. et a.

584 Cass. soc., 2 juil., 2014, n°13-15208, *BJS* oct. 2014, p.394, n° 112, note N. Pelletier ; *JCP S* 2014, 1311, note G. Loiseau.

de subordination, une société faisant partie d'un groupe ne peut être considérée comme un co-employeur à l'égard du personnel employé par une autre, que s'il existe entre elles, au-delà de la nécessaire coordination des actions économiques entre les sociétés appartenant à un même groupe et de l'état de domination économique que cette appartenance peut engendrer, une confusion d'intérêts, d'activités et de direction se manifestant par une immixtion dans la gestion économique et sociale de cette dernière ». Son application implique ainsi que l'incidence de la politique du groupe sur l'activité économique et sociale de la filiale ne suffit pas à caractériser une situation de co-emploi[585]. Il en est de même de la décision de la société dominante de financer le plan de sauvegarde de l'emploi de sa filiale en redressement judiciaire[586]. Le pouvoir majoritaire au sein du groupe peut donc être exercé sans que pèse la menace du co-emploi à la condition de ne pas devenir abusif.

Pour autant, le même jour, la Chambre sociale de la Cour de cassation a rejeté le pourvoi contre l'arrêt de la cour d'appel ayant intégré la société dominante dans le giron des contrats de travail entre sa filiale et les salariés de celle-ci, sur le fondement du co-emploi en retenant « au-delà de la nécessaire coordination des actions économiques entre les sociétés appartenant à un même groupe et de l'état de domination économique que cette appartenance peut engendrer, une confusion d'intérêts, d'activité et de direction se manifestant par une immixtion » de deux sociétés dans la gestion économique et sociale de la filiale française[587]. En dépit de leur resserrement, les critères du co-emploi détaché de la caractérisation de tout lien de subordination, permettent toujours d'intégrer un tiers à la relation de travail entre la filiale et ses salariés. Le co-emploi est toujours vivant[588].

Si on comprend que l'abus puisse être sanctionné, le fondement juridique de l'intégration de la société dominante dans le giron du contrat de travail entre la filiale et le salarié reste difficile à trouver.

---

[585] Cass. soc., 6 juil., 2016, n° 14-27266, s.

[586] Cass. soc., 6 juil., 2016, n°14-26541.

[587] Cass. soc., 6 juil. 2016, n° 15-15.481 à n° 15-15.545, SAS 3 Suisses France et a. c/ Mme. A. et a. ; G. Loiseau, « Le co-emploi mort ou vif », loc. cit.

[588] Hors procédure collective : Cass soc., 30 nov. 2016, n° 15-24195 (décision rejetant l'hypothèse du co-emploi en raison de l'absence de caractérisation de l'immixtion de la société mère dans la gestion de la filiale) ; Cass. soc., 1er déc. 2016, n° 15-14099 (décision rejetant l'hypothèse du co-emploi en raison de l'absence de caractérisation de la triple confusion d'intérêts, d'activités, de direction).

B. CRITIQUE DE L'ENTRÉE DE LA SOCIÉTÉ MÈRE DANS LE GIRON DU CONTRAT DE TRAVAIL

Le juge prud'homal affuble les conséquences de l'immixtion de la société mère dans la gestion économique et sociale de sa filiale de tous les habits du contrat de travail. Par la reconnaissance d'une qualité de coemployeur, la société dominante répond de l'ensemble des obligations de l'employeur, au même titre que l'employeur contractuel. La faille de la construction prétorienne pourrait se trouver là. Le mal pourrait venir de ce qu'on incorpore un tiers aux contrats de travail entre une société appartenant au groupe et ses salariés, pris de manière collective. Cette incorporation se trouve, d'abord, fondée sur une double erreur (1) et n'est, ensuite, pas exempte de dangers, malgré son objectif premier de justice sociale (2).

1) *La double erreur comme fondement du co-emploi*

On commet une double erreur en faisant de la société mère abusive une partie aux contrats de travail de sa fille en opérant une confusion entre le lien de subordination devant être caractérisé individuellement et l'appréciation collective que suggère le co-emploi (a). L'erreur se trouve également dans l'enchevêtrement des rapports juridiques mère-fille d'un côté avec les rapports fille-salarié de l'autre (b).

a) La confusion lien de subordination individuel et appréciation collective du co-emploi

Personne ne conteste que le lien de subordination, pris comme critère essentiel du contrat de travail, puisse être caractérisé tant individuellement entre l'employeur et le salarié que collectivement lorsque la société mère exerce, de fait, les prérogatives d'un employeur directement sur la collectivité des salariés[589]. La qualification de contrat de travail étant indisponible, les parties ne peuvent pas lier le juge avec une éventuelle autre qualification donnée à leur relation. Les juges s'emploient à vérifier

---

[589] Cass. soc., 28 sept. 2010, n° 09-41243 : « (…) le seul cadre à l'effectif de la société Briffaz, sous l'autorité duquel se trouvaient les salariés, recevait ses ordres de la société LC Maitre et les transmettait directement à ses chefs d'équipe, qu'il n'avait aucun pouvoir pour leur donner directement des instructions et que toute la gestion du personnel était faite par la société LC Maitre, ce dont il se déduisait que cette société avait un pouvoir de direction et de contrôle sur l'ensemble des salariés de la société Breffaz et qu'ils étaient à son égard en état de subordination (…) », JCP S 2010, 1518, note S. Brissy ; Bull. Joly 2010, p. 994, note N. Morelli ; Dr. ouvrier 2011, p. 187, note P. Darves-Bornoz ; cf. G. Loiseau, « Le co-emploi mort ou vif », loc. cit., n° 5.

l'existence d'un lien de subordination, souvent à travers la caractérisation d'un faisceau d'indices, à partir des conditions concrètes d'exécution du contrat dont il faut qualifier la nature juridique. Le principe d'indisponibilité de la qualification de contrat de travail et l'adaptation de sa qualification aux faits reposent sur le caractère d'ordre public du statut protecteur du salarié fondé sur le déséquilibre inhérent à la relation de travail qui autorise une personne à exercer, sur une autre, des pouvoirs normatif, de direction et disciplinaire, avec de possibles répercussions sur ses droits patrimoniaux et extrapatrimoniaux. Mérite de recevoir la qualification d'employeur, uniquement le cocontractant susceptible d'exercer ces pouvoirs sur la personne du salarié qui bénéficie d'un statut protecteur encadrant l'exercice de ces pouvoirs. Sans relation directe avec le salarié, il paraît difficile d'induire l'application du droit du travail à un coemployeur dans des rapports inexistants avec les salariés de la filiale.

L'immixtion de la société dominante dans la gestion économique et sociale de la filiale consisterait davantage en une intervention au niveau de la direction de cette dernière, tel un dirigeant de fait. Le dirigeant de fait, qui s'immiscerait dans la gestion sociale de la filiale représenterait cette dernière vis-à-vis des salariés. La société ne prendrait pas la place de la filiale par l'immixtion, elle prendrait la place ou interviendrait aux côtés du dirigeant de droit. Le pouvoir de la société mère est exercé sur la filiale et non directement sur les salariés. « Celui qui s'immisce prend en fait la qualité de celui qu'il remplace »[590]. En l'espèce, sans exercice direct du pouvoir de direction sur les salariés de la filiale, l'immixtion dans la gestion de cette dernière conduirait plutôt à qualifier la mère de dirigeant de fait. Elle ne s'immisce pas dans le contrat individuel liant la fille et chacun de ses salariés.

b) L'enchevêtrement des rapports mère-fille et des rapports fille-salarié

Les liens société mère-filiale d'une part et employeur-salarié, d'autre part, doivent être distingués. L'enchevêtrement des rapports juridiques engendré par l'incorporation d'un tiers à la relation de travail ajoute à la confusion. La sanction en cas de mère abusive devrait être attachée et appliquée à l'exercice du pouvoir, c'est-à-dire, celui exercé à l'égard de la filiale employeur.

La rédaction des arrêts ayant retenu la notion autonome de co-emploi marque cette distance prise avec la réalité des relations avec le salarié. Seuls les rapports patrimoniaux mère-fille, les agissements de la mère à l'égard de la fille constituent les éléments de faits à l'appui desquels le co-emploi est

---

590 L. Leveneur, Situations de fait et droit privé, LGDJ, 1990, n° 37 et 71.

retenu. C'est par le truchement de la fille que le lien avec les salariés s'épanouirait collectivement à l'égard de la société mère. C'est donc bien que la société mère reste un tiers à la relation de travail entre la filiale et les salariés. Même abusive, la société reste un tiers au contrat de travail.

La théorie du co-emploi telle qu'appliquée par les juridictions prud'homales n'est pas exempte de dangers.

2) *Les dangers de la théorie du co-emploi*

Si les sirènes du rétablissement d'une justice sociale permettant de faire peser sur un patrimoine solvable l'indemnisation consécutive aux agissements d'une mère abusive, ont pu annoncer l'espoir, pour l'AGS et pour les salariés, d'un remboursement des avances ou d'une juste réparation, les dangers de cette théorie conduisent à plutôt s'inquiéter de son maintien. Au-delà de l'insatisfaction de l'introuvable fondement juridique au co-emploi, hors lien de subordination, peut être relevé le risque persistant d'application extensive de la notion par les juges du fond. Si la plupart des cours d'appel[591] appliquent la théorie du co-emploi avec la même mesure que la Cour de cassation, certaines juridictions du fond[592] déploient plus librement les possibilités d'application de la notion.

Ces arrêts interviennent, alors, la plupart du temps, au détriment de l'AGS à plusieurs titres. D'abord, l'incorporation d'un coemployeur est l'occasion de dire le licenciement, initialement valable, sans cause réelle et sérieuse du fait de l'impossibilité pour le coemployeur d'avoir pu rétrospectivement anticiper cette qualification en remplissant valablement les obligations de l'employeur, et notamment celles attachées au reclassement, par l'application du principe d'unicité du contrat de travail[593]. La cessation d'activité de la filiale peut ne plus constituer, dans ce cas, un motif autonome de licenciement. Alors que le licenciement économique pouvait se trouver bien fondé, l'AGS serait dans la situation d'avoir à

---

591 Not. CA Paris, 1er mars 2016, n° 13/05568 ; CA Colmar, 17 fév. 2016, 0196/16 ; CA Dijon, 28, janv. 2016, n°10/00291 ; CA Angers, 7 juil. 2015, n° 13/01238 ; CA Lyon, 7 mai 2015, n°14/01805 ; CA Toulouse, 29 sept. 2014, n°13/04995 ; CA Versailles, 31 oct. 2011, n° 10/00578.

592 Spéc. TASS Melun, 11 mai 2012, n°10/00924, SSL 2012, n°1540, p. 13, obs. F. Champeaux (ce jugement ayant retenu la qualité de coemployeurs à l'égard de sociétés d'un même groupe pour imputer la responsabilité consécutive à la faute inexcusable de l'employeur, a été infirmé par la Cour d'appel de Paris par un arrêt du 24 octobre 2013 à l'encontre duquel le pourvoi a été rejeté par la deuxième chambre civile de la Cour de cassation par un arrêt du 22 janvier 2015) ; Cass. 2e civ., 22 janv. 2015, n° 13-28414, BJS, 2015, n° 4, p. 192, 113j0, note G. Dedessus Le Moustier ; CA Montpellier, 29 sept. 2015, n°13/08277.

593 Cass. soc., 1er juin 2004, n°01-47165.

garantir l'indemnisation consécutive à la rupture reconnue sans cause réelle et sérieuse par la prise en compte rétrospective d'un coemployeur.

Ensuite, le co-emploi élargit également l'étendue des situations dans lesquelles une indemnisation peut être imputée à l'employeur, avec l'avance de l'AGS le cas échéant, puisque l'ensemble des obligations de l'employeur s'imposent au coemployeur sans être limitées à celles liées à la rupture du contrat de travail.

Alors que la sanction du comportement fautif de la société dominante abusive à l'égard de sa fille devrait conduire à une contribution de sa part aux dettes sociales ou à une indemnisation de sa filiale, elle se trouve intégrée dans un rapport d'obligations contractuelles attachées à un contrat de travail, souvent après sa rupture. Si une faute de la société mère cause un dommage à un salarié de la filiale employeur, les mécanismes de la responsabilité, que rien ne permet d'exclure, seraient mieux adaptés pour remplir l'objectif de réparation, à condition de réunir les conditions de mise en œuvre de ces mécanismes. Sociétés mères et droit du travail pourraient-ils être réconciliés ?

II. Sociétés mères, droit du travail : la réconciliation ?

Le recours aux notions bien connues du droit commercial permettrait d'écarter le truchement artificiel du contrat de travail pour faire peser sur la société mère la dette sociale de la filiale envers ses salariés, en laissant à quelques situations exceptionnelles la qualification d'un contrat de travail avec la société mère.

La tentative de réconciliation suppose ainsi d'appliquer de manière adaptée le droit du travail ou le droit commercial en envisageant d'une part la société mère, naturellement tiers au contrat de travail, et d'autre part la société mère exceptionnellement partie au contrat. De l'analyse des décisions rendues tant par les juridictions prud'homales que par les juridictions commerciales, concernant les liens entre la société mère et sa fille, pourrait s'évincer une mise en cause adaptée de la responsabilité de la société dominante selon qu'elle soit exceptionnellement reconnue partie au contrat de travail (B) ou qu'elle reste naturellement un tiers (A).

A. SOCIÉTÉ MÈRE, TIERS AU CONTRAT DE TRAVAIL

La société-mère reste naturellement tiers aux contrats de travail des salariés avec sa filiale. Le recours à la notion renouvelée de co-emploi avait pour vocation de rétablir une justice sociale en raison du comportement de la mère abusive. Les fondements juridiques permettant de faire peser, sur le patrimoine de la société mère, une dette sociale liée à la rupture des contrats de travail entre la filiale et ses salariés en considération du comportement ou des agissements de la mère se trouvent déjà présents en droit commercial. Les mobiliser, en dehors de ceux attachés à une action attitrée[594], permettrait aux salariés d'engager la responsabilité de la mère abusive sans forcer les contrats de travail avec la filiale. Le critère de l'immixtion de la société mère dans la gestion économique et sociale de sa filiale apparaît comme le dénominateur commun révélant une direction de fait (1) et pourrait constituer le pivot de l'arsenal de sanctions adéquates (2).

1) *L'immixtion de la société mère comme dénominateur commun révélateur d'une direction de fait*

La triple confusion d'intérêts, d'activités et de direction, ne peut conduire à caractériser la co-emploi en dehors d'une situation de subordination juridique, qu'adossée à l'immixtion de la société mère dans la gestion économique et sociale de la filiale : «hors l'existence d'un lien de subordination, une société faisant partie d'un groupe ne peut être considérée comme un coemployeur à l'égard du personnel employé par une autre, que s'il existe entre elles, au-delà de la nécessaire coordination des actions économiques entre les sociétés appartenant à un même groupe et de l'état de domination économique que cette appartenance peut engendrer, une confusion d'intérêts, d'activités et de direction se manifestant par une immixtion dans la gestion économique et sociale de cette dernière »[595]. L'immixtion de la mère dans la gestion économique et sociale de sa fille apparaît comme un adjuvant, intervenant au soutien du critère de la triple confusion pour caractériser l'abus de la société mère.

En droit commercial, c'est au soutien d'autres techniques que l'immixtion intervient, le plus souvent également, pour en garantir l'efficacité[596] : c'est le cas lorsqu'elle est adossée à l'apparence trompeuse entretenue par la société mère, laissant penser au cocontractant de sa filiale qu'elle se substituait à elle[597]. De même, la caractérisation de la direction de

---

[594] Not., action en extension de la procédure collective en cas de confusion de patrimoine ou de fictivité de la personne morale de la filiale (c. com., art. L. 621-2) ; responsabilité des dirigeants de droit ou de fait pour insuffisance d'actif (c. com., art. L. 651-2 et L. 651-3).

[595] Cass. soc., 2 juil., 2014, n°13-15208, préc.

[596] R. Libchaber, « L'immixtion est-elle un concept opératoire dans les groupes de sociétés ? », RDC, 01/03/2016, n° 1, p. 35, n° RDC112x4, note sous Cass. com., 3 fév. 2015, n° 13-24895.

[597] Cass. com., 3 fév. 2015, préc., note B. Dondero, JCP E, 2 avril 2015, n° 14, 1159 ; Cass. com., 12 juin 2012, n° 11-16109, RTD civ., 2012, p. 546, P.-Y. Gautier ; Cass. ass. plén., 9 oct. 2006, n°06-11056.

fait ne devrait s'entendre qu'en présence d'une « immixtion effective » de la société mère dans la gestion de la filiale[598].

Situation de fait, la caractérisation par les juges du fond de l'immixtion de la mère dans la gestion économique et sociale de sa fille, agit comme un révélateur d'une situation destinée à recevoir une qualification juridique servant de fondement à la sanction de la mère abusive : l'apparence ou la responsabilité. La question de l'autonomie du concept d'immixtion[599], dont l'attrait pourrait séduire dans l'élaboration d'un régime juridique autonome, paraît balayée par le rôle de révélateur que lui fait jouer la jurisprudence[600].

Son rôle de révélateur constitue en revanche le dénominateur commun de la mise en cause de la responsabilité de la société mère pour son comportement abusif. En réalité, il pourrait être défendu que le critère de triple confusion d'intérêts, d'activités et de direction n'est pas celui auprès duquel l'immixtion remplit ses fonctions d'adjuvant mais plutôt aux côtés de la direction de fait. La triple confusion se manifestant par une immixtion dans la gestion économique et sociale de la filiale ressemble trait pour trait à la direction de fait[601]. Dans une décision rendue le 21 mai 2014[602], la Chambre sociale de la Cour de cassation a repris le constat fait souverainement par la cour d'appel de l'exercice par la société dominante d'un « contrôle de fait sur toutes les filiales du groupe », « tant dans le domaine de gestion du personnel, que celui des résultats, du stock, du développement des produits, des plans d'investissement, des recrutements ». Les juges du fond ont pu en déduire qu'il existait entre les deux sociétés une confusion d'intérêts, d'activités et de direction qui se manifestait par l'immixtion de la société mère « dans la gestion du personnel et de l'exploitation économique de sa fille, suffisant à lui conférer la qualité de co-employeur dès lors tenu des obligations de l'autre co-employeur ». L'immixtion pourrait être le révélateur d'une direction de fait dont la sanction devrait se trouver sur le terrain de la responsabilité sans pour autant faire entrer la société mère dans les liens du contrat de travail.

a) L'arsenal de sanctions

---

598 CA Versailles, 15 oct. 2015, n° 14/08314, BJS, 01/03/2016, n° 03, p. 37, BJS114t3 ; F. Perochon, Entreprises en difficulté, LGDJ, 10 éd., 2014, n°1684.

599 P.-Y. Gautier, RTD civ., 2012, p. 546, préc.

600 V. néanmoins, Cass. com., 4 mars 1997, n°95-10756 (bien que la notion d'absence d'autonomie de la filiale ait également été relevée).

601 Cass. com., 6 juin 2000, n° 96–21134 ; Cass. com., 2 nov. 2005, n° 02-15895, BJS, 01/04/2006, n° 4, p. 469, note F.-X. Lucas.

602 Cass. soc., 21 mai 2014, n°13-11396 et 13-11694.

Même en droit commercial, la sanction de l'immixtion de la société mère a un fondement incertain[603]. On a pu considérer appliquer la théorie de l'apparence pour étendre l'obligation de la filiale à la mère ou lui adjoindre l'immixtion pour sanctionner la pénétration non autorisée de la mère dans le rapport contractuel entre sa fille et le cocontractant[604]. La doctrine a pu faire appel au quasi-contrat[605] dont résulterait une source d'obligation permettant de faire peser sur la mère la dette de la fille.

En tout état de cause, l'imputation de la dette sociale à la mère, destinée à sanctionner son immixtion dans la gestion économique et sociale de sa filiale, n'aurait pas pour effet de faire peser rétroactivement ses obligations contractuelles. Elle ne serait obligée qu'au paiement ou à l'exécution de l'obligation attendue par le cocontractant. Dans l'hypothèse des contrats de travail, seules les conséquences liées à leur rupture, ou à l'obligation dont l'exécution par la filiale est défaillante, seraient imputées à la société mère sans que l'appréciation de son comportement en qualité de cocontractant ne puisse être prise en compte pour le passé.

La confrontation avec le droit du travail conduit toutefois à distinguer deux situations : celle liée à l'immixtion de la société mère dans la gestion économique et sociale de sa filiale consistant en une direction de fait, et celle de l'immixtion directe de la société mère dans la relation de travail des salariés avec sa filiale par les instructions et directives qu'elle pourrait donner directement aux salariés. La première situation devrait relever de la direction de fait et de ses conséquences : la mise en cause de la responsabilité délictuelle pour faute du dirigeant de fait[606]. La seconde situation permettrait de caractériser le lien de subordination créé entre la société mère et les salariés de sa filiale par l'intermédiaire des instructions et directives données directement aux salariés. Dans ce cas, la notion de co-emploi reprend son empire ; mais il s'agit bien de la notion traditionnelle de co-emploi.

S'il n'existe pas de possibilité de caractériser la direction de fait, le droit commun de la responsabilité contient déjà tous les ressorts pour condamner la société mère, comme tout tiers, à réparer le préjudice des salariés consécutif à sa faute[607].

---

[603] N. Pelletier, La responsabilité au sein des groupes de sociétés en ca de procédure collective, LGDJ, coll. Biblio. droit des entreprises en difficulté, 2013, n°129.

[604] Cass. com., 12 juin 2012, n° 11-16109, préc. ; Cass. com., 3 fév. 2015, n°13-24895, préc.

[605] F.-G. Trébulle, note sous Cass. 3e civ., 25 fév. 2004, n° 01-11764, Dr. sociétés, juin 2004, n° 6, comm. 96.

[606] T. Com. Orléans, 1er juin 2012, n° 2010 – 11.170, société Quelle.

[607] CA Amiens, 28 juin 2016, n° 14/02817.

L'intégration de la société mère dans le giron du contrat de travail liant les salariés et sa filiale resterait cantonnée aux situations dans lesquelles la pénétration non autorisée de la mère dans la relation contractuelle permet de caractériser le lien de subordination.

B. SOCIÉTÉ MÈRE, PARTIE AU CONTRAT DE TRAVAIL

Certaines situations pathologiques pourraient logiquement conduire à reconnaître la société mère comme employeur des salariés de sa filiale, soit qu'elle soit le véritable maître de l'affaire, soit qu'un lien de subordination ait pu être révélé.

Tour à tour, la société mère pourrait se retrouver confondue comme unique employeur dans des situations de négation de la personnalité morale ou de gestion d'affaires (1) d'abord, ou se trouver ajoutée à l'employeur initial (2) ensuite.

1) *L'unicité d'employeur*

L'unicité d'employeur pourrait découler de la découverte du véritable maître de l'affaire dans la personne de la société mère : la question pourrait se poser s'agissant du quasi-contrat (b) mais surtout lorsque le constat peut être fait de la fictivité de la filiale (a).

a) La fictivité

Certains auteurs appellent de leurs vœux la possibilité d'avoir recours au co-emploi à travers la fictivité[608]. La levée du voile social, sanctionnant la fictivité, pourrait permettre l'incorporation de la société mère au contrat de travail. Ce co-employeur pourrait devenir l'employeur de fait à travers la fictivité révélée.

La situation est toutefois rare en pratique[609]. La fictivité suggère une absence de vie sociale. Il s'agit alors d'une société à laquelle la personnalité morale n'aurait pas dû être octroyée, dès l'origine. La situation d'employeur initial de la filiale, avec en principe une activité dans laquelle la société mère se serait immiscée, laisse peu de place à une situation de fictivité[610]. La

---

[608] G.Auzero, « Co-emploi : en finir avec les approximations ! », RDT, 2016, p. 27 ; Y. Pagnerre, « De la fictivité comme critère du co-emploi : « certes mais pas que… » », RDT, 2016, p. 175.

[609] Cass. soc., 19 janv. 2011, n° 09–69743.

[610] Exemples de fictivité retenue en dehors des procédures collectives : Cass. com., 3 nov. 2004, n°03-11974 ; Cass. com., 15 mai 2007, n°06-14262 ; Cass. com.,

qualité d'employeur reviendrait alors naturellement au maître de l'affaire après la levée du voile social. Que l'employeur initial soit affecté par la fictivité paraît, en pratique, ne recouvrir que des situations très exceptionnelles. La recherche du maître de l'affaire conduisant à une unicité d'employeur pourrait également être effectuée à travers la gestion d'affaires.

b) Le maître de l'affaire d'un quasi contrat

Si le co-emploi devait être un quasi contrat, il prendrait la forme de la gestion d'affaires. « Celui dont l'affaire a été utilement gérée doit remplir les engagements contractés dans son intérêt par le gérant. Il rembourse au gérant les dépenses faites dans son intérêt et l'indemnise des dommages qu'il a subis en raison de sa gestion »[611]. La réforme du droit des obligations n'a pas modifié les préoccupations qui ont animé le législateur dans l'ancienne version du Code civil : la gestion d'affaires permet de ne pas favoriser les immixtions indues dans les affaires d'autrui[612]. Il pourrait paraître logique que l'immixtion de la société mère dans la gestion de sa filiale, au-delà des liens naturels entre sociétés d'un même groupe, soit source d'obligations pour la société mère sur le fondement de ce quasi-contrat. Le maître aurait l'obligation de remplir les engagements contractés dans son intérêt[613]. Le régime juridique de la gestion d'affaires pourrait ainsi remplir le rôle recherché par la notion moderne de co-emploi[614].

La gestion d'affaires ne paraît pourtant pas pouvoir prendre la place du recours actuel au co-emploi tant les conditions de sa caractérisation dans les situations dans lesquelles le co-emploi a été retenu paraissent plus délicates à appréhender. Le gérant, constitué en l'espèce par la filiale, doit agir « sans y être tenu » et « sciemment ». Il doit donc être libre d'agir « spontanément »[615]. Or, dès le départ, les obligations de l'employeur pèsent sur la personne de la filiale, employeur contractuel initial. L'exécution des obligations attachées à la qualité d'employeur est fondée sur le lien contractuel avec les salariés. Le gérant doit également avoir conscience de

---

13 janv. 2009, n° 07-20097. V. D. Chatard, Réflexions sur le jeu croisé des pouvoirs et des responsabilités dans les groupes de sociétés, éd. Lexisnexis, coll. Planète social, 2013, spéc. n° 378.

611 C. civ., art. 1301-2 (ord. n° 2016-131 du 10 fév. 2016 portant réforme du droit des contrats, du régime général et de la preuve des obligations).

612 G. Chantepie, M. Latina, La réforme du droit des obligations, Commentaire théorique et pratique dans l'ordre du Code civil, Dalloz, 2016, n° 705.

613 Et non plus seulement en son nom comme le prévoyait l'ancien article 1375 du Code civil (ord. du 10 fév. 2016).

614 C. Gailhbaud, « De la théorie du co-employeur à la notion de co-emploi », Gaz. pal., 4 août 2012, p. 11.

615 G. Chantepie, M. Latina, *op. cit.*, n° 709 et s.

s'ingérer dans les affaires d'autrui et d'agir dans l'intérêt du maître de l'affaire. Or, il est vraisemblable que la filiale se considère bien comme l'employeur naturel dès le début de la relation contractuelle.

La gestion d'affaires ne paraît pas non plus adaptée à la situation du maître de l'affaire : un tel quasi-contrat a vocation à répondre à l'hypothèse de l'impossibilité dans laquelle se trouve le maître de l'affaire d'accomplir l'acte de gestion concerné. Or, en l'espèce, c'est le comportement du maître de l'affaire à travers son immixtion dans la gestion sociale de sa filiale qui conduit à en chercher la qualification et le régime, pas une situation d'impossibilité de gérer ses affaires.

Si le régime juridique de la gestion d'affaires paraissait répondre aux implications des situations dans lesquelles le co-emploi a pu être retenu, il semble difficile de réunir les conditions de ce quasi-contrat.

Il faut distinguer la sanction du comportement de la société mère qui s'immisce dans la gestion sociale de la filiale par le recours aux mécanismes de la responsabilité délictuelle, d'une part, de la sanction de l'immixtion dans le contrat de travail à travers les instructions et directives données aux salariés de la filiale par la mère faisant naître le lien de subordination, d'autre part. Dans cette seconde situation, la société mère est alors un véritable coemployeur à côté de l'employeur initial.

2) *La pluralité d'employeurs : limitation à la caractérisation d'un lien de subordination*

La jurisprudence ne renonce pas à la qualité traditionnelle de coemployeur dès lors que l'existence d'un lien de subordination peut être démontrée [616]. Si l'exercice du pouvoir de direction ou du pouvoir disciplinaire par la société mère sur les salariés peut être identifié dans le cadre de la relation individuelle de travail, les critères de qualification du lien de subordination juridique permettant de relever l'existence d'un contrat de travail, conduisent à la qualification de coemployeur de la société mère. La théorie du co-emploi ne devrait pas aller plus loin. Ce n'est que dans cette hypothèse que la charge de l'intégralité des obligations de l'employeur peut, valablement, être imputée rétroactivement au coemployeur révélé par le constat de la réalité de la relation de travail née avec les salariés de la filiale. Sortir de la caractérisation d'un véritable lien de subordination retire tout fondement juridique légitime à une telle sanction.

Les préoccupations du droit commercial et du droit du travail pourraient ainsi se rejoindre pour réconcilier sociétés mères et droit du travail. Le

---

[616] Cass. soc., 12 juil. 2005, n° 03-45394 ; Cass. soc., 4 oct. 2007, n° 06-44486 ; Cass. soc., 6 mars 2012, n° 10-20449.

rapprochement des notions de droit commercial et du droit du travail et leur mobilisation permettent de raviver le débat sur la réunion du contentieux du droit social des procédures collectives au sein de la Chambre commerciale de la Cour de cassation. Tout comme le juge consulaire qui serait le juge naturel de l'action en responsabilité à l'encontre de la société mère, lorsqu'elle est une société commerciale, la Chambre commerciale de la Cour de cassation pourrait être le juge naturel des problématiques limitativement posées à la croisée du droit du travail et du droit des procédures collectives. Ni droit du travail, ni droit des procédures collectives, le droit du travail des procédures collectives mérite qu'on lui reconnaisse sa spécificité. Cela pourrait commencer par le traitement de son contentieux réuni au sein de la Chambre commerciale de la Cour de cassation.

Sociétés mère, droit du travail

Thierry METEYE
Délégation AGS

Je remercie les organisateurs du Colloque du CERDP-CRAJEFE de m'avoir invité à prendre la parole cet après-midi dans le cadre des travaux consacrés aux rapports entre les Groupes de sociétés et la procédure collective.

Ceux qui m'ont précédé ont parfaitement décrit la place grandissante des Groupes de sociétés dans le droit des procédures collectives en France ainsi qu'en application du règlement européen sur les procédures d'insolvabilité.

Les imbrications sont nombreuses et profondes.

Nous avons pu ainsi mesurer combien la thématique choisie correspondait à une réelle actualité, tant en interne avec le mouvement continu de concentration des entreprises qu'au plan externe avec la mondialisation croissante des échanges.

Le droit du travail ne peut pas rester à l'écart et il doit sans cesse s'adapter à ces tendances de fond.

Madame Gailhbaud a déjà commencé à souligner ces interférences au cours de son intervention, en parlant de liaisons dangereuses.

De mon côté, comme représentant de l'AGS qui intervient dans les procédures collectives nationales et transnationales pour garantir le paiement des créances salariales impayées en cas de défaillance de l'employeur, je ne peux que m'associer à ce qui a déjà été dit sur l'accentuation de ce phénomène.

À titre préliminaire, je rappellerai que l'AGS avance chaque année plus de 2 milliards d'€ au titre de la solidarité des employeurs. Cela me permet de m'exprimer en tant qu'observateur sur la présence croissante de Groupes de Sociétés.

En cas d'ouverture d'une procédure collective à l'encontre d'une filiale appartenant à un Groupe, il appartient aux mandataires de justice désignés de rechercher le cas échéant l'existence d'une responsabilité directe de celui-ci dans les difficultés rencontrées par sa filiale.

Ces investigations intéressent au premier chef l'AGS. En effet, celle-ci peut être conduite dans certains cas avérés à refuser sa garantie au profit des indemnités de rupture dues aux salariés licenciés. Il faut au préalable qu'il soit démontré que le véritable employeur était la maison-mère qui a alors l'obligation légale de poursuivre les contrats de travail d'origine.

En pratique, la responsabilité de la maison-mère est le plus souvent actée avec décalage à l'issue d'un contentieux qui aboutit à une condamnation au remboursement des sommes avancées à tort dans un premier temps par l'AGS.

Il faut ajouter à cette situation la question permanente de la recherche préalable de mesures de reclassement à l'intérieur du même Groupe que ce soit sur le territoire national ou à l'étranger lorsque le siège de la maison mère s'y trouve.

Nous voyons bien qu'en matière sociale, la notion de groupes de sociétés joue un rôle majeur dans le domaine des procédures collectives.

Je vais donc m'attacher à en rendre compte en me référant aux cas les plus fréquents rencontrés dans la pratique par l'AGS.

L'AGS est confrontée, dans le cadre de l'exercice de ses missions, à deux typologies de contentieux ayant trait à la problématique des sociétés mères et de leurs filiales,

- d'une part, le co-emploi, construction à l'initiative de la jurisprudence,
- d'autre part, l'application de l'article L.1224-1 du code du travail.

En tout état de cause, des décisions très coûteuses pour l'AGS pendant des années.

I. Le co-emploi

A. L'ÉTAT DU DROIT

Depuis son arrêt du 2 juillet 2014 rendu dans le dossier Molex (n°13-15208), la Chambre sociale de la Cour de Cassation a manifesté sa volonté de restreindre le champ d'action du co-emploi.

Désormais, une société faisant partie d'un groupe ne peut être considérée comme co-employeur à l'égard des salariés employés par une autre que « *s'il existe entre elles, au-delà de la nécessaire coordination des actions économiques entre les sociétés appartenant à un même groupe et de l'état de domination économique que cette appartenance peut engendrer, une confusion d'intérêts, d'activités et de direction se manifestant par une immixtion dans la gestion économique et sociale de cette dernière* »

Ainsi depuis juillet 2014, la Cour de Cassation a rejeté le co-emploi dans pratiquement tous les dossiers portés à sa connaissance.

1) Situation de co-emploi reconnue devant la Cour d'Appel mais cassée par la Cour de Cassation

Il s'agit principalement des situations dans lesquelles les cours d'appel avaient reconnu le co-emploi sur le fondement de la jurisprudence de la Cour de Cassation antérieure à l'arrêt Molex du 2 juillet 2014, selon laquelle seule la triple confusion d'activité, d'intérêts et de direction permettait de caractériser le co-emploi.

Ainsi, notamment :

- dans plusieurs arrêts rendus le 15 avril 2014, la Cour d'Appel d'Aix en Provence avait reconnu que la société Fayat était co-employeur des salariés de la société Etablissement Richard Ducros (société en liquidation judiciaire) considérant que les étroites relations entre la société mère et sa filiale justifiaient le co-empoi,

- Par arrêt du 7 février 2013, la Cour d'Appel de Toulouse avait reconnu que la société Molex Incorporated était co-employeur des salariés de sa filiale, la société Molex Automotive (société en liquidation judiciaire), considérant que la maison mère avait pris des décisions affectant le devenir de la filiale et avait accepté de financer le plan de sauvegarde de l'emploi,

2) Situation de co-emploi rejeté par la Cour d'Appel et validé par la Cour de Cassation

Dans un arrêt récent, rendu le 4 février 2016, la Cour de Cassation a confirmé l'analyse de la Cour d'Appel d'Orléans qui avait considéré que le remplacement du gérant démissionnaire par le secrétaire général de la maison mère, pendant une durée de 2 mois, ne permettait pas de caractériser le co-emploi (Cass. Soc 4/02/2016 n°14-20584)

Cet arrêt illustre à lui seul la dérive dans l'utilisation de cette notion par les salariés.

B. ENJEU FINANCIER POUR L'AGS

Malgré la position de fermeté adoptée par la Chambre sociale de la Cour de Cassation, l'AGS est confrontée à un contentieux abondant relevant de cette problématique devant les juridictions du fond.

À ce jour :

- **329 dossiers** concernés par un contentieux co-emploi
- **8787 salariés** ont sollicité la reconnaissance d'un co-employeur devant les juridictions prud'homales
- **l'enjeu financier pour l'AGS s'élève à 352,4M€**[617]
- Sur les 71,6M€ fixés par les juridictions prud'homales, 45,6M€ ont été rendus opposables à l'AGS[618]

La restriction de la jurisprudence de la Cour de Cassation en matière de co-emploi limite l'indemnisation des salariés sur ce fondement et préserve ainsi les intérêts de l'AGS.

En effet, la société en procédure collective se retrouvait souvent condamnée aux côtés du co-employeur. Et in fine, la charge financière était supportée par l'AGS compte tenu de la difficulté, pour les salariés, de faire exécuter la décision notamment lorsque la maison mère, co-employeur, est basée à l'étranger.

II. L'insolvabilité organisée par l'externalisation de la filiale : les cessions dangereuses (l'article L.1224-1 du code du travail)

A. SYNTHÈSE DE LA PROBLÉMATIQUE

Il s'agit de situations dans lesquelles la maison mère cède une de ces filiales, peu rentable, à un autre groupe pour un prix symbolique ou contre rémunération.

La société, pourtant cédée, reste néanmoins totalement dépendante de son ancienne maison mère, qui reste son principal client. L'ex maison mère rompt ensuite ses relations commerciales et la société cédée tombe finalement en procédure collective.

---

617 Montants demandés à l'audience.

618 La différence s'explique par la condamnation du seul co-employeur à régler les dommages et intérêts aux salariés.

L'objectif ainsi poursuivi par la maison mère est de faire supporter par la collectivité le coût de la restructuration sociale de sa filiale peu rentable.

Les agissements de ces maisons mères ont été généralement découverts par l'AGS à l'occasion d'un contentieux prud'homal engagé par les salariés. Ainsi, l'action des salariés vise à voir reconnaître la fraude à l'article L.1224-1 du code du travail (pas de transfert d'une entité économique autonome).

Or, les salariés ne sont pas les seules victimes des agissements de ces groupes, de renommée internationale. En effet, l'intérêt pour la maison mère est de faire supporter à la collectivité, et donc à l'AGS, les coûts liés à la restructuration sociale.

La vigilance de l'AGS est donc portée sur deux aspects :
- éviter la condamnation au versement de dommages et intérêts
- obtenir le remboursement des avances effectuées à tort

Cette typologie de dossier est par nature à très fort enjeu financier pour l'AGS.

B. EXEMPLES SIGNIFICATIFS

1) Dossier Chalon Photochimie (CGEA de Chalon sur Saône) – contentieux en cours

En 2006, la société Kodak a transféré au groupe Champion (société de droit canadien) son site de basé à Chalon sur Saône et a conclu avec le repreneur un contrat de sous-traitance pour une durée de 3 ans, lequel comprenait une clause de non concurrence pour une durée de 5 ans.

La filiale ainsi créée dans le cadre du transfert, Chalon Photochimie, travaillait presque exclusivement pour le groupe Kodak (95% de l'activité). Au terme du contrat de sous-traitance (2009), Kodak a dénoncé le contrat. La société Chalon Photochimie a fait l'objet d'une procédure de redressement le 21 janvier 2010, convertie en liquidation judiciaire le 20 mai 2010.

Dans le cadre des opérations de liquidation judiciaire, l'AGS a avancé la somme de 3.699.298 € au profit de 105 salariés.

Un contentieux prud'homal a été engagé par 101 salariés réclamant 6,7 M€ de dommages et intérêts. A titre principal, les salariés sollicitent la condamnation de la société Kodak sur le fondement de l'article L.1224-1 du code du travail.

Les salariés soulèvent la totale dépendance de la société Chalon Photochimie à l'égard de Kodak, de sorte que la condition du transfert d'une activité économique autonome n'est pas avérée dans le dossier.

Dans ce dossier, l'AGS soulève que l'article L.1224-1 ne peut trouver à s'appliquer. Ainsi, Kodak devait d'une part seule être condamnée au règlement de dommages et intérêts, et d'autre part devait rembourser à l'AGS les avances effectuées pour le compte des salariés en contentieux.

Par décision du 2/04/2014, le CPH de Chalon sur Saône a considéré, que la société Chalon Photochimie n'a jamais été une entité économique autonome. Dès lors, « *le transfert des contrats de travail ne peut être valablement considéré* ». La société Kodak a été condamnée :

- au règlement des 1,7 M€ à titre de dommage et intérêts (AGS mise hors de cause),
- à rembourser à l'AGS la somme de 3 M €.

L'audience devant la CA de Dijon s'est tenue le 27/01/2016 et l'affaire a été mise en délibéré.

Parallèlement, une action en comblement de passif à l'encontre du groupe Champion a été engagée par Me Thierry ès qualités. Un accord transactionnel, homologué par le juge commissaire, est intervenu.

2) Dossier Energy Plast (CGEA IDF Ouest – contentieux prud'homal terminé)

En juillet et août 2005, le groupe Samsonite (groupe américain) cède son site d'Hénin Beaumont, employant 202 personnes, à HB group (société Luxembourgeoise).

Le montage mis en place à l'occasion de la cession du capital social de la société Energy Plast a mis en évidence que le groupe Samsonite a payé le prix de cession, de manière indirecte, alors qu'il en était le vendeur.

A l'occasion de cette cession, plusieurs conventions sont passées entre les deux groupes, de sorte que l'usine d'Hénin Beaumont fonctionnait exclusivement sur des commandes de Samsonite qui s'était engagée à assurer une activité à la société jusqu'en février 2007.

Dès lors que Samsonite a cessé ses relations commerciales, la société Energy Plast a fait l'objet de graves difficultés économiques qui l'ont conduit à l'ouverture d'une liquidation judiciaire en février 2007.

Dans le cadre des opérations de liquidation judiciaire, l'AGS a procédé à l'avance à hauteur de 3,4M€ au profit de 202 salariés.

Un contentieux prud'homal a été engagé par 185 salariés réclamant 16,3 M €. A titre principal, les salariés ont sollicité la condamnation de la société Samsonite sur le fondement de l'article L.1224-1 du code du travail. Les salariés ont ainsi soulevé la totale dépendance de la société Energy Plast à l'égard de Samsonite, de sorte que la condition du transfert d'une activité économique autonome n'était pas avérée dans le dossier.

Par jugement définitif rendu le 14 novembre 2008, le CPH de Lens a considéré que « la société Energy Plast était totalement dépendante du groupe Samsonite sur le plan économique ». Dès lors « l'article L.122-12 du code du travail (L.1224-1) ne pouvait s'appliquer, Samsonite étant resté le véritable employeur ».

La société Samsonite est seule condamnée au règlement des dommages et intérêts, soit 6,1 M€ au profit des 185 salariés.

Parallèlement, l'AGS a engagé une action en référé afin d'obtenir le remboursement, par Samsonite, des avances versées à tort. Une démarche transactionnelle avec Samsonite est en cours dans ce dossier.

3) Dossier Azur Chimie (CGEA de Marseille– contentieux en cours)

En décembre 2008, la société Albermale Chemicals, société de droit français et filiale du groupe chimique Albermale Corporation (société de droit américain) cédait son site de Port de Bouc au groupe ICIG pour la somme de 2 euros.

En mai 2009 (soit 6 mois après la cession), la société Albermale rompt ses relations commerciales avec le groupe ICIG. Dès lors, l'activité de la société Azur Chimie devient inexistante. Une liquidation judiciaire d'office est ouverte par le Tribunal de Commerce d'Aix en Provence le 18/03/2010.

Un contentieux prud'homal a été engagé par 70 salariés réclamant 3,6 M€. À titre principal, les salariés sollicitent la condamnation de la société Albermale Chemicals sur le fondement de l'article L.1224-1 du code du travail. Les salariés soulèvent la totale dépendance de la société Azur Chimie à l'égard d'Albermale Chemical, de sorte que la condition du transfert d'une activité économique autonome n'est pas avérée dans le dossier.

Par arrêt du 29 mai 2015, la Cour d'Appel d'Aix en Provence a confirmé le jugement du Conseil de Prud'hommes de Martigues du 6 décembre 2013 (formation de départage) en ce qu'il a constaté que l'article L.1224-1 du code du travail ne pouvait trouver à s'appliquer. La cour d'appel relève ainsi : « *il résultait à l'évidence que la société Azur Chimie ne pouvait quasiment que travailler au profit de la société Albermale Chemicals et se trouvait dans l'incapacité de diversité sa production* ».

La société Albermale Chemicals est donc seule condamnée au paiement des dommages et intérêts à hauteur de 700K€.

Parallèlement, l'AGS a sollicité et a obtenu de la juridiction prud'homale le remboursement des sommes avancées.

Conclusion

L'AGS est dépendante, dans ces situations, de l'action engagée par les salariés (devant les juridictions prud'homales ou civiles) ou par les mandataires de justice (représentant les intérêts des créanciers, dont l'AGS) puisqu'aucun droit propre ne lui a été reconnu à ce jour par le législateur.

Dès lors que des agissements frauduleux de certains groupes sont identifiables, l'AGS défend activement ses intérêts et tente d'obtenir la condamnation des groupes.

Bien que le droit ait évolué, les agissements de certains groupes peu scrupuleux et particulièrement bien conseillés perdurent.

Dans le nouveau projet de loi Travail visant à instituer de nouvelles libertés et de nouvelles protections pour les entreprises et les actifs une disposition particulièrement critiquée a été insérée afin que l'appréciation de difficultés économiques soit effectuée non pas au niveau du groupe mais au niveau du secteur d'activité.

Vigilant, le Conseil d'Etat a pris le soin de préciser que « *Ne peuvent constituer une cause réelle et sérieuse de licenciement pour motif économique les difficultés créées artificiellement pour procéder à des suppressions d'emplois* ». Sont ainsi visés les groupes qui auraient l'envie d'utiliser cette nouvelle disposition afin de s'exonérer de leurs obligations.

Enfin, on constate également une ouverture plus grande sur le terrain des mécanismes juridiques de responsabilité, de légèreté blâmable, de faute de gestion…

C'est une autre histoire, mais tant que l'AGS sera là pour payer, les contentieux et actions judiciaires indemnitaires pourront continuer à prospérer… au détriment de l'emploi.

L'HARMATTAN ITALIA
Via Degli Artisti 15; 10124 Torino
harmattan.italia@gmail.com

L'HARMATTAN HONGRIE
Könyvesbolt ; Kossuth L. u. 14-16
1053 Budapest

L'HARMATTAN KINSHASA
185, avenue Nyangwe
Commune de Lingwala
Kinshasa, R.D. Congo
(00243) 998697603 ou (00243) 999229662

L'HARMATTAN CONGO
67, av. E. P. Lumumba
Bât. – Congo Pharmacie (Bib. Nat.)
BP2874 Brazzaville
harmattan.congo@yahoo.fr

L'HARMATTAN GUINÉE
Almamya Rue KA 028, en face
du restaurant Le Cèdre
OKB agency BP 3470 Conakry
(00224) 657 20 85 08 / 664 28 91 96
harmattanguinee@yahoo.fr

L'HARMATTAN MALI
Rue 73, Porte 536, Niamakoro,
Cité Unicef, Bamako
Tél. 00 (223) 20205724 / +(223) 76378082
poudiougopaul@yahoo.fr
pp.harmattan@gmail.com

L'HARMATTAN CAMEROUN
TSINGA/FECAFOOT
BP 11486 Yaoundé
699198028/675441949
harmattancam@yahoo.com

L'HARMATTAN CÔTE D'IVOIRE
Résidence Karl / cité des arts
Abidjan-Cocody 03 BP 1588 Abidjan 03
(00225) 05 77 87 31
etien_nda@yahoo.fr

L'HARMATTAN BURKINA
Penou Achille Some
Ouagadougou
(+226) 70 26 88 27

L'HARMATTAN SÉNÉGAL
10 VDN en face Mermoz, après le pont de Fann
BP 45034 Dakar Fann
33 825 98 58 / 33 860 9858
senharmattan@gmail.com / senlibraire@gmail.com
www.harmattansenegal.com

www.ingramcontent.com/pod-product-compliance
Lightning Source LLC
LaVergne TN
LVHW010932061026
849535LV00007B/2358